JN059911

日本語文章チェック事典

Editing &
Proofreading Skills
for Japanese Writing

石黒 圭 Kei Ishiguro 編著

東京堂出版

はじめに

　文章を書くときの迷いは突然訪れます。ディスプレイに映し出される文字を見て、次のような得体の知れない不安に襲われ、はたと手が止まった経験は誰にでもあるはずです。

● この言葉で読み手に果たして伝わるのだろうか。
● ここは平仮名のほうがわかりやすいのではないか。
● 読点の打つ場所はここで間違いないだろうか。
● この接続詞で論理関係が適切に示せているのか。
● この表現でジョークだとわかってもらえるだろうか。

　本書はそうした書き手の迷いや不安を解消するための文章表現チェック事典です。

　私たちが文章を書くときに手元に置いておきたい本があります。公務員であれば、『公用文作成の要領』、公用文についての書き方の基本が記された通達文書です。1952年に作られた70年ほど前の文書ですが、今でも使われています。また、2021年には、文化庁文化審議会国語部会が作成した『新しい「公用文作成の要領」に向けて（報告）』が出ましたので、こちらも参考にできるでしょう。

　マスコミ関係者であれば、大手新聞社各社が出している『用語の手引き』や共同通信社が出している『記者ハンドブック 新聞用字用語集』、NHK放送文化研究所が出している『NHK漢字表記辞典』『NHKことばのハンドブック』などが役に立ちます。

　これらはいずれも優れたものですが、特定の分野に対応するプロ仕様のもので、汎用性が限られます。また、一口に日本語で文章を書くといっても、文字・言葉選びから文章全体の構成までその幅は広く、多岐にわたる内容を一通りカバーすることが求められます。

　そこで、私たちは多様な分野の日本語研究者18名が一つのチームを結成した強みを生かして、どんな立場の人にでも広く使っていただける文章表現の本を作りました。本書の特徴は次の通りです。

【本書の特徴】

①**セルフチェック**：執筆時の確認、執筆後の推敲など、自分で表現の修正ができる。

②**改善例を明示**：実際に悩みがちな例を before ⇒ after で明快に示す。

③**多ジャンル対応**：多様な書き手のニーズに応えるため、多様なジャンルに対応する。

④**主要項目を網羅**：文字・語彙から構成・修辞まで文章執筆に必要な内容を網羅する。

⑤**高い専門性**：各分野の日本語研究の専門家による専門知識が反映されている。

　本書は、日本語研究者一人ひとりの専門を生かした個性的な記述が持ち味です。冒頭から読む方は、国立国語研究所の岩崎拓也さんの読点のまじめな記述と向きあうことになります。末尾から読む方は、学者芸人サンキュータツオとしても知られる安部達雄さんのユーモアあふれる記述に惹きこまれるでしょう。でも、どこから読んでも、けっして堅苦しくはなく、必要なことはきちんと書かれている。そんな本を目指しました。

　本書は最初から通読してもよいですし、辞書のようなつまみ食いもOK。冒頭の「この本の使い方」を読み、目次を見て、どこに何が書いてあるか、全体の見取り図を把握してください。巻末の索引も便利です。第1章「表記」は文字遣い、第2章「語彙」は言葉選び、第3章「文体」は言葉の手触り、第4章「文法」は文の組み立て、第5章「文章」は全体構成、第6章「修辞」はレトリック。局所的な課題から大局的な課題に向かって、日本語学的な見地から、本書は網を大きく広げています。

　文章を始めから終わりまで書くのは旅のようなもの。それも、かなりしんどい長旅です。本書が、みなさまのそんな長旅のお供に必携の一冊となり、ボロボロになるまで使いこんでくださることを、執筆者一同、心から願っています。

日本語 文章チェック事典

Contents

第 **1** 章 表記 11

第5章　文章 ――――――――――――― 247

第6章　修辞 ………………………………… 329

この本の使い方
・・・・・・・・・・・・・・・・・・

この項目がどのジャンルの文章向きか、示しています。

ジャンルラベル
①論文・レポート向き
②ビジネス文書向き
③ビジネスメール向き
④ブログ・エッセー向き
⑤SNS・チャット向き

この項目で扱うテーマがどのような目的を重視しているか、示しています。

目的ラベル
①わかりやすさ重視、②見やすさ重視、③つかみ重視、④正確さ重視、
⑤共感重視、⑥論理重視、⑦丁寧さ重視、⑧親しみやすさ重視

この項目で扱うテーマについて、どんなことを考えていくか、示しています。

セルフ・チェックのためのチェックポイント。
ここで示した疑問・問いかけに「まとめ」でこたえます。

チェックポイントを意識する前の用例

論理重視　論文・レポート向き

5.2.　接続詞の使い方

1.　論理的な接続詞の使い方

　接続詞を使うと、それだけで論理的な文章が書けたような気持ちになることがあります。しかし、実はそれこそが、接続詞を使うときの落とし穴です。ここでは、論理的な接続詞の使い方について考えます。

チェックポイント

① 論理の飛躍が起きないようにするためには、どうすればよいですか？
② 論理的な文章に見せるためには、どのような接続詞を使えばよいですか？

　論理的な文章を書くためには、接続詞の前後で論理の飛躍が起きていないか注意することが必要です。それでは、そもそも論理の飛躍はどのようにして起こるのでしょうか。

BEFORE

（1）あと2時間でレポートの締め切りだ。だから、私は寝ることにした。

　（1）を読んで、「なんで！？」と思った読者の方は多いのではないでしょうか。（1）では前提となる情報、例えば「まだ一文字もレポートを書いていないこと」や「締め切りに寛容な先生であること」が抜けてしまっています。読み手の側で想像することもできますが、真相は結局書き手にしかわかりません。
　このように、書き手の中にある暗黙の前提が論理の飛躍を起こし、それを無理やり接続詞でつなぐことによって、非論理的な文章にな

268

8

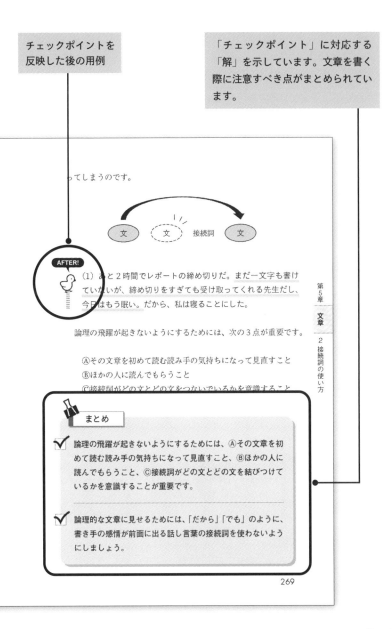

チェックポイントを
反映した後の用例

「チェックポイント」に対応する
「解」を示しています。文章を書く
際に注意すべき点がまとめられてい
ます。

ってしまうのです。

文　　文　　接続詞　　文

AFTER!

（1）あと2時間でレポートの締め切りだ。まだ一文字も書け
ていないが、締め切りをすぎても受け取ってくれる先生だし、
今日はもう眠い。だから、私は寝ることにした。

論理の飛躍が起きないようにするためには、次の3点が重要です。

Ⓐその文章を初めて読む読み手の気持ちになって見直すこと
Ⓑほかの人に読んでもらうこと
Ⓒ接続詞がどの文とどの文をつないでいるかを意識すること

まとめ

✓ 論理の飛躍が起きないようにするためには、Ⓐその文章を初
めて読む読み手の気持ちになって見直すこと、Ⓑほかの人に
読んでもらうこと、Ⓒ接続詞がどの文とどの文を結びつけて
いるかを意識することが重要です。

✓ 論理的な文章に見せるためには、「だから」「でも」のように、
書き手の感情が前面に出る話し言葉の接続詞を使わないよう
にしましょう。

表記

1. 読みやすい読点の打ち方

　文章を書くとき、どこに読点を打つべきか悩んだことはありません
か。基準が曖昧で、なんとなく感覚でという人が多いのではない
でしょうか。ここでは、読点を適切な箇所に打つための基本的な考
え方を紹介します。そのうえで、読点を多く打ちすぎた場合の対処
法を考えます。

チェックポイント

① 必要なところに読点が打てていますか？

② 漢字・平仮名といった文字の種類を考えて読点が打てていま
　すか？

③ 句点と読点、句点と「？」「！」の使い分けは適切ですか？

　読点「、」は文の切れ目に打つ記号です。横書きの公用文はコン
マ「，」を使うのが戦後ずっと続いてきたルールだったのですが、
最近の文化庁の答申では、実態に合わせて読点「、」で統一するこ
とを認める動きが見られます。ここでは読点「、」に代表させ、読
点と句点の機能をまとめていきます。

　読点の機能は、一言でいうと区切ることです。そのため、文の中
で区切ったほうがよいところに読点を打ちます。区切ったほうがよ
いところとは、「文章構成に関わる切れ目」、「文の中の節の切れ目」、
「文の中の係り受けに関わる切れ目」、「語句の切れ目」、「文字の切
れ目」の五つです。

　「文章構成に関わる切れ目」の読点は、接続詞や副詞などの直後
の読点のことです。文頭の接続詞や副詞の後には読点を打つものだ
と考えてください。ただし、接続詞によっては、直後の読点の有無

によって意味が変わってしまうので注意が必要です。以下の例で接続詞に読点がある場合は、文章全体のまとめとして機能しています。しかし、二つ目の例のように読点がない場合は、まとめではなく、直前に書かれていると思われる曖昧な返事の内容を示しています。文章構成を考えて読点を打つことが大切です。

- ・このように、曖昧な返事をされた結果がこの惨状の原因である。
- ・このように曖昧な返事をされた結果がこの惨状の原因である。

「文の中の節の切れ目」の読点は、以下のような節の直後に打たれる読点のことです。

「〜のとき」「〜のあと」「〜するから」「〜だが」「〜だけど」「〜だったら」

文の長さとも関係があり、文の長さが長いほど、読点を打って文の構造を明確に示す必要性が増します。

- ・学生のとき、生徒会に入っていた。
- ・学生のとき生徒会に入っていた。
- ・文系大学院生だけど、何か質問ある？
- ・文系大学院生だけど何か質問ある？

読点を打つかどうかの判断の揺れは、短い文の場合によく見られます。大量の文章を用いて統計的に調べてみたところ、「〜だが」「〜だけど」「〜だし」の三つは、約90％の高確率で読点が打たれていることがわかりました。これらの表現を使った文で1文が長い場合（1行以上が目安です）や文の中に複数ある場合は、文の構造を示すために読点を打ったほうがわかりやすくなります。

BEFORE

（1）明日の会議の開始時刻は14時ですが念のために余裕をもってお越しください。

AFTER!

（1）明日の会議の開始時刻は14時ですが、念のために余裕をもってお越しください。

これと同様に、以下のように動詞の連用形を用いて文を一時中止する場合には、読点を打つようにしましょう。

BEFORE

（2）・ご返信いただきありがとうございます。

　　・日程のご都合についてお伺いしたく連絡いたしました。

AFTER!

（2）・ご返信いただき、ありがとうございます。

　　・日程のご都合についてお伺いしたく、連絡いたしました。

「文の中の係り受けに関わる切れ目」の読点は、助詞「は」の後の読点が典型です。助詞の「は」を使った文で1文が長い場合、かつ、「は」で示された主語とその述語との距離が遠い場合は、読点を打ちます。また、「は」の前の主語が説明をともなう長い語句の場合は、読点を打つことが多くなります。

BEFORE

（3）・個人情報は個人情報保護ポリシーに則り厳正に扱い、受付事務および催し物のご案内以外には使用いたしません。

　　・返却期限の過ぎている図書をお持ちの方は返却をお願いいたします。

AFTER!

（3）・個人情報は、個人情報保護ポリシーに則り厳正に扱い、受付事務および催し物のご案内以外には使用いたしません。
・返却期限の過ぎている図書をお持ちの方は、返却をお願いいたします。

なお、短い文で「は」のあとに読点を打つ場合は、読み手が音読したときの間を表し、強調であることを示します。広告のキャッチコピーに多く使われます。

・金曜日は、カレーの日。

助詞「は」の後の読点を、文の意味を重視して打つ人もいます。「〜は、〜、〜は、〜。」のような長い文において、二つの「は」が前後で対比を表しているときには、「は」の直後に必ず読点を打つというものです。次の例を参考にしてください。

・今回の会議では、本年度の全体予算の配分について検討し、次回の会議では、各プロジェクトの詳細について話を詰める予定です。

「語句の切れ目」の読点は、並列関係を示すときに使う読点のことです。名詞（句）と名詞（句）が並列関係にあるときに読点を打って示すことができます。一方で、関係性が明確である場合には、助詞「と」「や」「か」を使ったほうが読み手にはわかりやすい場合もあります。この点については、5.3.2「複雑な内容を整理する列挙の方法」（→p.292）を参考にしてください。

BEFORE

（4）・本日は、資料の準備翻訳依頼打ち合わせを行いました。

　　・必要なことやらなくてもいいことを分けて考える必要が
　　　あります。

AFTER!

（4）・本日は、資料の準備、翻訳依頼、打ち合わせを行いました。

　　・必要なこと、やらなくてもいいことを分けて考える必要
　　　があります。

　最近では、以下のように助詞「と」「や」「か」の直後に読点を打つ人もいます。この例は、以下のように特に名詞に長い修飾表現がついているときに多く見られます。わかりやすくするために使う読点といえるでしょう。

　・スナック菓子最大手メーカーと地域別で国内最大の農協系組
　　織が８月に手を組んだ。
　・スナック菓子最大手メーカーと、地域別で国内最大の農協系
　　組織が８月に手を組んだ。

　読点や助詞を避けたい場合は、中点「・」またはスラッシュ「／」を使用することも可能です。中点やスラッシュは、次の例のように、読点を使うときよりも小さい同格の単位を結びつけるのに使うと効果的だと思われます。

　・片仮名の表記の揺れ、地名・人名の表記基準などをチェック
　　します。
　・諸手当（扶養・通勤・住居・単身赴任）の現況確認をさせてい
　　ただきます。
　・備考欄には出勤／在宅勤務のいずれかをご記入ください。

16

　「文字の切れ目」の読点は、同じ文字の種類が連続しているときに打つ読点のことです。これは、漢字と漢字、平仮名と平仮名のような、同じ文字種が続いていて切れ目がはっきりしないときに打つものです。次の例において、「後」のあとに読点がないと、漢字が連続し、読みにくさを感じる人が多いはずです。

BEFORE

　（5）申し込み承認後参加情報等が自動送信されます。

AFTER!

　（5-1）申し込み承認後、参加情報等が自動送信されます。

　次の例（6）では、「という」の後に読点がないと、「というより」というまとまりで読めてしまい、「月50件の契約獲得」と「明確な目標」との比較に見えてしまいかねません。「という」の後に読点を打ち、「より明確な目標」＝「月50件の契約獲得」という関係が一目でわかるようにしておく必要があります。

BEFORE

　（6）「月50件の契約獲得」というより明確な目標を持つことが求められる。

AFTER!

　（6-1）「月50件の契約獲得」という、より明確な目標を持つことが求められる。

　これらの読点は助詞を補ったり、語順を変えたりすることで、使わずに済ます方法も考えられます。

AFTER!

　（5-2）申し込み承認後に参加情報等が自動送信されます。
　（6-2）より明確な「月50件の契約獲得」という目標を持つこ

　とが求められる。

　ここからは句点「。」について考えてみましょう。句点と読点の使い分けは、引用との関連で気になるところです。句点は文を単位として、文の切れ目につける記号ですので、完全に文が終わっていないとき、例えば、引用で文を取りあげ、「と」で続ける場合は、文末表現であっても読点のほうがよいでしょう。

（7）留学生に句読点の打ち方がわからない。とよく言われます。

（7）留学生に句読点の打ち方がわからない、とよく言われます。

　また、質問を述べたうえで、別の動詞で伝え方を述べる場合も読点を使用します。

（8）書類をすぐにお送りして問題ないか。再度ご連絡ください。

（8）書類をすぐにお送りして問題ないか、再度ご連絡ください。

　句点「。」と疑問符「？」や感嘆符「！」の使い分けも重要です。疑問符や感嘆符は、チャットなどの軽い文章では昔から使われてきたものですが、最近ではビジネスメールなどの硬い文章で積極的に使用する人もいます。「？」をつけることで疑問文であることを目立たせたり、「！」を使うことで「すごい」という気持ちを表したり、「！」と「ありがとうございます」のようなお礼の表現とともに使うことで喜んでいることを表したりすることができます。しかし、

「?」と「!」を多用すると感情過多で押しつけがましくなってしまうので、ここぞというときにこれらの記号を使うのが効果的でしょう。

BEFORE

(9)・再度、修正をお願いできますでしょうか。
　　・もう対応していただいたんですか。
　　・早速修正していただき、ありがとうございます。

AFTER!

(9)・再度、修正をお願いできますでしょうか?
　　・もう対応していただいたんですか!
　　・早速修正していただき、ありがとうございます!

まとめ

 接続詞や副詞などの後の読点、副詞句（〜とき、〜あと、〜だが）や動詞の連用形の読点、助詞「は」の直後の読点に気をつけましょう。

 名詞（句）と名詞（句）の間と同じ文字の種類が連続し、意味の切れ目が見にくいときは、読点を打ちましょう。

 句点は文の終わりの切れ目に使い、文の途中の切れ目は読点を使いましょう。句点の代わりに「?」や「!」を使うと気持ちが伝わりますが、使いすぎに注意しましょう。

2.　役割に合ったカッコの使い方

　一口に「カッコ」といっても様々な種類があります。カッコには「 」もあれば、（ ）もあります。また、最近では【 】もよく見かけます。文章を書くとき、どのカッコを使えばよいのか悩んだことはありませんか。ここでは、基本的なカッコの使い方を考えます。

チェックポイント

① 役割に合うカッコを使い分けられていますか？
② カッコを使って情報をコントロールできていますか？

　一般的にみなさんが「カッコ」と聞いて思いつくのは、（ ）と「 」なのではないかと思います。（ ）は、カッコや丸カッコ、パーレンと呼ばれ、注釈や補足説明、言い換えを示すカッコです（以下、区別しやすくするためにパーレンと呼びます）。パーレンの中にある文は、パーレンのそとにある本文よりもレベルが下がるもの（本題から外れている、本質的ではないもの）と考えてください。基本的には、本文で書くほどではない内容や、本文の情報量が多すぎて読みにくいと感じたときにパーレンを使うことで文章を読みやすくすることができます。

BEFORE

　（1）・金曜日は授業で時間が取れません。再来週以降なら夏休みなので時間が取れます。
　　　・以上です。よろしくお願いいたします。
　　　　なお、本メールへの返信はご遠慮ください。

(1)・金曜日は授業で時間が取れません（再来週以降なら夏休み
　　なので時間が取れます）。

・以上です。よろしくお願いいたします（本メールへの返信
はご遠慮ください）。

また、ツッコミ的にパーレンを使用することもあります。これは、ある程度親しい人とのメールなどでしばしば使用されます。

・岩崎先生のご活躍を遠い空の下で（東村山ですけど）お祈り
しております。

・会議で「私見」としてつぶやこうかと思います（冗談です）。

それ以外にも難しい言葉にルビを入れたり、英語の読み方を示したり、逆に英語の表記を提示したりするのに使います。

・劇場版『鬼滅の刃（やいば）』無限列車編で強く胸に迫った
シーンがあります。

・*ad hoc*（アドホック）はラテン語で「一時的な、その場限り」
の意味です。

・オーストラリア・グリフィス大学（Griffith University）に
留学していました。

このように、パーレンは、本文よりも下のレベル、補足や注釈といったものを書きたいときに使うカッコです。

つぎに、かぎカッコ「 」について見ていきましょう。かぎカッコは、以下のように、会話文や発話の引用、タイトル、強調したい言葉を示すカッコです。

会話文：

山田：「いいだろ、俺にもジュースくれよ！」

田中：「いやだよ。自分で買えばいいじゃないか」

発話の引用：

この前、部長が「これからはメールじゃなくて、チャットを使って仕事をしましょう」って言ったけど、ほんとに使えるのかねえ。

タイトル：

『キングダム』第4話「二つの戦場」

　学校では、会話文や発話の引用で使う方法を主に習ったと思います。ですが、実際には会話文以外にもしばしば使われます。例えば、難しい固有名詞や特に注目してほしいところに「 」をつけることもあります。

BEFORE

（2）・源泉徴収票または確定申告書の控えが必要となります。

　　　・カメラ機能がある方は画面左下のビデオの開始ボタンを押して、お待ちください。

AFTER!

（2）・「源泉徴収票」または「確定申告書の控え」が必要となります。

　　　・カメラ機能がある方は画面左下の「ビデオの開始」ボタンを押して、お待ち下さい。

　このように修正することで、読み手に何が大切なのかを視覚的に訴えることができます。また、かぎカッコは、カッコに入れた言葉に特別な意味を持たせることができます。

BEFORE

（3）・おしゃれな人の考えはわかんないですね。

・彼は職人だから仕方ないよ。

AFTER!

（3）・「おしゃれ」な人の考えはわかんないですね。

・彼は「職人」だから仕方ないよ。

　BEFOREの例文の場合、かぎカッコがなければ、文字通りにおしゃれな人の考え方が私にはわからないことを示します。しかし、「おしゃれ」とした場合、その人のことをおしゃれだとは思っておらず、むしろ、「自分のことをおしゃれだと自称する人」のように皮肉的なニュアンスが生じます。同様に、かぎカッコをつけて「職人」とした場合、彼の職業が何らかの職人であるかどうかは関係がなくなります。この場合、一般的に職人が有していそうな性質（真面目だったり、頑固だったり、融通が効かなかったりなど）を彼が持っていることを示しています。

　そのほかにも、以下のように、ある用語を定義する際に使ったり、ある用語や記号を地の文と区別する際に使ったりします。

　・本研究において、「読点」は「、」と「，」を示す。「、」のみを示す場合は「テン」、「，」のみを示す場合は「コンマ」と表記する。

　かぎカッコと似ているカッコに『　』（二重かぎカッコ）というものがあります。これは、本や映画の題名に使われます。

本や映画の題名：

　・『吾輩は猫である』くらいはだれでも知っているだろう。

　・やっぱり一番の名作は『のび太の鉄人兵団』ですよ。

また、かぎカッコで示した会話文において、かぎカッコ内にさらに会話があるときに二重かぎカッコを使うこともあります。しかし、最近では、以下のように一重のかぎカッコを重ねて使う人もいます。

会話文の中に会話があるとき：
「先生から『早く原稿書いて』って催促されて涙目だよ…」
「先生から「早く原稿書いて」って催促されて涙目だよ…」

ここでパーレンとかぎカッコを使うときの注意点をあげます。それは句点との関係についてです。文末にカッコを使った文があるときには、カッコの外側に句点をつけます。カッコも含めて一つの文であることがわかるようにしましょう。

BEFORE

（4）早めにお誘いしておいたほうがいいかなと思いました。（なんか仲間外れみたいになったらよくないと思っただけ。）

AFTER!

（4）早めにお誘いしておいたほうがいいかなと思いました（なんか仲間外れみたいになったらよくないと思っただけ）。

また、かぎカッコと句点についてですが、学校では「閉じかぎ（」）の直前には句点をつける」ように習ったと思います。しかし、実際に世の中で使われている日本語を見てみると、句点が使われていないことが圧倒的に多いです。とはいえ、学校で習った方式が間違いではありません。どちらの方式を使用してもかまいません。

BEFORE

（5）「それって昭和の考え方ですよね。」って学生に言われました。

（5）「それって昭和の考え方ですよね」って学生に言われました。

　かぎカッコ内に複数の文があるとき、途中の文末には句点をつけ、閉じかぎの直前の文末には句点をつけないことが多いです。

BEFORE

（6）「まさかのサヨナラホームラン。今シーズン二度目です。」

（6）「まさかのサヨナラホームラン。今シーズン二度目です」

　次に説明するのは、【　】（隅付カッコ）です。【　】は近年よく使われるカッコです。以前、ビジネスの発注文書の件名で使用されるカッコを調べてみたことがあります。そのカッコの中で隅付カッコが最も使用されていたカッコでした（なお、このデータの中では11種類のカッコが使用されていました。また、隅付カッコ【　】、カッコ（　）、かぎカッコ「　」の三つのカッコで全体の90％を占めており、もっとも多く出現していたのが【　】でした）。

　そんな隅付カッコは、強調したいところを示すカッコです。例えば、メールの件名において、最初に【重要】【要確認】のように書くことで、メールの内容を伝えることができます。

・件名：【重要】明日のシンポジウムの司会進行について
・件名：【要確認】修正原稿のアップロード方法

　上の例のように【要○○】とすると、そのメールへの対処方法を件名だけで示すことができます。【要確認】以外の表現では、【要返信】【要対応】などがあります。

　実際に私に届いたメールの件名を見てみたところ、【リマインド】

【お知らせ】【再送】【日程照会】【注意喚起】といった表現が隅付カッコとともに使用されていました。また、会社の名前や部署名を隅付カッコ内に入れている例も見られました。そのほかにもオンラインミーティングで必要となるURLがすぐ見つけられるように【ZOOMアドレス】といった例も見られました。

　ビジネス場面ではこの隅付カッコが多く使われますが、なかには、この記号には黒い部分が多く、主張しすぎて嫌だという人もいます。そういう場合は、［　］（角カッコまたはブラケット）や〈　〉（山カッコ）を使用するという方法もあります。

　　［要確認］修正原稿のアップロード方法
　　〈要確認〉修正原稿のアップロード方法

　ここで気をつけたいのは、＜　＞ではなく、〈　〉であるという点です。＜　＞は数式の不等号（「500 ＞ 230」のように使う記号）です。よく似ているので、間違えて使用しないようにしましょう。

　このように、カッコを適切に使うことで、読み手に情報をよりわかりやすく提示することができます。次の例（7）を見てください。メールの件名と本文の出だしですが、AFTERではカッコが適切に使われ、より見やすく、わかりやすくなっています。また、長い名詞句「データベースから抽出して加工した分析用データ」を分けてパーレンに入れて端的に示しています。

　なお、読点の使いすぎで、文の構造がわかりにくくなるのと同様に、カッコの使いすぎも、どの表現がカッコで括られているか、かえってわかりにくくなるので、注意しましょう。

BEFORE （7）

件名：発注文書の作成についての依頼

本文：田中さま、水野さま

お世話になっております。

Rのスクリプトとデータベースから1000件抽出した分析用データをお送りします。

AFTER! （7）

件名：【依頼】発注文書の作成について

本文：田中さま、水野さま

お世話になっております。

Rのスクリプトと分析用データ（データベースから1000件抽出したもの）をお送りします。

まとめ

✓ カッコはそれぞれ、次のような役割があります。

【　】隅付カッコ：強調したいところを示すカッコ

（　）パーレン：注釈や補足説明、言い換えを示すカッコ

「　」かぎカッコ：会話文や発話の引用、タイトルを示すカッコ

表現の種類や内容に合わせて、カッコを使い分けましょう。

✓ 文が冗長だと感じたら、カッコを使って情報を整理しましょう。

27

3.　気持ちを伝える多様な記号の使い方

　日本語では句読点やカッコ以外にも様々な記号が使用されます。記号の有無、使う記号によって、その文章のイメージが大きく変わるのを意識したことがありますか。ここでは、人によって使い方が大きく異なる記号類の使い分けを考えます。

チェックポイント

① 適切な記号を使って情報や気持ちを伝えられていますか？
② 文章のジャンルに合わせて適切な記号を使えていますか？

　句読点やカッコ以外に多く使う記号として、中点「・」があります。中点は読点よりも小さい同格の単位を示し、読点の代わりに中点を使うことで、見た目をすっきりさせることができます。

> ・私たちは、コロナが流行する前、友達と大阪、京都、奈良あたりへの卒業旅行を考えていた。
> ・私たちは、コロナが流行する前、友達と大阪・京都・奈良あたりへの卒業旅行を考えていた。

　ただし、次のように名詞句など長い語句を複数並べて示すときに中点を使うとわかりにくくなってしまいます。このような場合は、箇条書きにして示したほうがよいでしょう。この箇条書きにも中点を使うことができます。

BEFORE

　（1）この仕事は、本業務の経験がある方・在宅での仕事を希望する方・自分の都合のよい時間に働きたい方におすすめです！

（1）この仕事は、以下のような方におすすめです！

・本業務の経験がある方

・在宅での仕事を希望の方

・自分の都合のよい時間に働きたい方

　ただし、下の例のように箇条書きで名詞の並列に中点を使うと、やや見にくい（改行をし忘れたように見える）場合があります。そのような場合は、助詞か読点を使用して並列関係を示しましょう。

（2）

・本業務の経験・実績がある方

（2）

・本業務の経験や実績がある方

・本業務の経験、実績がある方

　中点と似た機能を持つ記号にスラッシュ「／」があります。中点と同様に同格の並列関係を示すことができますが、以下のように二者択一を求める場合に使用すると端的に示すことができます。

（3）来学期の授業は、対面またはオンライン配信のいずれかで実施。

（3）来学期の授業は、対面／オンライン配信のいずれかで実施。

　読み手の目を引くためや親しみやすさを表すためには、記号を使うとよいでしょう。以下は、句点の代わりに「♪」「！」「？」の記号を使った例です。これらの記号を使うことで、楽しい感じや明るい感じ、また、驚きや疑問を表すことができます。

BEFORE （4）

・現在、アイテムライターさんを募集中です。

・わからない点があればフォローするので安心してくださいね。

・今から行かなくても大丈夫だよね。

AFTER! （4）

・現在、アイテムライターさんを募集中です♪

・わからない点があればフォローするので安心してくださいね！

・今から行かなくても大丈夫だよね？

　そのほかにも、三点リーダー「…」や全角チルダ（波ダッシュ）「～」を文末に使うこともあります。三点リーダーを使うと間や余韻、言い淀みを表すことができます。また、全角チルダを使うと、語尾を伸ばした感じや、ゆるい感じを表すことができます。

BEFORE （5）

・私のやり方がまずかったのかも。

・ワンちゃんネコちゃん多くて池袋いい街

AFTER! （5）

・私のやり方がまずかったのかも…。

・ワンちゃんネコちゃん多くて池袋いい街～

　なお、三点リーダーは、「……」のように二つ重ねて使うことが推奨され、小説などでは二つ重ねて使用されていることも多いのですが、実際には「…」の一つだけで使用されることが一般的です。使用される位置も文末だけでなく、文頭や文中でも使うことができます。

　　・…少しよろしいですか。

　　・「ゆびわが…ない！」

また、最近の若い人の中には■や☆などの記号をカッコの代わりに使ったり、○や◎を使って、「よい」というニュアンスを足したりする人もいます。これは、よりポップに、かわいく見せるために工夫されている例といえるでしょう。

- ・■注意点・禁止事項■
- ・☆★☆短期アルバイト募集中☆★☆
- ・とっても雰囲気よきです○
- ・今日はありがとうございました！◎

最後に、これらの記号の使用についての注意点をあげておきます。句読点やカッコ以外の記号は、ビジネス場面や硬い文章、目上の人に対して使うと失礼に受け取られがちです。気にしない人もいますが、使わないほうが無難でしょう。友人とのやりとりや気軽なチャット、SNS、ブログなどで使うのがお勧めです。

まとめ

 「・」や「／」を使って、名詞の並列関係や箇条書きを簡潔に示すことができます。また、「♪」「！」「？」などを使って、様々なニュアンスを読み手に与えることができます。

 このような記号は、ビジネス場面や硬い文章、目上の人に対して使うと失礼に受け取られてしまうことがあります。相手を選んで使うことが大切です。

31

1. 読みやすいフォントの選び方

　フォント（文字）には、明朝体、ゴシック体など様々な種類があります。みなさんは文章を書くとき、フォントをどのように選んでいるでしょうか。ここでは、目的に応じた、読み手にとって読みやすいフォントの選び方について考えます。

チェックポイント ✐

(1) 本文のフォントの種類・太さ・大きさは適切ですか？
(2) メディア（紙か画面か）に合ったフォントを選んでいますか？
(3) 強調したい部分が目立っていますか？

　読みやすい文章を書くためには、表現だけでなく、フォントに気を配ることも重要です。ここでは、①本文のフォント、②メディアに合わせたフォント、③強調するためのフォントの順に説明します。
　まず、本文のフォントについて考えてみます。（1）はゴシック体のMSゴシックというフォントで書かれています。

BEFORE

（1）本文のフォントは長い文字列を目で追っても疲れないことが重要です。そのため、太いフォントよりも細めのフォントのほうが適しています。

　ゴシック体は文字全体が太く、本文に使うと紙面が黒々となってしまいます。本文には疲れにくいフォントが適しているとされています。ゴシック体のような太いフォントではなく、細い部分があるフォントを使うとよいでしょう。一般的には、次のMS明朝のように、明朝体のフォントがよく使われます。

（1）本文のフォントは長い文字列を目で追っても疲れないことが重要です、そのため、太いフォントよりも細めのフォントのほうが適しています。

　ただ、一般的な文章で使われる10〜11ptぐらいの大きさの文字の場合、ゴシック体が読みやすいという研究もあります。また、ゴシック体のフォントの中でも游ゴシックのように全体が細めの線でできているフォントもあります。ゴシック体を本文に使いたい場合は、文字の大きさを10〜11ptにし、細めの線のフォントを選ぶようにします。そのほかに、本文に使えるフォントとしては教科書体があります。教科書体は小学校学習指導要領の別表で標準とされている文字をもとにして作られている字体です。学校の教科書で使われており、多くの人が子どもの頃から見慣れています。見慣れているフォントを使うことも文章の読みやすさにつながります。

フォント　*（　）内のフォント名は、そのフォントを使用	特徴
明朝体 （ＭＳ明朝、游明朝など）	横線が細く、縦線が太い ⇒本文向き
ゴシック体 （**ＭＳゴシック**、游ゴシックなど）	横線と縦線の太さがほぼ同じ ⇒目立たせたい部分向き ※細めの線のフォントなら本文にも可
教科書体 （ＨＧ教科書体など）	筆書きの楷書体に近い ⇒本文向き

　以上は紙に印刷する場合のフォント選びのポイントですが、読み手がどの媒体（メディア）で読むかによって、フォントの選び方は変わります。プレゼンテーションの際に投影するスライドやwebサイトなど、画面上で読むことが前提の場合は、明朝体だと細い部分がかすれて見づらくなることがあるのでゴシック体を使うとよい

でしょう。特に、離れたところから見ることもあるスライドには、遠くからでも見やすいゴシック体が適しています。

　次に、見出しや強調したい部分のフォントを考えます。このような部分は目立たせることが重要なので、太字にしたのが以下の例です。

BEFORE

　　（2）文章の中の**強調したい部分**を目立たせます。

　（2）はMS明朝で書かれています。太字にした「強調したい部分」の漢字の部分が少しつぶれています。MS明朝やMSゴシックは太字に対応していないフォントなので、MS Wordで太字にする「B」のボタンをクリックすると、文字の輪郭を縁取りして擬似的に太字にします。そのため、太字にしてもあまり目立たなかったり、文字がつぶれてしまったりします。そこで、強調したい部分に本文とは別の種類のフォントを使ってみましょう。

AFTER!

　　（2-1）文章の中の**強調したい部分**を目立たせます。

　（2-1）では、「強調したい部分」をMSゴシックにしました。違う種類のフォントを使うことで目立たせることができます。ただ、この方法の場合、複数のフォントを使うことで全体の統一感が損なわれることもありますので、全体のバランスには注意しましょう。

　太字にする方法を使う場合は、太字に対応したフォントを使うようにします。游明朝や游ゴシックなどのフォントは「フォントファミリー」という、太さが違う複数のフォントのまとまりがあり、便利です。例えば、游ゴシックには「游ゴシック Light」や「游ゴシック Medium」などのフォントがあります。

（2-2）文章の中の**強調したい部分**を目立たせます。

　游ゴシックLightは、ゴシック体の中でも線が細く、本文に使うことができるフォントです。（2-2）では、本文を游ゴシックLightにし、強調したい部分を太字にしました。こうすることで、統一感を損なわずに目立たせることができます。

　また、アルファベットのフォントはTimes New Romanがお勧めです。Centuryもよく使われますが、欧文で強調に使われるイタリック体に対応していません。MS Wordでイタリック体に指定しても、通常の字体を斜めにするだけです。Times New Romanでは、正式なイタリック体にすることができます。

a　*a*　　a　*a*

通常　斜体　　通常　イタリック体

Century　　　Times New Roman

まとめ

 本文には、読みやすいフォント（明朝体、教科書体）が向いています。

 見出しや強調したい部分には、本文と違うフォント（ゴシック体）を使うか、太字に対応したフォントの太字が便利です。

 アルファベットのフォントは Times New Roman がお勧めです。

2.　統一感が出る文字のそろえ方

　日本語の文章には、平仮名、片仮名、漢字、アルファベットなど多くの種類の文字が使われており、同じ語を複数の表記で表すことができます。しかし、一つの文章の中で様々な表記を使うと、読み手が誤解したり戸惑ったりする原因になります。表記の統一のために、どのような点に気をつければよいか考えます。

チェックポイント

① 同じ語を漢字で書いたり、平仮名で書いたりしていませんか？
② 同じ語を複数の漢字表記で書いていませんか？
③ 同じ語に複数の送り仮名のつけ方をしていませんか？
④ 漢数字と算用数字が混在していませんか？

　表記の不統一の例として、まず、同じ語を漢字で書いたり、平仮名で書いたりしてしまうことがあります。(1) は漢字表記と平仮名表記が混在している例です。

BEFORE

　(1) 読み方が難しい漢字を平仮名で書くと読みやすくなりますが、ひらがなばかりの文章は語の切れ目がわかりにくいので、漢字に振り仮名を振ったほうがよい場合もあります。

　(1) では、「平仮名」と「ひらがな」の二つの表記が使われています。そこで、漢字で表記したい場合、次のように統一します。わかりやすい「ひらがな」に統一することも可能です。

AFTER!

（1）読み方が難しい漢字を平仮名で書くと読みやすくなりますが、平仮名ばかりの文章は語の切れ目がわかりにくいので、漢字に振り仮名を振ったほうがよい場合もあります。

ほかにも、「たとえば」と「例えば」のような副詞や接続詞、「こと」と「事」、「もの」と「物」のような形式名詞にも気をつけましょう。意味を限定するのを避けたい場合は平仮名が有効です。ただし、平仮名で書いたつもりでも、うっかり漢字に変換することもあるので、推敲で確認することが大切です。また、表記の不統一には、同じ語に違う漢字を使ってしまうケースもあります。

BEFORE

（2）彼は高校時代から多数の彫刻を作った。彼が創った彫刻は今でも高校の美術室に飾られている。

（2）では、「つくった」という語に「作った」と「創った」の２種類の表記が使われています。「つくる」の表記について、『「異字同訓」の漢字の使い分け例（報告）』（平成26年2月21日、文化審議会国語分科会）には次のように書かれています。

つくる
【作る】こしらえる。
　　米を作る。規則を作る。新記録を作る。計画を作る。詩を作る。笑顔を作る。会社を作る。機会を作る。組織を作る。
【造る】大きなものをこしらえる。醸造する。
　　船を造る。庭園を造る。宅地を造る。道路を造る。数寄屋造りの家。酒を造る。
【創る*】独創性のあるものを生み出す。
　　新しい文化を創（作）る。画期的な商品を創（作）り出す。

*一般的には「創る」の代わりに「作る」と表記しても差し支えないが、事柄の「独創性」を明確に示したい場合には、「創る」を用いる。

上記の説明から、「創る」と表記できるものは「作る」と表記してもよく、独創性を強調したい場合に「創る」という表記を使うことがわかります。しかし、（2）のように、「作る」と「創る」が混在して統一されていないと、「創る」という表記を適当に使っているような印象も与えてしまいます。

AFTER!

　（2）彼は高校時代から多数の彫刻を創った。彼が創った彫刻は今でも高校の美術室に飾られている。

　また、「作る」と「創る」のように同じ意味の表記だけでなく、「勤める」「務める」「努める」のように意味の違いによって表記が変わる語も変換ミスのないように注意が必要です。「給料をもらって仕事をする」という意味は「勤める」、「役目や任務を果たす」という意味は「務める」、「努力する」という意味は「努める」と表記します。
　次の（3）は、送り仮名の不統一の例です。

BEFORE

　（3）赤信号は「止まれ」を表す。青信号は「進め」を表わす。

　（3）では「あらわす」の送り仮名が「表す」と「表わす」の2種類使われています。送り仮名については、『送り仮名の付け方』（昭和48年6月18日内閣告示）で本則が示されており、「活用のある語は活用語尾を送る」と書かれています。したがって、原則としては「表す」ですが、「表す（ひょうす）」と区別するために「表わす」という表記も許容されています。このように送り仮名のつけ方が複数ある場合も、表記の統一に注意が必要です。

AFTER!
（3）赤信号は「止まれ」を表す。青信号は「進め」を表す。

さらに、数字も表記の不統一が起こりやすいものの一つです。

BEFORE
（4）このTシャツは、サイズがS・M・Lの3種類、色が五種類あります。

縦書きでは漢数字、横書きでは算用数字を使うのが原則ですが、近年では縦書きでも算用数字を使うことがあるようです。いずれにしても統一することが大切です。

AFTER!
（4）このTシャツは、サイズがS・M・Lの3種類、色が5種類あります。

まとめ

 一般的に漢字で書くことも平仮名で書くこともある語は表記が混在しないように気をつけましょう。

複数の漢字表記がある語の表記の不統一や変換ミスに気をつけましょう。

 送り仮名のつけ方の不統一に気をつけましょう。

 漢数字と算用数字が混在しないように気をつけましょう。

■「異字同訓」の漢字の使い分け例（報告）（文化庁webサイト）
http://www.bunka.go.jp/seisaku/bunkashingikai/kokugo/hokoku/pdf/ijidokun_140221.pdf

3.　読み手に配慮した文字の選び方

　読みやすい文章は多くの人が負担を感じることなく読むことができます。そこでは、文字選びが大切です。しかし、すべて平仮名の文章が読みやすいわけではありません。読み手に優しい文字選びをするには、どのようなことを心がけたらよいのか考えます。

チェックポイント

① 漢字の割合は適切ですか？
② 読み手が読めない漢字を使っていませんか？
③ 語の切れ目がわかりにくい表記になっていませんか？
④ 文字化けする可能性がある文字を使っていませんか？

　日本語の文章では、名詞、動詞、形容（動）詞などの実質的な意味がある語は漢字で書くことが多く、助詞や助動詞などの文法的な機能を果たす語は平仮名で書きます。そのコントラストのおかげで、英語のように語の間にスペースを入れなくても語の切れ目がわかります。また、漢字と比べて、平仮名は文章の中で目立たないので、漢字で書かれた名詞や動詞などが目につきやすくなります。そこで、忙しい人の中には、漢字で書かれた部分を拾い読みして、おおまかな内容をつかむ人もいます。このように考えると、実質的な意味がある語を漢字で書くことは読み手に配慮した表記といえます。漢字と仮名の比率は「3：7」がよいなど、いろいろな考え方がありますが、大切なことは、漢字で書くべきものは漢字で書き、余計なものは漢字で書かないようにすることです。（1）は、漢字の割合が多くなっている例です。

BEFORE

（1）山形の郷土料理の一つに、芋煮と言う物が有ります。内陸で食べられている里芋や牛肉を入れた醤油味の芋煮汁が有名ですが、味噌味で豚肉を入れる地域も有ります。毎年秋には、県内各地の公園や河川敷等に大勢の人が集まって芋煮会を為ます。来場者が20万人位に成る様な芋煮会も有りますので、是非一度行って欲しいと思います。

　文章の漢字の割合が多すぎると、読みにくい印象を与えてしまいます。（1）では、漢字で書かないほうがよいものも漢字で書いているため、漢字の割合が多くなり、読みにくくなっているだけでなく、語の切れ目もわかりにくくなっています。漢字で書かないほうがよいものには下記のようなものがあります。

Ⓐ形式名詞

　「もの（物）」「こと（事）」「とき（時）」「ところ（所）」「ため（為）」「わけ（訳）」「ほう（方）」

Ⓑ使用頻度が高い基本的な動詞

　「ある（有る）」「なる（成る）」「できる（出来る）」「する（為る）」

Ⓒ補助動詞、補助形容詞

　「～ていく（～て行く）」「～てくる（～て来る）」「～てもらう（～て貰う）」「～ていただく（～て頂く）」「～てほしい（～て欲しい）」

Ⓓ副詞

　「あまり（余り）」「あらかじめ（予め）」「いかに（如何に）」「いずれ（何れ）」「おおむね（概ね）」「すべて（全て）」「たびたび（度々）」「なぜ（何故）」「まず（先ず）」「まったく（全く）」「ぜひ（是非）」

Ⓔ接続詞

　「および（及び）」「かつ（且つ）」「したがって（従って）」「もし

くは（若しくは）「ゆえに（故に）」「よって（因って）」

Ⓕ助動詞

「ごとく（如く）」「ような（様な）」

Ⓖ副助詞

「くらい（位）」「など（等）」「ほど（程）」

　以上は一例です。Ⓐ形式名詞は、修飾する部分を受ける抽象的な意味の名詞です。これらは、「物」「事」「時」「所」と書かずに、平仮名で書きます。Ⓑ使用頻度が高い基本的な動詞も平仮名で書いたほうがよいものの一つです。（1）の「有ります」「為ます」「成る」は「あります」「します」「なる」と書きます。「〜ていただく」の「いただく」のようにほかの語について補助的な役割を果たすⒸ補助動詞も平仮名で書きます。また、Ⓓ副詞、Ⓔ接続詞の「ほとんど（殆ど）」、「しかし（然し）」などは、手書きであれば平仮名で書く人が多いでしょう。しかし、パソコンで文章を書くときは漢字変換ができるため、つい漢字にしてしまうという人もいると思います。「とくに（特に）」「たとえば（例えば）」など、漢字で書くことがある副詞、接続詞も少数ありますが、それ以外は平仮名で書くようにしましょう。Ⓕ助動詞は漢字で書くと、「様」だけが目立ってしまい、「ような」と読み取りにくくなることもあるので、平仮名で書いたほうがよいものです。Ⓖ副助詞も同様です。

　これらのことをふまえて、（1）は次のように修正するとよいと思います。

AFTER!

（1）山形の郷土料理の一つに、芋煮というものがあります。内陸で食べられている里芋や牛肉を入れた醤油味の芋煮汁が有名ですが、味噌味で豚肉を入れる地域もあります。毎年秋には、県内各地の公園や河川敷などに大勢の人が集まって芋煮会をし

ます。来場者が20万人くらいになるような芋煮会もありますので、ぜひ一度行ってほしいと思います。

また、読み手が読めないおそれのある漢字を使わないようにしましょう。パソコンで文章を書く場合は、変換キーを押せば難しい漢字も書くことができます。しかし、せっかく難しい漢字を使って書いても、読み手が読めなければ意味がありません。（2）～（4）は難しい漢字を使った文章の例です。

BEFORE

（2）A社とB社は熾烈なシェア争いを繰り広げている。

（3）我々が平和を謳歌できるのは先人のおかげだ。

（4）クラスの生徒たちに自立心の萌芽が見られる。

（2）の「熾烈」、（3）の「謳歌」、（4）の「萌芽」は難しい漢字といえると思います。メールなどの特定の人に向けた文章の場合は、その特定の相手がこれらの漢字を読めるかどうかを想像してみるとわかります。しかし、多くの人が読む文章の場合はどのように判断したらよいでしょうか。このときに判断の目安になるのが常用漢字表です。この表は「分かりやすく通じやすい文章を書き表すための漢字使用の目安」で、2010年に改定された表には2136字の常用漢字が掲載されています。（2）～（4）の「熾」「謳」「萌」は常用漢字ではありませんので、読めない人もいると考えたほうがよいでしょう。そこでまず、これらの漢字を使わずに平仮名で書いてみます。

AFTER!

（2-1）A社とB社はし烈なシェア争いを繰り広げている。

（3-1）我々が平和をおう歌できるのは先人のおかげだ。

（4-1）クラスの生徒たちに自立心のほう芽が見られる。

それぞれ「Ｂ社はし」「平和をおう」「自立心のほう」とつながっ
て見えて、「烈」「歌」「芽」が浮いて見えるのではないでしょうか。
前の項目で説明したように、助詞は平仮名で書かれますので、語の
一部を平仮名にすると前後の助詞とつながって見えてしまう可能性
が高くなります。もちろん、落ち着いて読み直せば、前後の文脈か
ら「し烈」「おう歌」「ほう芽」と読み取ることはできますが、落ち
着いて読まなければ読み取れないのであれば、読み手の負担になっ
てしまいます。「皮フ科」のように一部を片仮名にする書き方も街
中では見かけますが、語の一部を片仮名で書く書き方はあまり一般
的ではありません。そのように考えると、次の例のように振り仮名
を振る方法が一番わかりやすい表記になります。

（2-2）Ａ社とＢ社は熾烈（しれつ）なシェア争いを繰り広げている。

（3-2）我々が平和を謳歌（おうか）できるのは先人のおかげだ。

（4-2）クラスの生徒たちに自立心の萌芽（ほうが）が見られる。

　ただ、webサイトの文章など振り仮名が使いづらい場合もあると
思います。そのような場合には、一部を仮名にした混ぜ書きをする
とどういう影響があるかということをふまえたうえで、混ぜ書きを
採用するとよいと思います。また、「（　）」で読み仮名を添える書
き方もできます。

（2-3）Ａ社とＢ社は熾烈（しれつ）なシェア争いを繰り広げて
いる。

（3-3）我々が平和を謳歌（おうか）できるのは先人のおかげだ。

（4-3）クラスの生徒たちに自立心の萌芽（ほうが）が見られる。

　一方、常用漢字の中にも読みにくい漢字があります。(5)の「虞」

は何と読むでしょうか。

BEFORE

（5）このヒーターは発火する虞があるため回収します。

　「虞」は「おそれ」と読みます。恐怖や不安を表す「恐れ」と違い、よくないことが起こるかもしれないと心配することを表します。「虞」は常用漢字なので、使用しても問題はないかもしれません。しかし、一般的に「恐れ」「怖れ」という表記を見ることは多くても、「虞」という字はあまり見ないのではないでしょうか。常用漢字であっても、読めない人が多いと思われる漢字は振り仮名を振るとよいと思います。また、「おそれ」は平仮名にしても混ぜ書きにならないので、平仮名にしてもよいでしょう。

AFTER!

（5-1）このヒーターは発火する虞_{おそれ}があるため回収します。

（5-2）このヒーターは発火するおそれがあるため回収します。

　次の（6）の「強」も常用漢字ですが、何と読むでしょうか。

BEFORE

（6）彼の言っていることは強ち間違いとも言い切れない。

　「強ち」は「あながち」と読み、「必ずしも」「一概に」という意味を表す副詞です。「強」は小学校2年生で習う漢字ですが、「あながち」という読み方は常用外の読み方です。このように、常用漢字の中には、常用外の読み方を持つものがあるので気をつけましょう。

AFTER!

（6）彼の言っていることはあながち間違いとも言い切れない。

　また、パソコンで文章を書くとき特有の漢字の問題もあります。

それは、「環境依存文字（機種依存文字）」の問題です。（7）には環境依存文字が使われています。

BEFORE

（7）森鷗外は軍医をしながら「舞姫」などの小説を書いた。

　この文の中では、森鷗外の名前に使われている「鷗」の字が環境依存文字です。環境依存文字は、コンピューターの機種によって、文字化けする可能性があるので注意が必要です。私がこの文章を書くのに使っているATOKという日本語入力ソフトでは、「鷗外」と変換するたびに「環境依存文字」と表示されます。印刷して配布する資料の場合は、「森鷗外」と書いても問題ありません。プレゼンテーションのときに使うスライドの場合も「森鷗外」と書いてかまいませんが、スライドを作るパソコンと違うパソコンを使ってプレゼンテーションをする場合は、文字化けしないか事前に確認しておきましょう。

　問題となるのは、webサイトやメールの文章に「環境依存文字」を使わなければならない場合です。それぞれに考えなければならない点があります。まず、webサイトは不特定多数の人が見ます。誰がどんな環境で見るかわかりませんので、ある程度どのようなパソコンでも表示されるような表記をしておく必要があります。そこで、（7）のように新字の「鴎」を使います。

AFTER!

（7）森鴎外は軍医をしながら「舞姫」などの小説を書いた。

　しかし、「森鴎外」というのは正式な表記ではありません。そのため、（7）のように表記したうえで、但し書きをします。例えば、森鷗外の居宅の跡地にある文京区立森鷗外記念館のwebサイトでは、サイトの下部に「このページでは、一部の日本語環境で表示できな

46

いため、『鴎』を新字で表記しています。」と書かれています。

　また、メールを送る相手の名前に環境依存文字が使われている場合は、相手のことを考える必要があります。相手から受け取ったメールへの返信であれば、相手が使っている表記を使えば問題ありません。こちらから初めてメールを送る場合、環境依存文字だからといって、勝手に新字に変えてしまえば、相手が失礼に感じることがあるかもしれません。そのため、正式な表記を使ったほうがよいと思います。文字化けをしたとしても、メールを受け取った側も事情がわかるはずなので問題ないでしょう。そのほかに、環境依存文字には丸数字（①、②……）やローマ数字（Ⅰ、Ⅱ……）などもありますので気をつけましょう。

まとめ

✓ 形式名詞、基本的な動詞、補助動詞、副詞、接続詞、助動詞、副助詞などを平仮名で書くことで漢字と仮名のバランスがよくなり、読みやすくなります。

✓ 常用漢字表などの一般的な目安をふまえたうえで、読み手の知識に合わせて表記を調整しましょう。

✓ 難しい漢字を書く場合は、振り仮名を使うと、語の切れ目がわかりにくくならないように読み方を示すことができます。

✓ webサイトの文章では、文字化けしないように環境依存文字に気をつけましょう。

4. 伝える内容に合った文字の選び方

　日本語の文章では、同じ語を平仮名でも片仮名でも漢字でも表すことができます。どの文字を使って表記するかによって語の印象が大きく変わりますので、それぞれの文字種の特徴をふまえて使い分けることが大切です。内容に合う文字種の選び方を考えます。

チェックポイント ✏

①　漢字の印象が伝えたい内容に合っていますか？
②　片仮名の印象が伝えたい内容に合っていますか？
③　平仮名の印象が伝えたい内容に合っていますか？

　名詞や動詞などの実質的な意味のある語は、読み手が読めるかどうかに留意しながら漢字で表すようにします。しかし、漢字で表すことによって、特定の印象を与える語があります。（1）は漢字表記によって語が特定の印象を持った例です。

BEFORE

　（1）最近は、煙草を吸うことができる場所が減ってきた。

　漢字表記は、仮名表記と比べると硬い印象があります。しかし、（1）の「煙草」は硬さだけでなく、古風な印象を受けないでしょうか。「煙草」という表記は当て字で、常用漢字表にはない読み方ですが、古くから使われ、多くの人が読めます。しかし、外来語なので「タバコ」と表記されることが多く、わざわざ漢字を使うと、古風な印象を与えるのかもしれません。「珈琲（コーヒー）」も同じような印象がある語です。時代を感じさせたいなどの意図がないのであれば、次のように片仮名表記にしたほうがよいでしょう。

AFTER!

　（1）最近は、タバコを吸うことができる場所が減ってきた。

　なお、「タバコ」は外来語だという意識が薄れてきているので、公用文では「たばこ」という平仮名表記も認められています。
　また、外来語を表すのに使われる片仮名には、音を表す性質があります。（2）は「褥瘡」の意味を質問している会話です。

BEFORE

　（2）Ａ：「じょくそう」というのは何ですか？
　　　　Ｂ：「床ずれ」のことですよ。

　漢字で「褥瘡」と書いてしまうと、Ａさんも意味がわかっているように見えてしまうため、（2）では平仮名で書いています。これでもよいのですが、次のように片仮名で書くと、意味より音が前面に出てきて、意味がわかっていない様子がよく伝わります。

AFTER!

　（2）Ａ：「ジョクソウ」というのは何ですか？
　　　　Ｂ：「床ずれ」のことですよ。

　音を表す性質がある片仮名は、外来語のほかにも、片言で話している様子や擬音語を表すのに使われます。
　さらに、片仮名には軽い印象もあります。（3）はこのままでも特に問題があるわけではありませんが、もう少し軽口を言っている感じにしたい場合は、どうしたらよいでしょうか。

BEFORE

　（3）俺が馬鹿なことばっかやってて駄目なのはわかるけど、山本先生、厳しいよなあ。

　1行目の「馬鹿」「駄目」は漢字で書くときつい印象があります。

これを「バカ」「ダメ」のように片仮名で書くことで、マイナス評価の語であることは変わらないものの、印象を和らげて、少し愛嬌<ruby>愛嬌<rt>あいきょう</rt></ruby>を感じさせるくらいの表現にすることができます。また、「センセー」、「キビシー」のように、本来漢字や平仮名で書く語の伸ばす音を「ー」で書くと楽しい感じやふざけた感じを表すことができます。

AFTER!

（3）俺がバカなことばっかやっててダメなのはわかるけど、山本センセー、キビシーよなあ。

　そのほかに、片仮名を使うことで、その語が持つ意味のうちの特定の意味だけを表すことがあります。例えば、「携帯」を「ケータイ」と書くと「携帯電話」に限定されるような例や、地名を「ヒロシマ」「フクシマ」などと片仮名で書くことで世界的な戦争や災害の文脈における土地を表すような例があります。後者は「世界から見た」という部分が片仮名で表されているという面もあるでしょう。では、次の（4）の中に片仮名にできる語はあるでしょうか。

BEFORE

（4）野党の党首が政治と金の問題に切り込んだ。

　（4）はこのままでも問題なく読める文です。ただ、「金」を「カネ」と変えると、そこが目立ってわかりやすくなり、政治の文脈でよく取り上げられる金銭の問題だということが一目で認識できます。

AFTER!

（4）野党の党首が政治とカネの問題に切り込んだ。

　最後に、擬音語・擬態語をどのように表記するかについて、平仮名、片仮名の印象と合わせて考えてみましょう。（5）の擬音語・擬態語の表記で、変えたほうがよいものはあるでしょうか。

BEFORE

（5）ざく切りにしたキャベツと薄切りにした玉ねぎをフライパンで炒めます。玉ねぎがシンナリしてきたら、塩をぱらぱらと振ります。

　原則として、擬音語は片仮名、擬態語は平仮名で書くものとされています。擬態語は片仮名で書くこともありますが、「しんなり」のような柔らかい感じがする語は平仮名で書きます。「ぱらぱら」は、平仮名でも片仮名でも書けます。片仮名で書くと、音を強く印象づけたり、文の中で目立たせたりすることができます。

AFTER!

（5）ざく切りにしたキャベツと薄切りにした玉ねぎをフライパンで炒めます。玉ねぎがしんなりしてきたら、塩をパラパラと振ります。（「ぱらぱらと振ります」も可）

まとめ

 漢字は基本的に硬い印象を与えます。また、漢字表記の中には古風な印象を与えるものがあります。

 片仮名は音や特定の文脈における特殊な意味を表せます。

 平仮名は柔らかい印象があります。擬態語は原則として平仮名で書きますが、音をイメージさせたい場合などは片仮名も使います。

語彙

1. 意味を明確に伝える漢語の使い方

　文脈に合った語を考えたとき、もう少し具体的ではっきりとした意味の語を使いたいと思うことはありませんか？　論文・レポートやビジネス文書では、明確で簡潔な表現が求められます。ここでは和語の動詞を使って、漢語を選ぶ方法を考えます。

チェックポイント

① 和語の意味を明確に表す漢語には、どんな語がありますか？
② 和語の意味から漢語を探すには、どんな方法がありますか？

　一般に漢語よりも和語のほうが意味が広く抽象的だといわれます。他方、多くの漢語は漢字2字が組み合わさっており、漢字2字の組み合わせにより、1語でより具体的で明確な意味を表すことができます。和語を漢語に置き換える方法として、まず、和語の意味に対応する漢字を手がかりにする方法があります。(1)(2)は「きめる/きまる」という和語の動詞の例です。

BEFORE

（1）やむを得ない理由で期末試験を受験できなかった場合、手続きをおこなったうえで、決められた日に再試験を受けることができる。
（2）新製品の発売日が決まったのでお知らせいたします。

　「きめる/きまる」を漢字2字の漢語に置き換えるには、まず、意味が対応する漢字を探します。「きめる/きまる」のあらたまった表現に「さだめる/さだまる」という語があり、漢語では「さだめる/さだまる」に使われる「定」という漢字を含む語が多く見ら

れます。（1）も（2）も言いたいことはわかりますが、「定」という漢字を含む漢語を使うことによって、「どのように決められているか」「どのように決まったか」を具体的に表すことができます。次に「定」を含む漢語をあげ、自分が述べたいことに合う語を探します。（1）の「決められた」は「指定」という語を使うと、学校が「〇月〇日に受験してください」と指し示して決めたという意味が明確になります。

（1）やむを得ない理由で期末試験を受験できなかった場合、手続きをおこなったうえで、指定された日に再試験を受けることができる。

（2）は、予定がはっきりと決まったことを伝えたい場合には、「決定する」「確定する」などが使えます。

（2）新製品の発売日が確定したのでお知らせいたします。

（1）も（2）も、「学校によって決められた日」、「はっきりと決まった」のように、説明を加えることで意味を明確にすることができます。しかも、漢字2字を組み合わせた漢語は1語で具体的な意味を表すので、説明を加えた文よりも短くすっきりした印象になります。「定」を含む漢語はほかにも次のような語があります。それぞれ漢字を組み合わせることによって「きめる/きまる」という意味を明確にし、簡潔に示すことができる漢語です。「どのように」「どうやって」を表す漢字が1字目、「きめる/きまる」という和語の動詞に対応する「定」が2字目に使われることが多いです。

　　　既定、規定、算定、設定、選定、内定、認定、判定
次は「いる/ある」の例です。

（3）本小説の主人公は明治時代にいた人物だといわれている。
（4）次のグラフは、各家庭にあるパソコンの台数を地域別に
まとめた図である。

　（3）の「いる」は人物の存在について述べているので、「存在」
という語に含まれている「在」という漢字をもとにします。（3）は
「明治時代に実際に存在した人物」という意味で「実在」という語
に置き換えることができます

AFTER!

（3）本小説の主人公は明治時代に実在した人物だといわれて
いる。

　「─在」という語は、「（人が）いる／（物が）ある」状態を具体的
に表すことができます。例えば、次のような語があります。
　　　健在、混在、潜在、滞在、駐在、点在、内在、偏在

　（4）の「ある」は「存在する」という意味ではなく、「持ってい
る」という意味です。漢語を考える場合は、「持っている」のあら
たまった表現で「有する」という語に使われる「有」という漢字を
手がかりにします。（4）は一定の期間持っているという意味で「保
有」という語に書き換えることができます。

AFTER!

（4-1）次のグラフは、各家庭が保有するパソコンの台数を地
域別にまとめた図である。

　漢語は複数の語をつなげてさらに長い語を作り、１語でさらに具
体的な意味を表すことができます。（4-1）は「保有するパソコンの
台数」を「パソコンの保有台数」と書き換えることもできます。

（4-2）次のグラフは、各家庭におけるパソコンの保有台数を地域別にまとめた図である。

「—有」という語にはほかにも次のような語があります。それぞれ「ある」や「持っている」状態を具体的に表します。

含有、共有、現有、国有、私有、占有、特有

ここで扱った、和語の動詞と対応する漢字、漢語をまとめます。

和語	漢字	漢語
行く	—行	逆行、急行、徐行、蛇行、走行、歩行
見る→視る	—視	注視、正視、直視、凝視、監視
決める→定める	—定	既定、規定、算定、設定、選定、内定、認定、判定
いる/ある	—在	健在、混在、潜在、滞在、駐在、点在、内在、偏在
ある	—有	含有、共有、現有、国有、私有、占有、特有

まとめ

 漢字2字が組み合わさった漢語を使うと、和語の意味を明確で簡潔に表すことができます。

 漢語を探すときは、和語の意味に対応する漢字を手がかりにできます。動詞の場合、「指定」「確定」の「—定」のように、和語の意味に対応する漢字が2字目に入ることが多いです。

第2章　語彙　1 和語・漢語の使い方

2. わかりやすく丁寧に伝える 漢語の使い方

　漢語が多く使われている文章を読んだとき、意味がわかりにくいと思ったことはありませんか？　漢語は「今年度の当社の利益」のように「の」でつなげたり、「営業会議議事録」のように複数の語を直接つなげたりすることによって、簡潔に具体的な意味を表す言葉を作れます。しかし同時に、意味が伝わりにくくなったり、やや丁寧さに欠ける印象を与えたりすることもあります。ここでは、それらの使用場面に注目し、どのように漢語を使えばよいかを考えます。

> **チェックポイント** 🖊
>
> ① 意味がわかりにくい漢語の使い方、丁寧度が下がる漢語の使い方には、どのようなものがありますか？
>
> ② 意味をわかりやすく丁寧に伝えるには、どのように漢語を使えばよいですか？

　意味のわかりにくい漢語の一つ目は、長い漢語１語の使い方です。（1）は車両点検で電車が止まり、約束の時間に遅れている相手からのメッセージです。「いつの話か」がはっきりしません。

BEFORE

　（1）地下鉄さくら線は運転再開とのことです。

　（1）のようなメッセージでは、すでに電車は動いているのか、もうすぐ動く予定なのか、わかりにくいです。「再開」は名詞なので、それだけではいつの話かわかりません。「再開する」「再開した」のように動詞の形にするか、「まもなく再開」のように時間を表す語

を入れると、わかりやすくなります。

AFTER!
（1）地下鉄さくら線は運転を再開したとのことです。

　意味のわかりにくい漢語の二つ目は、複数の語をつなげる際に
「の」を使いすぎた場合です。

BEFORE
（2）以下、包装の簡素化の資源の節約の効果について述べる。

　（2）は、各語の意味から「包装を簡素化したことによって、資源
の節約にどのような効果があったか」という書き手の意図が、「の」
が続くため読みにくくなった例です。「の」が続くと、読み手はそ
れぞれの「の」の意味を前後の言葉の関係から考えなければならな
らず、読むのに負担がかかります。ここでは、意味のまとまりから
「包装の簡素化」「資源の節約」「効果」の三つの部分にわけ、助詞
を補うことで、それぞれの関係を明確にします。

AFTER!
（2）以下、包装の簡素化による資源節約への効果について述
べる。

　（2）では「資源の節約」という表現から「の」を省略して「資源
節約」のように、1語にしました。漢語をつなげて1語にすること
は、例えば「新入社員への研修」を「新入社員研修」としたり、「写
真を撮影する機能」を「写真撮影機能」としたりするなど普段よく
目にします。これらは、1語にすることで一つの物事であることが
明確になります。
　漢語は直接つなげて1語にすることができるという特徴があるた
め便利ですが、つなぎ方によっては意味が伝わりにくくなります。

三つ目はこの点について見てみましょう。（3）を見てください。

（3）リモートワークの普及によって、海外企業勤務が珍しくなくなってきた。

（3）の「海外企業勤務」という語は「海外」「企業」「勤務」という三つの語をつなげた語ですが、「海外」という語が「企業」と「勤務」のどちらを説明しているのかがはっきりしません。そのため、①「海外の企業に、日本国内に住みながら勤務する」という意味にも、②「日本国内の企業に、海外に住みながら勤務する」という意味にも、解釈が可能になります。（3）は「国内に住んでいる人が、海外の企業に勤務する」という①の意味です。

（3）リモートワークの普及によって、（国内にいながら）海外の企業に勤務することが珍しくなくなってきた。

（3）のように、助詞を補ったり「勤務する」のように漢語を動詞にして使ったりしたほうが意味が明確になる場合もあります。
　四つ目は、漢語をつなげて使うことを丁寧さという点から見てみましょう。漢語はあらたまった語なので、一般的には丁寧な印象を与えますが、使い方によっては丁寧度が下がる例です。（4）は、展示会に参加する関係者への連絡です。

（4）なお、さくら会館は館内飲食禁止なので、よろしくお願いいたします。

（4）の「館内飲食禁止」は注意書きなどの貼り紙でもよく目にする表現です。しかし、そのまま文章中に使うと丁寧度がやや下がり

ます。「館内飲食禁止」は「館内」「飲食」「禁止」という語をつなげており、助詞や動詞を使用していません。「新入社員研修」のように、1語で定着している語でもありません。そのため、文章の中で使うと省略された語のように見え、読み手にややぞんざいな印象を与えることがあります。漢語はつなげて使うことで簡潔に内容を伝えることができますが、お願いする場合など、文章の目的や読み手を意識し、適宜助詞や動詞を補うと丁寧度が上がるでしょう。

（4）なお、さくら会館は館内での飲食が禁止されていますので、よろしくお願いいたします。

　さらに、漢語は名詞なので、「なお、さくら会館は館内飲食禁止でよろしくお願いいたします。」のような、「【名詞】でお願いします」のような書き方にもなりやすいです。BEFORE（4）よりもさらに丁寧度が下がるため、注意が必要です。

まとめ

☑ 漢語1語では「いつの話か」わかりにくい場合があります。「の」が続く漢語や長い漢語は意味がわかりにくかったり、丁寧度が下がったりする場合があります。

☑ 漢語を「漢語＋する」の形にして使ったり、語と語の間に助詞や動詞を補ったりすることで、意味をわかりやすく伝えたり、丁寧度を上げたりすることができます。

3. 目的に合わないくだけた語の 書き換え方

　レポートなどのあらたまった文章に、くだけた表現が混ざっていませんか？　しかし、くだけた表現とあらたまった表現の明確な区別は難しいもの。ここでは、日常の会話やブログなどでは用いられるけれども、あらたまった文章には合わない語について考えます。

チェックポイント

(1) くだけた語にはどのような語がありますか？
(2) くだけた語をどのようにあらたまった語へ書き換えますか？

　まず、1語でくだけた語かどうかの判断ができるものを見ていきます。話し言葉と書き言葉を比較するときには副詞（「やっぱ」と「やはり」）や接続詞（「でも」と「しかし」）が代表的ですが、ここでは、動詞と名詞を中心に見ていきます。(1)は長い語が省略されており、くだけた印象がもたれやすく、読み手がすぐに理解できない可能性もあります。

BEFORE

　（1）商品購入後、取説を読まないで使ってみる人は多い。

　(1)の「取説（とりせつ）」は「取扱説明書」を短くした語です。会話や、書名、ブログのタイトルでも見かける語ですが、まだ一般に定着しているとはいえません。省略されていることや、元の語が明らかにわかる場合は、元の語に書き換えたほうがよいでしょう。

（1）商品購入後、取扱説明書を読まないで使ってみる人は多い。

　省略された語の中には、「特急（特別急行）」のように長い間使われ、広く定着しているものもあります。「原発事故（原子力発電所の事故）」「入試（入学試験）」「就活（就職活動）」などは、省略されているかどうかの感じ方は異なるでしょうが、「再履（再履修）」「販促（販売促進）」「駐禁（駐車禁止）」など、一部の人たちの間でしか通用しない語は、元の語に書き換えたほうがよいでしょう。このほかにも動詞では、「愚痴る（＝愚痴を言うこと）」「事故る（＝事故を起こすこと）」「メモる（＝メモをとる）」のような名詞に「る」がついた形の語（名詞＋る）や、「ぶち当たる」「ぶち壊す」のような「ぶち（ぶっ）＋動詞」などもあります。これらもいわゆる「俗語」で、くだけた表現です。省略された語や俗語の情報は国語辞典に記載されています。

　次に、使い方によって、あらたまった語にもくだけた語にもなる語を見ていきます。これらの語は1語だけでは気づきにくい語です。（2）は大学生が同級生に対して「子」を使っている例です。

BEFORE

（2）大学に通うことは経済的な負担が大きい。そのため、大学に入るとアルバイトを始める子が増える。

　「子」は、「高齢の親と子が同居する」のように書き言葉でも使われる語です。しかし、「子」は「母と子」や「公園で小さい子が遊んでいる」のように、親に対する子どもや幼い子どもに対して使います。若者が同年代の人に対して「子」を使うのは、親しい間柄でのやりとりで使われるくだけた表現だといえるでしょう。

AFTER!

（2）大学に通うことは経済的な負担が大きい。そのため、大学に入るとアルバイトを始める学生が増える。

和語は、日常生活で多く用いられ、もともとの意味が広がりやすい性格を持っています。意味が広がった表現には、話し言葉ではよく用いられるものの、書き言葉としては定着していないものがあります。

BEFORE

　（3）食への関心の高まりから、料理にはまる人が多い。

　（3）の「はまる」は「夢中になる」という意味です。「ネジが穴に『はまる』（＝うまく入る）」「型に『はまった』やり方（＝決まりきった）」などの表現は、あらたまった文章でも見られますが、（3）の「はまる」はくだけた表現といえるでしょう。

AFTER!

　（3）食への関心の高まりから、料理に夢中になる人が多い。

　（2）、（3）は和語の例でしたが、漢語にも見られます。

BEFORE

　（4）新人研修では、１個上の先輩社員が新人の指導することになっている。
　（5）苦労して就職した会社を速攻で辞めてしまう人もいる。

　（4）の「個」は、あらたまった文章では、年齢を数えるときには、「一つ」「１歳」または「１年」など、別の語を使います。
　（5）の「速攻で」は「すぐに」という意味です。スポーツでは「すぐさま攻撃すること」という意味であらたまった文章にも使いますが、この場合は「速攻」を副詞的に使った、くだけた表現です。

AFTER!

　（4）新人研修では、１年上の先輩社員が新人の指導することになっている。

（5）苦労して就職した会社をすぐに辞めてしまう人もいる。

　このように、1語でくだけた表現かどうかを判断できる場合と、一つの語が使い方でくだけた表現になる場合があります。（3）〜（5）のくだけた語の特徴は、片仮名でも書けることです。SNSなどでは、「料理にハマる」「1コ上の先輩」「ソッコーでやめる」のような表記も見られます。元の語とは少し違った意味で使っていることや、音のイメージを強調しているからでしょう。推敲の際、外来語や擬声語・擬態語（ザーザー、イライラなど）ではないのに片仮名で書いた語があったら、くだけた表現の可能性を検討してみましょう。

　まとめ

☑ くだけた語には1語で判断できるものと、使い方によって、あらたまった語になったり、くだけた語になったりするものがあります。

☑ 省略された語は元の語に書き換えます。使い方でくだけた表現になっている場合は、述べたいことを考えてほかの語に書き換えます。

4.　意味が重なる表現の避け方

　意味が重なる表現のチェックの仕方と書き換え方について見ていきます。「意味が重なる表現」とは、「頭痛が痛い」のような、意味が重複する表現を使った「重言(じゅうげん)」のことです。重言に対する感じ方は人によって異なりますが、表現が冗長になるので、できるだけ避けるのが望ましいです。ここでは重言を避ける方法を考えます。

チェックポイント

① 意味が重なる表現はどのようにチェックすればよいですか？

② 意味が重なる表現はどのように書き換えればよいですか？

　まず、どのような表現があるかを見てみましょう。

BEFORE

　（1）階段を下りるとき転んで転倒し、腕の骨を骨折した。
　（2）成人にいちばん最適な睡眠時間は7時間前後だという。

　（1）は「転んで転倒する」「骨を骨折する」、（2）は「いちばん最適」が意味の重なる表現です。（1）の「転んで転倒する」は、同じ意味の言葉の繰り返しであり、「骨を骨折する」は、「骨」が「骨折する」という語の意味の一部になっています。後者は前者ほど冗長ではありませんが、修正したほうがよいでしょう。「いちばん最適」は、「最適」は「最も＝いちばん適している」と言い換えることができ、「いちばん」という意味が重複しています。これらの表現は、以下のように重なる部分を削ることができます。

AFTER!

（1）階段を下りるとき転倒し、腕を骨折した。

（2）成人に最適な睡眠時間は7時間前後だという。

　意味が重なる表現の確認の仕方は、漢字を手がかりにする方法と意味を手がかりにする方法があります。まず、（1）のような表現は、漢字の繰り返しを手がかりにして確認することができます。同様の表現には、以下のようなものがあります。

BEFORE

（3）申し込みの際に、身分証明書は必ず必要です。

（4）彼は起業するための資金を両親から借金した。

（5）本日の発表会は、一部予定とは内容が異なる部分があった。

　（3）のように、意味が重なる語が隣り合っているときは気づきやすいですが、（4）、（5）のように、2つの語が離れると気づきにくくなるので、注意が必要です。（3）〜（5）は、以下のように重複する部分を減らすことで、すっきりした文にすることが可能です。

AFTER!

（3）申し込みの際に、身分証明書は必要です。

（4）彼は起業するために両親から借金した。

（5）本日の発表会は、予定とは内容が異なる部分があった。

　次に、（2）のように、同じ漢字を使わない表現の場合は、意味から判断します。同様の表現には以下のようなものがあります。

BEFORE

（6）まず、はじめに本研究の目的を述べる。

（7）一度使った容器は再びリサイクルできる。

（8）人口が過密になりすぎると、様々な社会問題が起こる。

（6）（7）（8）も重複する部分を削って書き換えることができます。
（6）は「まず」「はじめに」のどちらかの語を削ります。（7）の「リサイクルする」は「再利用する」という意味なので「再び」の部分を削ることができます。（8）も「過密」の「過〜」は、「〜すぎる」という意味なので、この部分を削ることができます。

AFTER!

（6）はじめに本研究の目的を述べる。
（7）一度使った容器はリサイクルできる。
（8）人口が過密になると、様々な社会問題が起こる。

意味が重なる表現の書き換え方をまとめると、二つのポイントがあります。一つ目は、（1）〜（8）のように、重複する語のうち一方を削る方法です。（6）の「まず、はじめに」のように同じ意味の語が使われている場合は、どちらか一方の語を削ります。また、（7）の「再び」と「リサイクルする＝再利用する」のように、部分的に意味が重なる場合は、より具体的な意味のほうを残します。（7）の「再びリサイクルする」は「副詞＋動詞」の組み合わせです。動詞や名詞は、文の意味の中心なので、意味が重なる語の組み合わせの中に動詞や名詞があるときは、動詞や名詞を残します。
　二つ目は別の語を補う方法です。（9）と（10）を見てください。

BEFORE

（9）会社側からの事故原因の説明に、違和感を感じた。
（10）この地域は先の河川の氾濫で甚大な被害を被った。

（9）は「違和感」と「感じる」には同じ「感」という漢字が使われています。書き換える場合は、「感じる」をほかの表現にします。「違和感をもつ/抱く/覚える」が一緒に使われることの多い表現です。
（10）も「被害」と「被る」で同じ「被」という漢字が使われて

います。「被害を受ける」がもっとも一般的でお勧めの表現です。

AFTER!

（9）会社側からの事故原因の説明に、違和感を抱いた。

（10）この地域は先の河川の氾濫で甚大な被害を受けた。

　意味が重なる表現は、間違いとはいえないので、直す必要がない場合もありますが、（1）〜（8）のように重複を削ることですっきりした印象になります。また、（9）や（10）のように、一緒に使う語の種類を増やすことによって、より豊かな表現ができるでしょう。

まとめ

 意味が重なる表現は、漢字を手がかりにチェックできます。
同じ漢字を使わないものは、意味をもとにチェックします。

 意味が重なる表現は、片方の表現を削る、意味が狭いほうの
表現を削る、別の語を使うなど、書き換えることができます。

5. 偏った語感をもつ語の避け方

　「偏った語感をもつ語を使っていませんか？」と言われてもピンとこない人が多いかもしれません。「偏った語感をもつ語」というのは、「このグループの人は、このような性質・性格だ」という、特定のグループに対する先入観をもとにした語のことです。こうした先入観は読み手によっては不快感を覚えたり悪印象を抱いたりします。ここでは、特に性差に注目して考えます。

チェックポイント ✏

① 性差について「偏った語感をもつ語」にはどのようなものがありますか？

② 性差について「偏った語感をもつ語」をどのように書き換えればよいですか？

　まず、(1) 〜 (3) を見てください。これらはいずれも性差と職業を結びつけた語です。

BEFORE

(1) 日本は諸外国と比較して、女医の割合が低いという。

(2) 近年、医療機関では看護婦の不足が問題になっている。

(3) 今後、ビジネスマンの働き方は多様化するだろう。

　(1) の「女医」という語は、「男医」という語はないことから、女性であることを特別視した表現だと考えられます。その背景に、一般に医師は男性の職業だという先入観があるといえます。「女刑事」「女流作家」といった言い方もメディアでは見かけますが、「男刑事」「男流作家」という語は見かけないことから、刑事や作家も男性の

職業だという意識を含んだ表現であることがわかります。「女医」は、特に性別について述べる必要がない場合は「医師」、性別について述べる場合は、「女性医師／男性医師」とするのが適切でしょう。

　(2) の「看護婦」は「婦」という女性を表す漢字を使っており、性別と仕事を結びつけた語だといえます。実際には、性別に関係なく看護の仕事に従事している人がいますので、現在では「看護婦」ではなく「看護師」が用いられます。

　(3) の「ビジネスマン」は片仮名で書かれる語なので、漢字を含む語よりも性別が意識されにくいかもしれません。「マン」が男性をイメージさせる表現です。「ビジネスマン」よりも「ビジネスパーソン」のほうが特定の性別に偏らない中立的な語です。

AFTER!

　(1) 日本は諸外国と比較して、女性医師の割合が低いという。
　(2) 近年、医療機関では看護師の不足が問題になっている。
　(3) 今後、ビジネスパーソンの働き方は多様化するだろう。

　(1) ～ (3) と同様に特定の性別をイメージさせる職業名には、ほかにも以下のような語があります（→ポリティカル・コレクトネスの観点については3.1.4「読み手を傷つけない表現の考え方」*p.*142参照）。

〈偏りのある表現〉	→	〈中立的な語〉
保母、保父	→	保育士
助産婦	→	助産師
保健婦	→	保健師
カメラマン	→	フォトグラファー、写真家
OL/サラリーマン	→	オフィス・ワーカー、会社員
女子アナ	→	アナウンサー
スチュワーデス、スチュワード	→	キャビンアテンダント（CA）、客室乗務員

職業名以外にも、性別に対する偏った固定観念と結びついた表現はあります。

（4）彼女は負けず嫌いで気の強い、男勝りな性格の持ち主だ。

（5）激戦の末に優勝した山田選手は、報道陣の前で男泣きに泣きながら、喜びを語った。

（4）の「男勝り」は、女性の性格に対して使う語で、男性以上に気持ちが強く、しっかりした性格のことです。この表現は、前提に女性よりも男性のほうが気持ちが強く、しっかりしているという考え方があります。単純な比較以上に、「女性なのに」「女性にふさわしくない」というマイナスの評価が含まれるでしょう。

（5）の「男泣き」は、男性の行動に対して使う語です。前提として、「女性は人前でも泣くが、男性は人前でむやみに泣かないものだ」という考え方があり、「男性なのに人前で泣く」ことは「男性の行動としてふさわしくない」という意味合いが含まれます。中立的な表現に書き換える場合は、以下のように書くことができます。

（4）彼女は負けず嫌いで気の強い、しっかりした性格の持ち主だ。

（5）激戦の末に優勝した山田選手は報道陣の前で、涙を流しながら喜びを語った。

（1）〜（5）以外に、「男らしく堂々と振る舞う」「女性らしい気遣い」「男／女のくせに」「男性／女性なのに」「女々しい」のような表現も、性別に対する固定観念をプラス・マイナスの評価と結びつけている可能性があります。

こうした表現の中には慣用的に使われてきたものが数多くありま

す。すでに使われなくなり中立的な語の使用が進んでいる表現がある一方で、進んでいない表現もあります。

また、LGBTについても近年慎重な言葉遣いが選ばれるようになりました。「ホモ」「レズ」「おかま」「おなべ」などの表現は避けられ、「ゲイ」「レズビアン」という語が選ばれるようになっています。身体の性とアイデンティティの性が異なるトランスジェンダーへの配慮は現代社会では必須でしょう。

ここで取り上げたのは性別にかかわる表現ですが、性別以外にも、人種や宗教を含めて、人々の多様性を尊重するという考え方を背景に、今後も様々な中立的な表現への書き換えが進むと思われます。

言葉狩りのような過剰な反応も、腫れ物に触るような過剰な気遣いも望ましくはありませんが、社会の多様な少数者を、意図せずに傷つけることを避ける思いやりは、現代社会において必要です。多様な読み手が自分の文章をどのように受け取るかを想像しながら、偏った語感をもつ語を使っていないかどうか、自分で意識してチェックすることが大切でしょう。

まとめ

 性差について偏った語感をもつ語は、職業名に多く見られますが、性格や行動を評価する表現にも見られます。

性差について偏った語感をもつ語は、特定の性別を思い起こさせないような中立的な表現に書き換えます。

6.　迷ったときの適切な漢字の選び方

　文章を推敲する際に、適切な漢字を使っているか、チェックして
いますか？　パソコンやスマホの変換機能は便利で、手書きでは難
しい漢字も簡単に入力できます。一方で、日本語は同音異義語が豊
富で、漢字変換をするときに、複数の候補の中から適切な漢字や語
を選ばなければなりません。ここでは、パソコンやスマホの一般的
な変換機能を使って文章を書く場合の漢字表記のコツを考えます。

チェックポイント

① 漢字2字の漢語では、どのような語の表記が間違えやすいで
　すか？

② 漢字の使い方が正しいかどうか、どうチェックすればよいで
　すか？

③ 「答える」と「応える」など、同じ訓の漢字はどうチェックす
　ればよいですか？

　まず、(1) は漢字2字を組み合わせた漢語の例です。漢字2字の
うち、1字が同じ漢字を使う語と間違えてしまう例です。

BEFORE

　(1) 売上高の大幅な減少は、企業が経営不信に陥る理由の一
　　つである。

　(1) は、「売り上げの金額が大きく減ることは、企業の経営がう
まくいかなくなる理由の一つだ」という内容です。漢字の使い方が
正しくないのは「経営不信」で、正しくは「経営不振」です。「ふ
しん」という語は複数ありますが、「腐心」や「普請」と間違える

ことは少ないでしょう。漢字が2字とも異なる語は意味がまったく異なることが多いからです。同音異義語の中で間違えやすいのは「不振/不信/不審」のように1字が同じ漢字を使う場合です。自分が書きたい言葉と一部意味が重なるからです。特に「不信」は「経営陣に不信感をいだく」のように、企業を話題にした文章でも使われる言葉なので、間違えやすいです。(1)の場合、「経営が振るわない」のように、書きたいことを、漢字を利用して別の言葉で言い換えることによって、適切な漢字を選んでいるかどうか、確かめることができます。

(1) 売上高の大幅な減少は、企業が経営不振に陥る理由の一つである。

次に、漢字の使い方が間違っていないかを確認する方法です。

(1)のように、漢字を利用した類義表現を思い浮かべることで、チェックすることができます。また、チェックしたい言葉の前後で一緒に使う表現も手がかりになります。(2)を見てください。

(2) 工房を見学して、和菓子を作る職人さんの手ぎわのよさに関心しました。

(2)は、「すごい」と感じたことなので、「関心」ではなく「感心」が正しいです。どちらの語も「心」という漢字が共通しており、感想を述べる場面でよく使われる語なので間違えやすい語です。

(2) 工房を見学して、和菓子を作る職人さんの手ぎわのよさに感心しました。

（2）は「関心」と「感心」の違いですが、「関心」は「関心する」のように「する」と一緒には使いません。「関心をもつ」や「関心を抱く」のように、「もつ」や「抱く」が一緒に用いられやすい語です。（2）の場合、平仮名を漢字に変換するときも、「かんしん」のみで変換すると候補が複数表示されるため間違えやすくなります。「かんしんしました」のような表現で変換すると、候補が減るため、選択ミスを防ぐことができます。

　（1）や（2）以外にも、1字が同じ漢字を用いる同音異義語で表記を間違えやすい語には次のような語があります。

語	間違いの例→正しい表記
いぎ	×異義を申し立てる→○異議
しこう	×施行を重ねる→○試行
たいしょう	×比較対称/×比較対象を行う→○対照
ゆうき	×有機雇用契約を結ぶ→○有期

　これまで漢字が2字の語を見てきましたが、次は漢字が1字の動詞の例です。

BEFORE

　（3）このスーパーマーケットは、顧客の要望に答えた品揃えによって集客力を高めている。

　（3）は「要望に答える」ではなく、「要望に応える」が正しいです。「こたえる」には「答える」と「応える」があります。訓読みは同じで、異なる漢字を使う言葉は「同訓異字」と呼ばれます。「同訓異字」は、「答える」は「回答する」、「応える」は「対応する」というように、漢字2字の熟語を思い浮かべることによって、意味の違いを確認することができます。

76

AFTER!

　（3）このスーパーマーケットは、顧客の要望に応えた品揃え
によって集客力を高めている。

　「同訓異字」はもともと一つの言葉の意味を、漢字を使って書き
分けている場合が多いため、意味の違いがはっきりしない場合もあ
ります。例えば、「みる」の同訓異字は、よく目にするものでも「見
る」「診る」「看る」「観る」などがありますが、「（警察は）殺人事
件とみて捜査している。」という場合の「みる」は「見る」を使うか、
迷うと思います。表記を確認するには、国語辞典や用語用字辞典、
表記のハンドブックなどが参考になりますが、意図に合う漢字が見
つからない場合は、平仮名で書くのも選択肢の一つです。

第２章　**語彙**　1　和語・漢語の使い方

まとめ

☑ 漢字２字の同音異義語の中で、特に１字だけ異なる漢字を使
う語は間違えやすいです。

☑ 漢字２字の同音異義語は、漢字の訓読みを利用して意味を言
い換えてみることで、正しい漢字を選んでいるかチェックし
ましょう。

☑ 和語動詞の同音異義語は、漢字２字の言葉を作って意味の違
いを確認しましょう。意味がはっきりしない場合は、漢字を
使わないで平仮名で書くこともできます。

7. やわらかく親しみやすさを感じる和語動詞の使い方

　論文やレポートを書いているわけではないのに、なんだか文章が硬いなと思うことはありませんか？　その原因の一つに漢語を使っていることがあるかもしれません。ここでは、漢語の動詞を和語に置き換えて、読み手に気持ちが伝わる文の書き方を考えます。

チェックポイント

① 漢語を使うと読み手にどのような印象を与えますか？
② 和語を使うと読み手にどのような印象を与えますか？

　和語と漢語という語の種類で比べると、一般に和語はくだけた表現が多く主観的、漢語はあらたまった表現が多く客観的だといわれます。一つ目は、自分について書いた文を見てみましょう。(1) は、報告書の書き方を、先輩社員に質問しているメールの一部です。

BEFORE

　（1）お忙しいところをすみません。今、昨日の会議の報告書を作成していますが、書式のことで少々困難に直面しています。

　「困難に直面する」という表現は、「困難に直面した経験」や「仕事で困難に直面したらどのような対応を取るか」のように、就職活動の面接の際には自分に関する話題でも使われます。しかし、自分のことをやや客観的に見た表現なので、今、困っていて、助けてもらいたい場合にこのような客観的な表現を使うと、読み手はやや他人事のような印象を受けそうです。読み手が身近な人であれば、「困っている」と書いたほうが状況や気持ちが素直に伝わるでしょう。

（1）お忙しいところをすみません。今、昨日の会議の報告書を作成していますが、書式のことで少し困っています。

二つ目は、相手について書いた文を見てみましょう。（2）は、プレゼンテーションの日の朝のメッセージです。

BEFORE

（2）準備はどうですか？　昨夜、何時間程度睡眠を取りましたか？

読み手の睡眠時間を正確に知りたいのであれば、これでもよいですが、読み手は調査に回答するような気持ちになるかもしれません。下線の漢語を和語に置き換えると、やわらかい文になります。

AFTER!

（2）準備はどうですか？　ゆうべ、どのくらい寝ましたか？

「睡眠を取る」と同様の意味を表す和語には「眠る」もあります。「眠る」は「寝る」よりもややあらたまった表現です。「寝る」は「眠る」という意味に加え、「横になる」という意味も含みます。（2）のように「寝る」を使うと、ゆうべ休むことができたかどうかをやわらかく聞くことができるでしょう。このように、文章が硬いなと思ったら、まず漢語を和語に換えてみましょう。

漢語に対応する和語を探すには、類語辞典が役に立ちますが、（1）（2）のように漢字がヒントになる場合もあります。（1）は「困難」→「困っている」、（2）は「睡眠」→「眠る」→「寝る」のように漢字を手がかりに和語を探すことができます。また、「眠る」と「寝る」のように、和語の中でも近い意味の語があり、あらたまり度や意味の広さによって、読み手に与える印象が変わります。

三つ目は、事実を伝える文を見てみましょう。漢語は物事を客観

的に伝える反面、やや事務的で素っ気ない印象を与える場合もあります。(3) は、休業中の店から顧客へのメールの一部です。

BEFORE

(3) 現状では、営業再開の時期は未定です。ご理解のほど、よろしくお願いいたします。

営業再開の時期が決まっていないという事実を簡潔に知らせるには、十分な内容です。しかし、読み手に自分の店の状況をわかってもらいたいときや共感を得たいと思うときには、ほかの表現も検討したほうがよいでしょう。

AFTER!

(3) 現状では、まだ営業再開の見通しが立っておりません。ご理解のほど、よろしくお願いいたします。

最後に、漢語と和語の対応に、さらに外来語を加えて見てみましょう。(4) は、食事の感想を伝えている文章の一部です。

BEFORE

(4) 最後のデザートも、ソースの甘さと果物のすっぱさが調和していておいしかったです。

「甘さとすっぱさが調和している」という表現は正しいですが、「調和する」という漢語が客観的な印象を与えるため、評論家が味を冷静に分析しているような印象を与えるのではないでしょうか。「調和する」を「ほどよく合っている」などに変えると、食べた感想をやわらかく伝える文になります。

同じような意味合いで外来語の「マッチする」もあります。外来語に対する印象は人によって幅があります。「マッチする」は「調和する」「一致する」などと置き換えられ、「調和する」よりも意味

が広くなりますが、「ほどよく合う」よりは意味が狭いです。「デザート」という外来語の話題とも合った語です。

AFTER!

（4-1）最後のデザートも、ソースの甘さと果物のすっぱさがほどよく合っていておいしかったです。

（4-2）最後のデザートも、ソースの甘さと果物のすっぱさがマッチしていておいしかったです。

漢語、和語、外来語で対応する語は文脈によっても異なりますが、ここでは、料理に関係する動詞を例にあげます。

漢語	和語	外来語
（調味料を）　追加する	さらに加える	プラスする
（素材を）　厳選する	選び抜く/選りすぐる	セレクトする
（材料を）　配合する	混ぜ合わせる	ブレンドする
（ケーキを）　装飾する	飾る/飾りつける	デコレーションする

まとめ

 漢語は客観的に具体的な意味を伝えますが、読み手に冷静で素っ気ない印象を与える場合があります。

 和語はやわらかく、親しみやすい印象を与えるので、気持ちを伝えたいとき、共感してもらいたいときに適した語です。

1.　間違えない外来語表記の選び方

　外来語を書くときには、多くの場合、片仮名を使います。ただし、うっかり片仮名を書き間違えてしまったり、どのように表記すればよいのか迷ってしまうことも多いのではないでしょうか。ここでは、書き間違いやすい外来語を紹介するとともに、複数の表記例があるときにどのように書けばよいのかを考えます。

チェックポイント

1. 書き間違いやすいのは、どのような外来語ですか？
2. 複数の表記がある外来語は、どのように書いたらよいですか？

　外来語の中には、「WHO」のようにアルファベットを用いて「ダブリュー　エイチ　オー」と読む語もありますが、多くの語は片仮名を使用して「コロナ」「ウイルス」のように書きます。しかし、もともと外国の言葉を片仮名で表記するわけですから、実際の発音と表記が違っていたり、複数の表記が存在する語が多くあります。

BEFORE

（1）借入金の返済をシュミレーションする。

　（1）の下線部は、どのように発音していますか。「シミュレーション」「シミレーション」でしょうか。まずは、元の英語のつづりを確認しましょう。【simulation】は、[si] ＝シ、[mu] ＝ミュとなりますから、正しくは「シミュレーション」になります。

AFTER!

（1）借入金の返済をシミュレーションする。

　私たちの日常生活では、誤った発音や表記を目にすることも多い
ものです。実際に「ミュ」は発音しにくい音なので、つい前後の音
を入れ替えて「シュ」と発音してしまう人も少なくありません。こ
のような間違いが多くの人に繰り返されるうちに、誤った発音や表
記が、定着してしまうことがあります。同様の誤りは、
【communication】「（正）コミュニケーション」「（誤）コミニュケ
ーション」「（誤）コミニケーション」や【situation】「（正）シチュ
エーション」「（誤）シュチエーション」等があります。また、実際
の発音と表記が異なることが多い語の例では、私たちの生活でもす
っかりおなじみの「（正）エコバッグ」のように【bag】の語末 [g]
の「グ」の濁点を落として「（誤）エコバック」としてしまうこと
です。「（正）ドラッグストア」「（誤）ドラックストア」（【drugstore】
の [g]）、車の「（正）ハイブリッド車」「（誤）ハイブリット車」
（【hybrid】の [d]）等も同様です。まずは、自分自身が正しく発音
できているか振り返り、適宜、英語のつづりを確認してみましょう。
　一方、外来語の中には、複数の表記が認められ使用されている語
もあります。

BEFORE

（2）担当のコーディネータが訪問します。

　「コーディネータ」と「コーディネーター」では、語末の長音
「ー」をつけるかどうか、悩んだことのある方も多いかもしれません。
実際に私たちはしばしば両方の表記を目にします。

　外来語の表記については、国が示した外来語表記の基準として『外
来語の表記』（1991年、内閣告示・内閣訓令）があります。（2）の
【coordinator】「コーディネータ」のように、英語の語末 –er,-or,-ar
などに当たるものは、ア列長音として長音「ー」をつける、つまり
「コーディネーター」とすることが原則として示されています。し

かし、同時に慣用として定着した表記も認めることが記されており、結果として複数の表記が存在する語が少なくありません。特に、最近は実際の英語の発音に近い表記をする傾向にあり、長音を省いて表記する語も多く見かけます。

AFTER!

（2）担当のコーディネーターが訪問します。

では、（2）の「コーディネーター」以外に、複数の表記が存在するのはどのような語でしょうか。

まず、長音に関しては、語末がイ段の語がよく問題になります。例えば、「セキュリティ」は長音なしで表記されることが多いのに対し、「ボディー／ボディ」「メモリー／メモリ」は、長音ありなしの両方の表記を見かけると感じるのではないでしょうか。

また、長音と連母音も悩むことが多い語です。「グループ」「ゲーム」は長音を使用する場合が多いのですが、「プレー／プレイ」、「ショー／ショウ」等は、やはり両方の表記が使用されています。一方、慣用としてスポーツの「ボウリング」、編集の配置を表す「レイアウト」等は、長音を使用しないことがほとんどです。

ほかにもバ行の音の表記がしばしば問題になります。一般的には「バ・ビ・ブ・ベ・ボ」を用いて、「バイオリン」「ビーナス」「ビクトリア（地名）」「ビバルディ（人名）」のように書きます。しかし、実際の外国語の発音に近いと思われる表記「ヴァ・ヴィ・ヴ・ヴェ・ヴォ」を用いた「ヴァイオリン」「ヴィーナス」「ヴィクトリア」「ヴィヴァルディ」も多く見かけます。

では、これらの複数の表記はどのように使い分けられているのでしょうか。例えば、IT分野や技術用語では、語末の長音を表記せずに、「コンピュータ」「サーバ」「ブラウザ」とすることも多いようです。また、一般的にウェブや雑誌では、表記の自由度が高く、

複数の表記が見られる傾向があります。これに対し、公用文、新聞、書籍などは、それぞれの媒体で独自の表記の基準があるため、表記が統一されており自由度が低い傾向にあります。まずは、自分が作成した文書の分野や目的でどのような表記になっているのか、インターネット等で検索して調べてみてください。そしてそれらの表記方法と一致させることが重要です。また、同一の文書では統一した表記を用いることにも注意してください。

まとめ

書き間違いが多いのは、発音と表記が違う外来語です。英語などのつづりで表記を再確認してみましょう。

『外来語の表記』では、表記ルールのよりどころが示されていますが、実際には複数の表記をもつ語が多くあります。文章の該当する分野や目的で使用されている表記に合わせて書きましょう。

2. 適材適所の外来語の選び方

　日本語には、和語・漢語・外来語、これらを二つ以上組み合わせた混種語があります。外国から取り入れた製品や食品は外来語として片仮名で表記されます。それ以外にも、和語や漢語よりも外来語のほうがわかりやすく感じられたり好まれたりする場合があります。ここでは、外来語を用いたほうがよい語の選び方を考えます。

チェックポイント

① 外来語のほうがわかりやすいのは、どのような語ですか？
② 外来語のほうが好まれるのは、どのような語ですか？

　私たちは日々の生活に欠かせない新しい技術や制度、考え方など様々なものを外国から取り入れています。そしてこれらの多くを、外来語として片仮名を用いて表現しています。もともと日本にはなかったものや概念は、和語や漢語でぴったりとした訳語をあてたり、正確に説明したりすることが難しいために、外来語として日本語に取り入れているからです。このような語は、特に専門用語に多くあります。以下の下線部を外来語で言い換えることができますか。

BEFORE

（1）当社では、変形労働時間制を採用しています。
（2）コロナ禍で、大学ではインターネットに接続した状態で受ける授業が増えた。

　（1）の「変形労働時間」は、漢字を見ると何となく意味が想像できそうですが、あまり聞きなれない語です。実は、「フレックスタイム」を指します。日本語の「変形労働時間」（厳密には「フレック

スタイム制」は、「変形労働時間制」の一種）よりも、「フレックスタイム」のほうが、なじみがあるのではないでしょうか。「フレックスタイム」は、自分で始業や終業の時間を決めて仕事をすることです。近年は、ワークライフバランス（仕事と生活の調和）を重要視する傾向にあり、外国から取り入れた新しい習慣が、私たちの働き方の中にも急速に浸透してきました。すでに外来語のまま定着している語は、無理に和語や漢語を用いて言い換えようとするとかえってわかりにくくなってしまいます。働き方に関して新しい語をあげると、例えば職場ではダイバーシティ（多様性）が求められるようになり、フリーランス（自由契約者）として働く人も多くなりました。

　では、（2）の「インターネットに接続した状態」はどうでしょうか。こちらは、「オンライン」が最適です。私たちの生活は、スマホやタブレット、パソコンなど様々なツールを利用してインターネットとつながった状態＝オンラインになりました。特に2020年には、コロナ禍で「オンライン会議」「オンライン英会話」「オンライン飲み会」「オンライン帰省」など様々なオンラインが私たちの生活に広まりました。もともとはITの専門用語「オンライン」ですが、近年、オンラインの環境が一気に定着してきたように感じます。こちらも、無理に日本語に言い換えるとまわりくどくなってしまうため、外来語をそのまま用いたほうが自然です。

（1）当社では、フレックスタイム制を導入しています。
（2）コロナ禍で、大学ではオンライン授業が増えた。

　上記の例のように、ビジネスの分野やIT分野では新しい概念が取り入れられ、外来語の専門用語が多く用いられています。また、これ以外にも経済や化学、医療、スポーツ、ファッションの分野では、外来語の専門用語が多いとされています。このような専門用語

の場合、和語や漢語で説明するよりも、外来語をそのまま用いたほうがわかりやすいと感じられるでしょう。

ところで、外来語にはこのような専門用語だけでなく、私たちの生活にごく身近な語として使用されている語もあります。

BEFORE

（3）あなたの技能を生かした仕事を見つけることができます。

（3）では、「技能」というと、「技（わざ）」のように苦労して習得した能力のことや、職人さんが習得した「技術」を思い浮かべることもあるかもしれません。最近では「スキルを生かす」という表現も身近になってきたように思います。「スキル」というと、英語などの外国語の能力、会計や経理の知識、さらには接客業の経験から身につけた対人コミュニケーション能力等、より知的なイメージや時代の雰囲気に合っていると感じられるのではないでしょうか。

AFTER!

（3）あなたのスキルを生かした仕事を見つけることができます。

また、以下の２例はいずれも商品の宣伝広告ですが、下線の語を適切な外来語に言い換えることができますか。

BEFORE

（4）今春の新型車はより洗練された格好へと進化しました。
（5）簡素な暮らしをしてみませんか。

（4）は新車の広告です。和語ならば「すがた」、漢語ならば「格好」、外来語ならば「スタイル」が該当します。「すがた」「格好」では、少々野暮ったい感じがするかもしれません。これに対して車の「スタイル」といえば、垢抜けたデザインや外国風のおしゃれな雰囲気、高級感も感じられます。さらに、外来語の「スタイル」からは、車

の外見や機能面だけでなく、車に乗る人までを格好よく見せるようなイメージをもつ人も多いのではないでしょうか。

（5）はインテリアショップの広告です。「簡素な」は「シンプルな」に置き換えられます。類義語の「簡素な」では、モノが少ない質素なイメージを思い浮かべてしまいそうです。しかし、「シンプルな」といえば、現代的でムダがない暮らしが想像できるのではないでしょうか。

一般に外来語には名詞が多いですが、形容詞の場合は（5）のように日本語の「な」あるいは「の」を補い、「シンプルな−」「フレッシュな−」「オリジナルの−」「フリーの−」のように使われます。

難しい専門用語以外にも、外来語が商品の宣伝広告で多く使用されることからもわかるように、外来語のもつ知的なイメージ、国際性、高級感そして時代の雰囲気等を表現したいときには、和語や漢語ではなく外来語のほうが好んで用いられます。

（4）今春の新型車はより洗練されたスタイルへと進化しました。
（5）シンプルな暮らしをしてみませんか。

まとめ

 すでに日本に定着している外来語の専門用語は、外来語のまま使いましょう。外来語の専門用語は、特にIT分野やビジネス分野、経済や化学などの学術分野、スポーツ、医療、ファッション分野等に多くあります。

知的なイメージや、国際性、高級感、時代の雰囲気などを表現したいときには、外来語を使いましょう。

3.　キラリと光る外来語の印象的な使い方

　外来語を印象的に使うためには、どのような工夫をすればよいでしょうか。ここでは、文章のどこで外来語を使うかに着目し、外来語の印象的な使い方を考えます。

チェックポイント

① どのような外来語をどこで使うと、人目を引くことができますか？

② 外来語をさらに印象的に使うためには、どのような工夫が必要ですか？

　まず、どのような外来語を、文章の中のどの部分で使用すると、読み手を引きつけることができるでしょうか。以下の（1）は、町の広報紙に掲載された人の紹介文の冒頭です。下線部の語はどのような外来語に置き換えることができますか。

BEFORE

（1）私たちの町で活躍する起業家を紹介します。

「起業家」を「アントレプレナー」と言い換えてみてください。「アントレプレナー」は、「起業家」の中でも特に独創的なアイディアをもとに事業を起こす人を指します。意味を知っている人はもちろん、「アントレプレナー」という語を知らなかった読み手も、このような紹介文が冒頭にあると「一体、何をしている人なのだろうか」と疑問に感じ、やはり注意を惹かれるのではないでしょうか。このように文章の出だしに外来語のキーワードが現れると、読み手を一気に引きつけることができます。

（1）私たちの町で活躍するアントレプレナーを紹介します。

また、以下の例文のように、冒頭ではなく、まとめの文章でキーワードを出す場合もあります。

BEFORE

（2）「人やモノ」だけが移動する時代は終わり、これからは「事柄やサービス」が移動する時代へと変化する。将来、移動ビジネスの重要性は高まると考えられる。

（2）は、言葉の使い方に誤りがあるわけではありません。ただし、短い二つの文章の中に「移動」という言葉が三つあり、やや重複感があります。二つ目の文章の「移動ビジネス」を「モビリティビジネス」と言い換えてはどうでしょうか。一つ目の文章では具体的なビジネスの変化の内容が述べられ、二つ目の文章はいわば筆者の最も伝えたい意見です。また、この文章では、もとの語も漢語と外来語の複合語「移動ビジネス」ですが、外来語同士の複合語「モビリティビジネス」によって、さらに次世代の革新的なイメージが残るのではないでしょうか。最後の重要な文章で、パッと外来語が登場することによって、読み手に印象づけることができます。このように、冒頭やまとめの部分にキーワードとなる外来語を用いることで、外来語に注目を集めることができるのです。

AFTER!

（2）「人やモノ」だけが移動する時代は終わり、これからは「事柄やサービス」が移動する時代へと変化する。将来、モビリティビジネスの重要性は高まると考えられる。

また、外来語をさらに印象的に見せるためには、見出し語として使用することも一つの手法です。

BEFORE

（3）人材管理

　企業としての競争力を高めるため、定期的な従業員研修や社外研修の支援、また能力や意欲に応じた部署間の移動を含む戦略的な人材配置を実施しています。

　（3）では、タイトルに着目してください。「管理」を外来語に置き換えて「人材マネジメント」としてみましょう。企業紹介文の小見出しに外来語「マネジメント」が入ることによって、意味の面でも「管理」よりも新しい戦略的な経営イメージを与えるだけでなく、視覚的にも「人材マネジメント」というタイトルに目を引きつけることができます。読み手にとっては、まず小見出しが頭にしっかりと入ることで、以下に続く説明内容が理解しやすくなるという効果も期待できます。

AFTER!

（3）人材マネジメント

　企業としての競争力を高めるため、定期的な従業員研修や社外研修の支援、また能力や意欲に応じた部署間の移動を含む戦略的な人材配置を実施しています。

BEFORE

（4）在宅勤務の良い点は、通勤時間が節約できるので、その分の時間を趣味にあてることができることです。悪い点は、社員同士で仕事をしている様子がお互いに見えないために、勤怠管理が難しいことです。

　（4）の「良い点」「悪い点」も決して誤りではありませんが、より視覚的な効果を高めるには、「メリット」「デメリット」と言い換えたほうがよいでしょう。また、状況に応じて書式を以下のように

箇条書きに変えることが可能ならば、さらに「メリット」「デメリット」がわかりやすくなります。

AFTER!

（4）在宅勤務

メリット　　：通勤時間が節約できるので、その分の時間を趣味にあてることができる

デメリット：社員同士で仕事をしている様子がお互いに見えないために、勤怠管理が難しい

　外来語の対義語に着目すると、上記以外にも「ポジティブ/ネガティブ」「フィジカル/メンタル」「ミクロ/マクロ」「アマチュア/プロフェッショナル」「プロローグ/エピローグ」等も頻繁に使用されます。タイトルや見出しに外来語を使うことで、さらに印象的になります。

まとめ

 キーワードとなる外来語を文章の冒頭やまとめに用いることで、注目を集めることができます。

 外来語を文章のタイトルや小見出しに用いれば、さらに印象的になります。

4.　あえて曖昧（あいまい）に伝える外来語の使い方

　日本語では、直接的すぎる物言いは下品だと感じられたり、相手を傷つけたりしてしまうことがあります。それを避けるために、どのような言い方をすれば表現がやわらぐでしょうか。そんなときに有効なのは、外来語を使ってあえて曖昧に伝える方法です。ここでは、どのような外来語を使って表現をやわらげればよいかを考えます。

チェックポイント

① やわらかく伝えられるのはどのような外来語ですか？

② イメージを先行して伝えられるのはどのような外来語ですか？

　文章はわかりやすく正確に伝えることが大切です。しかし、日本語では、正確すぎたり率直すぎたりする物言いは、相手に対する配慮を欠いていると受け取られがちです。実は、和語や漢語よりも外来語のほうがやわらかく伝えられる語がたくさんあります。以下の例を見てみましょう。

BEFORE

　（1）山田さんは、会社の業績が悪くて、解雇されたそうだ。

　（2）教育機関では、学生たちの心の健康に大きな関心が集まっている。

　（3）レジ係とお客の間に言い争いがあった。

　（1）の「解雇」は、誰にとっても決して好ましい状況ではありません。ましてや第三者である山田さんのことを直接的に表現するのは躊躇（ちゅうちょ）する場面もあるでしょう。このような内容を伝えるときには、外来語の「リストラ」を使いましょう。英語の原語【restructuring】

（企業の再編成や再構築を指す）の略語ですが、日本語の「リストラ」は一般的には解雇すること指します。「リストラ」ならば、婉曲（えんきょく）的に伝えることができ、おだやかに事実を伝えられます。

（2）では、「心の健康」という非常にデリケートな問題を扱っています。中には「心の健康」と聞いただけで、誰かが健康を害しているのではないかと悪い事態を想像してしまう人がいるかもしれません。「メンタルヘルス」と言い換えれば、外来語の新しい感覚も相まって、そのようなマイナスイメージがやわらげられます。

（3）では、「言い争い」というと、双方が怒りながら大声でけんかをしている状況を思い浮かべてしまいます。ここでは「トラブル」と言い換えてはどうでしょうか。「トラブル」ならば、もちろん口論になるほどの大きな問題を指すこともありますが、レジ係がお釣りの間違いをお客から指摘された程度のちょっとした問題くらいのイメージにとどまる可能性もあります。事態はそこまで深刻ではないと伝えられれば、問題を丸くおさめられるかもしれません。

このほかにも、やわらかく伝えられる言葉には、「ミス」（誤り）、「ミスマッチ」（不一致、不整合）、「ペナルティ」（懲戒、罰金）など、ネガティブな意味をもつ語が多いものです。外来語を用いることで、直接的な物言いを回避し、婉曲的に表現することが可能になります。気まずいことや好ましくない状況を伝えたいときには、外来語でワンクッション置いて、やわらかく伝えるようにしましょう。

（1）山田さんは、会社の業績が悪くて、リストラされたらしい。

（2）教育機関では、学生たちのメンタルヘルスに大きな関心が集まっている。

（3）レジ係とお客の間にトラブルがあった。

また、外来語を用いることによって、意図的に内容を曖昧に表現

することもあります。例えば、以下の下線の語を外来語に置き換えて曖昧に伝えてみましょう。

（4）65歳以上の方が多く活躍している職場です。

（5）この店では、健康的な食材だけを扱っている。

（6）汗をかきやすい時期なので、肌着を複数ご用意ください。

（4）では、65歳以上と限定していますが、職場には64歳の人も1人くらいは含まれていることがあるかもしれません。年齢を幅広く表現したほうがよい場合には、「シニア」という外来語に置き換えられるでしょう。「シニア」は一般的には年長者や高齢者を指しますが、何歳からが「シニア」であるかは明確な規定があるわけではなく、人によって想定する年齢も異なります。このように外来語を用いれば、年齢の境界が曖昧になり、幅広い意味をもたせることができます。

（5）では、「健康的」を「ヘルシー」に置き換えてみるとよいのではないでしょうか。漢語の「健康的」としてしまうと、ではどれくらい健康によいのか（例えば、何割くらい糖質や脂質が少ないのか）といった事実が気になってしまう人がいるかもしれません。しかし、外来語の「ヘルシー」では、そのような事実を抜きにして、何となく健康によいのだなというイメージを伝えることが可能です。また、ほかの多くの外来語と同様に外来語を用いたほうが高級感やおしゃれな印象があるという点でも「ヘルシー」のほうがよさそうです。

（6）の肌着といえば、最も肌に近い部分で肌に直接触れる下着を思い浮かべることが多いのではないでしょうか。しかし、「インナー」といえば、「インナーウェア」の略で、上着の下に着る衣類すべて（つまり下着や肌着、またその上に着るシャツなどのすべて）を指します。人によってジャケットの下に何を着るかは違いますし、あえて意味の広い外来語を使うことで、読み手の判断にまかせてしま

うことも可能になります。

このように外来語は、意味の正確さよりも言葉のイメージを先行して伝えられます。年齢や時間に関する語では、「ヤング」「ミドル」「オールド」「クイック」等、形状や様相に関する語では、「シャープ」「ライト」「スムーズ」「ドライ」等、日本語に定着している外来語の修飾語も少なくありません。また、ファッション分野を例にあげると、「インナー」「アウター」「トップス」「ボトムス」のように複数の衣類を含んだ総称となる語も多くあります。このような外来語を用いて、詳しい説明は省略し、あえて幅広い意味をもたせて読み手の想像や判断にゆだねてしまうという方法もあります。

（4）シニアの方が多く活躍している職場です。

（5）この店では、ヘルシーな食材だけを扱っている。

（6）汗をかきやすい時期なので、インナーを複数ご用意ください。

まとめ

✓ ネガティブな意味をもつ外来語には、和語や漢語よりもやわらかい印象があります。直接的な表現を回避したいときに使ってみましょう。

✓ 外来語の修飾語は、言葉のイメージを先行して伝えることができます。イメージを印象づけたいときや、あえて幅広い意味をもたせて読み手の想像にまかせたいときには、外来語を使って曖昧に伝えてみましょう。

5.　読み手の知識に配慮した語の選び方

　ここまで見たように外来語は便利な言葉ですが、外来語の使用を控えたほうがよい場合もあります。外来語を使いすぎていないか、また、外来語を使用すべきでないのはどんなときかを考えます。

チェックポイント

(1) 外来語の使用を控えたほうがよいのはどのような場合ですか？
(2) 外来語はどのくらい使ってよいのでしょうか？

　私たちの身の回りは外来語であふれています。意味のわからない外来語に出会って、思わずネットで意味を調べてしまったという経験がある人も少なくないはずです。読み手にとって意味がわからない言葉や誤解をまねく可能性のある言葉は、控えなければなりません。

BEFORE

　（1）再利用地に保育園とコンビニが入れば、地域活性の<u>シナジー</u>が期待できます。

　（1）の「シナジー」は「相乗効果」のことです。もともとは医療の分野で薬品の相乗作用を指す専門用語で、複数のものや事柄が、お互いに作用しあって効果や機能を高めることを指します。ビジネス分野でも各部門の相乗作用を活用して利益を生み出す意味で使われることがあります。医療やビジネスに関わる人にとってはなじみのある言葉ですが、必ずしも広く一般に定着している語とはいえません。例えば、地域の人が幅広く目にする掲示板のお知らせに「シナジー」という語が使われていたら、外来語になじみのないシルバ

一世代には内容がわかりづらいと感じられるでしょう。読み手の知識を想定して、言葉が難しいと感じられるようであれば、外来語の使用を避け、別の言葉に言い換える必要があります。

AFTER!

（1）再利用地に保育園とコンビニが入れば、地域活性の相乗効果が期待できます。

また、外来語では複数の意味をもつ語（同音異義語）にも気をつける必要があります。

BEFORE

（2）成長のドライバーとして新商品を投入します。

一般に「ドライバー」といえば、「車の運転者」「ねじ回し」あるいは「ゴルフクラブ」を思い浮かべることが多いと思います。しかし（2）では、成長を促す原動力という意味で使われています。ビジネス分野ではよく用いられますが、一般的な「ドライバー」の意味とは異なるため、読み手がこの分野に詳しくない場合は、控えたほうが無難です。漢語の同音異義語では、「講義」「広義」「抗議」のように漢字から意味の違いを理解できますが、外来語の片仮名表記では、前後の文脈から意味を推測しなければなりません。例えば、「サークル」【circle】は「円」や「同好会」のほかにも、子どもやペットに用いる「柵」を指すこともありますし、「リーダー」は原語が【leader】ならば指導者や点線・破線、【reader】ならば読者や読み取り器の意味もあり注意が必要です。

AFTER!

（2）成長の原動力として、新商品を投入します。

続いて、以下のような専門用語ではどのように対応すればよいで

しょうか。

（3）サービスの利用には、アセスメントシートの提出が必要です。

「アセスメントシート」は、介護サービスを利用する際に提出する基本情報のことを指し、ケアマネージャーが介護の計画を立てる際の重要な資料となります。介護関係者には身近な語といえますが、そうでない人には意味がわからない専門用語です。また、「アセスメント」という語自体は「評価、査定」等の意味があり、介護以外の分野でも使用されています。例えば「人事アセスメント」といえば企業の人事評価、「環境アセスメント」といえばビジネスが環境に与える影響の評価です。専門分野が異なれば、違うものをイメージしてしまう可能性もあります。もちろん、この文章の読み手が介護分野の「アセスメントシート」の意味を明らかに知っている人だけであれば問題ありませんが、そうでない場合は、わかりやすい語に言い換える、あるいはカッコやアスタリスク（＊）、注をつけて、情報を補足することが求められます。

AFTER!

（3）サービスの利用には、アセスメントシート＊の提出が必要です。

＊ケアマネジャーが介護計画を作成するために、利用者の状況を把握するための情報をまとめたもの

では、実際に外来語はどのくらい使用してもよいのでしょうか。文章の読み手がどのような人であるか、またどのような目的をもっ

た文章かによっても異なります。

（4）セールスのコンセンサスがなければ、このプランはイン

プリメントできません。

（4）は、「セールス」（営業）の「コンセンサス」（合意）がなければ、この「プラン」（計画）を「インプリメント」（実行）ことができないという意味です。1文に外来語が4語も使用されており、過剰な印象があります。特にビジネス分野では、国際共通語である英語の影響が強く、職場内で共有された外来語を使用することも多いかもしれません。しかし、ひとたび文章が社外に出れば、意味のわかりにくい文章となってしまいます。外来語は1文に1語あるいは2語を目安に使うとよいでしょう。

（4）セールスの合意がなければ、このプランは実行できません。

まとめ

✓ 読み手が意味を知らない、あるいは難しいと感じられる語や、複数の意味をもつ語は使用を控えましょう。また、使用するときにはカッコや注をつけて説明を補足するようにしましょう。

✓ 外来語を使いすぎると、うるさい印象になってしまいます。1文に1語か2語を目安に使いましょう。

2.3. 形容詞・副詞の使い方

1. 曖昧さを避ける形容詞の使い方

事実を正確に述べる文章を読んでいて、意味が曖昧だと思ったことはありませんか。このことは、使用している形容詞が関係している場合があります。そこで、ここでは主観的な判断によって選択される言葉である形容詞を用いる際、どのように曖昧さを回避するかについて考えます。

チェックポイント 🖋

(1) 事実を正確に伝える文章で「多い」「少ない」を用いるとき、注意する点は何ですか？

(2) 事実を正確に伝える文章で「様々な」「丁寧な」を用いるとき、注意する点は何ですか？

(3) どんな意味の形容詞に特に注意が必要ですか？

形容詞は「濃いコーヒー」「静かな街」のように物事の性質や状態を表す働きをしています。形容詞には、品詞の面では、名詞を修飾するとき「美しい人」「辛い料理」のように形が「〜い」になる形容詞（イ形容詞）と、「好きな曲」「元気な人」のように形が「〜な」になる形容動詞（ナ形容詞）があります。また、意味の面では、人の気持ちを表す感情形容詞と物事の性質を表す属性形容詞に分けるのが一般的ですが、いずれも主観的な判断によって選択される言葉であるという点で共通しています。報告書に次の文が書かれていたらどうでしょう。

BEFORE

（1）今回のイベントへの参加者は少なかった。

（2）アンケートを集計した結果、町長リコールを求める人が多いことがわかった。

　事実の正確な情報が必要な報告書では、（1）も（2）も次の業務に生きる報告になりません。「多い」「少ない」は、書き手の主観的な判断であることに加えて、相対的な価値観であることから読み手にとって意味が曖昧になってしまう点に問題があります。まず（1）ですが、「少ない」とはどの程度を「少ない」と判断しているのかが明白ではありません。具体的な人数や、前回、前々回と比較してどうかを書くことが必要です。（2）の「多い」も同様で、全体の中での割合など「多い」と判断した客観的な基準を示すことが必要です。読み手に正確な情報を伝えるためには、客観的な基準、事実に基づいた記述にすることが不可欠です。以下は、書き換えの一例です。

AFTER!

（1）今回のイベントへの参加者は382人で、過去5年の平均参加者数と比べて少なかった。
（2）アンケートを集計した結果、町長リコールを求める人は全体の55％であった。

　次に、仕事の企画書や指示書に「様々な」「丁寧な」などを用いる際も注意が必要です。例文を見てください。

BEFORE

（3）様々な悩みに効果があるとされるパワーストーンについて記事を書いてください。
（4）阪神・淡路大震災でのトイレのトラブルを分析し、その上で、アメリカの仮設トイレの緊急供給システムを丁寧に説明します。

これらの仕事の指示書や企画書に用いられた「様々な」「丁寧な」は、意味が抽象的で受け取る人によって解釈や認識のずれが生じやすい点に問題があります。読み手の内容解釈に負担を与えない表現、誤解を招かない表現である必要があります。（3）ですが、「様々な悩み」とは何か、指示を受けて記事を書く人に「様々な」の中身がわかるように具体的書くことが必要です。（4）も同様で、書き手は「丁寧に説明する」とはどう説明することを「丁寧に」と思っているのか、時間なのか、説明の仕方なのかを具体的に書くことで、誤解を与えることのない表現にすることができます。以下は、書き換えの一例です。

AFTER!

　（3）恋愛・結婚・仕事・金運など様々な悩みに効果があるとされるパワーストーンについて記事を書いてください。

　（4）阪神・淡路大震災でのトイレ・トラブルを分析し、その上で、アメリカの仮設トイレの緊急供給システムを図示した配布資料と実際の取材映像を提示して丁寧に説明します。

　冒頭で述べた「形容詞の種類」を（5）に、「意味の相対性が強い形容詞」「意味が抽象的な形容詞」を（6）に示しました。正確な情報を伝える文章でこれらの形容詞を用いる際、意味ある情報を伝える形容詞の使い方となっているか、意味の曖昧さを回避する工夫をしているか、チェックしてみてください。

（5）形容詞の種類

	形容詞（い形容詞）	形容動詞（な形容詞）
感情 形容詞	怖い 嬉しい 苦しい 痛い 楽しい すごい 苦い 良い	嫌な 満足な 心配な 不安な 残念な 大丈夫な 好きな
属性 形容詞	丸い 四角い 白い 等しい 多い/少ない 高い/低い	効果的な キュートな ＊平和な 簡単な 上手な/下手な 愚かな

＊平和な：「平和な時代（形容動詞）」「平和の象徴（名詞）」のように、形容動詞として
も名詞としても用いられる語です。ほかに「元気」「健康」「自由」「親切」「幸せ」な
どがあります。

（6）正確に情報を伝える文章で注意したい形容詞

	形容詞の例
意味の相対性 が強い形容詞	深い/浅い 広い/狭い 早い/遅い 重い/軽い 単純な/複雑な 愚かな/賢い
意味が抽象的 な形容詞	厚い 手堅い よんどころない 様々な いろいろな 丁寧な 最適な 理想的な クールな スマートな

まとめ

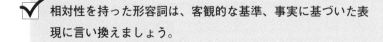

✓ 相対性を持った形容詞は、客観的な基準、事実に基づいた表現に言い換えましょう。

✓ 意味が抽象的な形容詞は、誰が読んでも同じ解釈ができる具体的な表現に言い換えましょう。

✓ 意味の相対性が強い形容詞、意味が抽象的な形容詞に特に注意しましょう。

2. 陳腐にならない形容詞の使い方

　メールやブログで「かわいい」や「おいしい」という気持ちを伝えようとして、難しいと思ったことはありませんか。その場にいない相手に、文章で気持ちを伝えるにはどうしたらよいのでしょう。ここでは、文章を通して「かわいい」や「おいしい」を伝えるときの工夫を考えます。

チェックポイント

①　気持ちや感情を伝える形容詞を用いるとき、注意する点は何ですか？

②　判断や評価を伝える形容詞を用いるとき、注意する点は何ですか？

③　形容詞の使い方にオリジナリティがありますか？

　形容詞は、もともと話し手自身のそのときの気持ちの状態を主観的に述べる言葉で、目の前にいる相手に気持ちや感情を伝えるときに効果がある言葉です。しかし、メールやブログなど文章で情報を発信する場合はどうでしょう。次の例を見てください。

BEFORE

（1）かわいいフェネックと触れ合えるカフェがあります。

（2）散歩の途中で怖い犬に会った。

　ここでの問題は、感情や気持ちを表す形容詞「かわいい」「怖い」だけでは、書き手のオリジナリティのある「かわいい」「怖い」を伝え切れていないことにあります。同じ空間で実物を見たり、動画や画像を共有したりしている相手に、思わず「ワー、かわいい」と

か「怖いねー」と言うときは、聞き手も共感できますが、その場にいない人に文章で伝える場合はどうでしょう。日常の生活の中で「かわいい」「怖い」は誰しもがもつ感情ですが、書き手の「かわいい」「怖い」と読み手の「かわいい」「怖い」は異なっています。(1) の「かわいい」は、今や世界各国で「kawaii」として使われている言葉ですが、本来の意味は「小さいもの、幼く弱いものに心惹かれる気持ち」です。文章で書き手にしかない「かわいい」を伝える際は、「かわいい」と思う対象を具体的に描写する工夫が必要です。(2) の「怖い」は、本来の意味「危害を加えられそうで不安。よくないことが起こりそうで、近づきたくない気持ち」を表しています。文章で使う際は、その「怖いと思う犬」に対してどうして不安に感じるのか、どうして近づきたくないのかなど「怖い」と思う気持ちを分析して、別の言葉に言い換える必要があります。以下は、言い換えの一例です。

AFTER!

(1) 大きな耳とうるんだ瞳とふさふさの尻尾を持つ、世界最小の狐、（かわいい）フェネックと触れ合えるカフェがあります。
(2) 散歩の途中で、賢そうで人間のように二足歩行する巨大な（怖い）犬に会った。

次に、ある評価や判断を文章で伝える場合について考えます。次の、例文を見てください。

BEFORE

(3) 素晴らしいレポートです。

提出したレポートの評価としてこのように書かれていたらどう思いますか。「素晴らしい」という評価に少しほっとして、その後不安になるのではないでしょうか。

学生時代に実際にあった出来事です。「問題点もあるはずなのに…」と考えていると一人の級友が手をあげ「先生、このレポート、どこがどう素晴らしいんですか」と質問しました。すると、ほかの４、５人が「私も同じです」と言い出して授業は紛糾しました。「素晴らしい」は「群を抜いて優れている」という意味をもつ語ですが、この場合、先生は何がどうだから素晴らしいのか、そのレポートの素晴らしい点を一人一人に具体的に書く必要がありました。余談ですが、「粗末なレポートです」と評価された人もいて「立ち直れない評価だよ」とぼやいていました。具体的な記述がなく全否定される教育的でない評価は、あってはならないと思いました。以下は、書き換えの一例です。

AFTER!

（3）分かりやすく説得力がある点が素晴らしい
　　斬新な構成が素晴らしい
　　文法のミスが少ない点が素晴らしい
　　エピソードの切り取り方が素晴らしいレポートです。

　ここまで述べてきた、対面の会話では共感を持って理解し合えるが、書き言葉では複雑で細やかな気持ちが伝わらない可能性がある形容詞には（4）のようなものがあります。ブログやメールなどで情報を発信する際は、これらの形容詞を安易に使っていないか、具体的で説得力がある表現になっているか、ありふれた表現を回避する工夫がされているか、確認してみてください。

(4) 感情や感覚を表す形容詞

形容詞 （イ形容詞）	怖い　嬉しい/悲しい　暑い/寒い　痛い　辛い 恐ろしい　楽しい　素晴らしい　いい/悪い　面白い すごい　やばい　おいしい　かわいい　甘い　苦い
形容動詞 （ナ形容詞）	嫌な　満足な　心配な　不安な　みじめな 残念な　大丈夫な　結構な　好きな/嫌いな

まとめ

✓ 感情や気持ちを表す形容詞を用いるときは、対象を具体的に記述したり、気持ちを分析して別の表現に言い換えたりするなど工夫が必要です。

✓ 判断や評価を表す形容詞は、判断の根拠を具体的に書いて、説得力のある表現にしましょう。

✓ 感情や感覚を表す形容詞は、書き言葉では複雑で細やかな気持ちが伝わらない可能性があることを念頭において、ありふれた表現を回避し、陳腐にならない工夫をしましょう。

3.　その場にふさわしい形容詞の使い方

　形容詞の特徴の一つに意味や語形の変化が起こりやすいことがあります。話し言葉での変化が打ち言葉、書き言葉に影響を及ぼしていきます。ここでは、変化した形容詞について検討し、その場にふさわしい形容詞の使い方について考えます。

チェックポイント 🖊

①　意味や語形が変化した形容詞をどんな場面で使いますか？

②　「やばみ」のように、変化しつつある形容詞にはどんなものがありますか？

③　その形容詞、この場で使って大丈夫ですか？

　形容詞には「寒い」「痛い」のように、本来の意味が拡張して多義的に使われるものがあります。若者言葉として登場し、拡張した意味で用いられるこれらの形容詞を、そうした意味で使うことがありますか。使うとしたら、どのような場面で使いますか。まず、次の文を見てください。

BEFORE

　（1-1）これって見た目ビミョーじゃね？

　（1-2）このバナナケーキ、見た目がちょっと微妙だよね。

　（2-1）この漫画アプリ、マジやばwマルっと読み放題w

　（2-2）この漫画アプリやばいよ。人気漫画から新作漫画まで全部読み放題だよ。

　語の意味が拡張して多義的に用いられている「微妙な」や「やばい」のような言葉を使うか使わないか、使うとしたらどんな場面で

使うかの判断は個人に任されています。（1）の「微妙な」は、「一言では言い表せないほど細かく、複雑なさま」が本来の意味ですが、意味が拡張して「否定的な気分を明言したくないとき婉曲<ruby>婉曲<rt>えんきょく</rt></ruby>的に表す語」としても用いられています。（2）の「やばい」は「危険な状態、悪事が見つかりそうなど不都合な状況を意味する」が本来の意味ですが、「怪しい」「格好悪い」という否定的な意味にも、「すごい」「のめり込みそうなくらい魅力的」という肯定的な意味にも用いられています。一日の生活を「やばい」の1語で乗り切れるぐらい、多義的に用いることができる言葉になっています。

　これらの語を使うという選択は、（1-1）（2-1）のように気の置けない仲間の中での人間関係を保ったり、（1-2）（2-2）のように答えが手放しで肯定できないような場合に、それを率直に表現すると差し障りがあるので、曖昧な表現で断言を避けたりする働きをしているといえます。SNSによる文字コミュニケーションでは、対面コミュニケーションと異なり、音声情報が伝わらない分、相手の気持ちを損ねないように、表現をぼかして対立を避ける面がありますが、それは仲間内だけで通用するやり方です。私たちは、文章を届ける相手、社会の中での自分の立場を考慮して、言葉を選ぶ必要があります。社会的なコミュニケーションでは、「微妙な」「やばい」を用いずに表現します。

AFTER!

（1）このバナナケーキは、見た目がいまひとつです。
（2）この漫画アプリは、人気漫画から新作漫画まで読み放題で画期的です。

　形容詞の変化には語形変化も多くあります。「気持ち悪い」「真面目な」を省略した「きもい」「まじ（な）」や、「早い」「でかい」を強調した「はやっ」「でかっ」などはご存知かと思いますが、これ

らを文章で使うか否か、使うとしたら誰に向けた文章で使うかは、状況によって線引きして用いていることと思います。近年、SNSで発信されがちな語形変化の一種を次の例で確認してください。

（3）すごいおいしい。
　　　えらい遅れて出発した。
（4）今年の花粉はやばみを感じる。
　　　卒業が確定してうれしみが深い。

　これらはいずれも若者言葉由来で、文法的に通常の日本語からは、ずれのある表現です。（3）の「すごい」と「えらい」は、連用形で「すごくおいしい」「えらく遅れる」のように用いるのが一般的ですが、連体形で「すごい・えらい＋用言」の形で程度副詞的に用いられる例が出現しています。『新明解国語辞典第7版』（三省堂）には、「『すごいきれい』は『すごくきれい』の俗な表現」、『デジタル大辞泉』（小学館）には、「俗に連体形を副詞的に用いて『すごいおもしろい人だ』のような言い方もある」と記載されるほど認知されつつあります。（4）の「やばみ」「うれしみ」ですが、従来「やばい」「うれしい」は名詞化するとき接尾辞「〜さ」をつける語であり接尾辞「〜み」は付かないとされてきましたが、「やばみ」「うれしみ」という言葉が2007年ごろからTwitterに登場していることが報告されています。現在では、「つらみ」「眠み」「うるさみ」の用例も見られるなど、使用は広がっています。

　形容詞の意味変化、語形変化は進行中です。若者の話し言葉として登場した変化が、「一時的流行語」や「同世代語」なのか、それとも定着して「言語変化」となるのか、私たちは使いながら観察できる立場にいます。変化の過程にある形容詞を、用いるか否か、用

112

いるとしたらどの場面で用いるか、各自の基準で判断することが大切です。

まとめ

✓ 文章を届ける相手、社会の中での自分の立場を考慮して、意味変化や語形変化した形容詞を使いましょう。

✓ 形容詞の活用や名詞化で、従来の日本語文法からは、ずれのある表現が報告されています。

✓ 意味変化や語形変化している形容詞を確認し、その場にふさわしい形容詞を選んで使いましょう。

4.　心に届く副詞の使い方

　文章で感謝やお詫びの気持ちを伝えたいとき、言葉が足りない気がして不安に思ったことはありませんか。副詞の中には気持ちを伝えたり配慮を示したりするものがあり、適切な文脈で使えば、書き手の配慮が読み手に伝わります。ここでは、相手の心に届く副詞の使い方を考えます。

チェックポイント

①　感謝やお詫びの気持ちを伝えたいとき、どんな副詞を使いますか？

②　感謝やお詫びの気持ちを伝える副詞を使うとき、注意する点は何ですか？

③　書き手の気持ちや配慮を表す副詞にはどんなものがありますか？

　副詞には、文の中で動詞・形容詞などを修飾して、それらを詳しく説明する働きがあります。一般的に、「ゆっくり歩く」「はっきり見える」のように動作や状態を詳しく表す副詞（状態（情態）副詞）、「やや塩辛い」「非常に美しい」のように程度を限定する副詞（程度副詞）、「もし雨ならば」「決して入ってはいけない」のように特定の表現と呼応して仮定や否定を予告する誘導の機能をもつ副詞（陳述副詞）の三つの種類に分類されています。

　さらに、副詞には情報を詳しく説明するだけではなく、書き手の気持ちや配慮を含意するものがあり、それらを用いることにより感謝やお詫びの気持ちを相手に伝えることができます。

（1）希望の大学に合格しました。ご指導くださいまして、ありがとうございました。

（1）は「おかげさまで」を一言添えるだけで印象が違ってきます。

AFTER!

（1）おかげさまで希望の大学に合格しました。ご指導くださいまして、ありがとうございました。

「おかげさまで」は、神仏などの目には見えない加護や助けを語源にもつ言葉で、ほかの人からの親切や助けに対する感謝の気持ちを伝えることができます。

BEFORE

（2）今回は出張と重なってしまい、参加できなくてすみませんでした。今後ともよろしくお願いします。

（2）にも副詞を入れて、相手との関係の改善を図りましょう。

AFTER!

（2）今回はあいにく出張と重なってしまい、参加できなくてすみませんでした。今後ともなにとぞよろしくお願いします。

（2）「あいにく」は「相手の期待に添えないことへの残念な気持ちを持っていること」を、「なにとぞ」は「相手に丁寧にお願いや謝罪をしていること」を伝えています。

BEFORE

（3）まだまだ暑い日が続きます。熱中症にはお気をつけください。

（3）には「くれぐれも」を入れてみましょう。

（3）まだまだ暑い日が続きます。熱中症にはくれぐれもお気をつけください。

（3）の「くれぐれも」は「相手のために心を込めていること」を伝えることができます。

なお、気持ちを伝えたり配慮を示したりする副詞は、誰の行動につけるかを誤ると、意図した気持ちとは異なった意味が伝わってしまいます。次の例を見てください。

（4-1）せっかくお誘いいただきましたのに、参加することができません。
（4-2）せっかくお誘いしたのに、来てくださいませんでした。

（4-1）の「せっかく」は、相手の申し出を断らなければならない場面で、「申し出を受けたい気持ちを表現しつつ、期待に応えることができないこと」を伝えることができますが、（4-2）のように自分の行動につけると、「自分の努力や行為が無駄になるのを残念がる」意味になってしまいますので、使用する際は注意が必要です。

以上述べてきた書き手の気持ちや配慮を表す副詞を整理すると、（5）のようになります。ビジネスなどで使う際は、その副詞がその文脈で必要かどうか、誰の行動を修飾しているか確認してから使うことを忘れないでください。

(5) 気持ちや配慮を伝える副詞

誰に	副詞	使用例
書き手 （側） の行動	あいにく	○○はあいにく会議で席を空けております。
	おかげさまで	おかげさまで元気に過ごしております。
	心から	心からお詫び申し上げます。
	さいわい	さいわい大事に至らずに済みました。
	誠に	誠に勝手ではございますが、
相手 （側） の行動	くれぐれも	お父様にくれぐれもよろしくお伝えください
	さぞ	さぞお疲れになったことでしょう。
	せっかく	せっかくおいでいただきましたのに、
	なにとぞ	なにとぞご了承くださいますようお願いします。
	ひとえに	ひとえにみな様のご協力のお陰と感謝しています。
	わざわざ	わざわざ来ていただきまして、ありがとうございます。

まとめ

 書き手の気持ちや配慮を含意する「おかげさまで」「くれぐれも」などの副詞を用いて、感謝の心を届けましょう。

書き手の気持ちや配慮を含意する副詞は、誰の行動につけるかに注意して用いましょう。

 書き手の気持ちや配慮を伝える副詞を知り、効果的に使いましょう。

5.　上から目線や独断を避ける 副詞の使い方

　仕事の依頼文や指示書を読んでいて書き手の上から目線や独断を感じたことはありませんか。このことは、内容や書きぶりなどの要因に加えて、文章中の副詞の働きに関係している場合があります。ここでは、書き手の意図しない気持ちが伝わってしまい、読み手に嫌な印象を与える可能性がある副詞の避け方について考えます。

チェックポイント

① 書き手の上から目線が伝わりやすいのは、どんな副詞ですか？
② 書き手の独断的な決めつけが伝わりやすいのは、どんな副詞 ですか？
③ 特定の副詞の使い方が不快感を与えていませんか？

　普段から使っている副詞を仕事の依頼文や指示書で何気なく使ったことから、書き手が意図しない上から目線や出来事への建設的でない気持ちを読み手に感じさせてしまうことがあります。依頼文や指示書において、副詞の使い方一つで人間関係や仕事に支障をきたすことは避けたいものです。次の例文を見てください。

BEFORE

（1）一応スピーチですので、ご自身の経験を織り交ぜてお話しください。

（2）ご承諾いただける場合は承諾書を、せめて11月8日までにご返送いただけないでしょうか。

　これらは、使われている副詞から書き手のぞんざいさや上から目

118

線が伝わってしまう例です。（1）では「一応」から「依頼するスピーチを正式のスピーチではない、取るに足らないものと思っていること」が、（2）では「せめて」から「書類の提出が普段から遅れがちで、こちらの都合はあまり考えてくれていないと思っていること」が読み手に伝わってしまいます。この問題は、文章の中で書き手の心情や認識を含意する副詞の使用を控え、言い換えることで解決できます。以下は、書き換えの一例です。

AFTER! marker with chick image

（1）課内のパーティでのスピーチですので、ご自身の経験を織り交ぜてお話しください。

（2）ご承諾いただける場合は承諾書を、お忙しいところ恐縮ですが、11月8日までにご返送いただけないでしょうか。

　次に、副詞の中には、「決して」「絶対」のように全否定や強調を表すものがあり、書き言葉でも話し言葉でも多用されています。これらの副詞が、仕事やレポートの注意事項として用いられている場合も注意が必要です。次の例を見てください。

（3）内容が薄い、もしくはまったく参考にならない文章のご提出はお控えください。

（4）ご提出いただいた講演資料は当然公開とさせていただきます。

　これらは、使われている副詞から書き手の独断的な決めつけを読み手に感じさせてしまっている例です。（3）ですが、「まったく参考にならない」と全否定で「参考にならない」を強調していることから、「かつて参考にならない文章を受け取ったことがあり、今回もその可能性があるため、強く注意喚起している」と読み手は解釈

するでしょう。（4）の「当然」には「道理にかなっていてあたりま
え」という意味があります。「ご提出いただいた講演資料」は内部
の講演会の場合、かならずしも外部に公開する必要はありませんが、
公開するのが「当然」であると言及している点から、「高い謝金を
払って講演を依頼している以上、講演者がそのぐらいのサービスを
提供するのは当然だ」という書き手の意識が伝わり、読み手が不快
感をもつ可能性があります。このように、強調や限定を表す副詞は
失礼になるおそれがありますので、必要以上に強調していないか確
認し、言い換えるなど注意して用いることが必要です。以下は、書
き換えの一例です。

AFTER!

（3）内容が薄い、もしくは参考にするのが難しい文章のご提
出はお控えください。

（4）ご提出いただいた講演資料は、恐れ入りますが公開とさ
せていただきます。

　ここまで述べてきた、相手に意図しない書き手の上から目線が伝
わる可能性がある副詞を、（5）ネガティブな意味を含意する副詞、
（6）強調や限定を表す副詞にまとめました。ビジネス文書やメール
を書き上げた後、これらの副詞から、意図していない書き手の気持
ちが伝わり、相手に不快感を与える可能性がないか、確認してみて
ください。

（5）ネガティブな意味を含意する副詞

副詞の例
あえて　いちいち　うっかり　辛うじて　つい　どうせ　やたら　やっと　わざと　たいして　まさか　ろくに　一応　ついでに　とにかく　とりあえず

（6）強調や限定を表す副詞

	副詞の例
全否定を表す副詞	一切　決して　少しも　全然　まったく
強調を表す副詞	必ず　きわめて　絶対（に）　非常に
限定を表す副詞	あくまで（も）　せいぜい　せめて 当然　たった

まとめ

 ネガティブな意味を含意する副詞の使用を控え、言い換えましょう。

 強調や限定を表す副詞は、必要以上に強調していないか確認し、言い換えましょう。

 副詞には意図しない気持ちを伝えてしまうものがあることを認識し、不快感を与えない表現に変えましょう。

6. 正確な情報を伝える副詞の使い方

　報告書やレポートを読んでいて、情報が曖昧でわかりにくいと思ったことはありませんか。これには、用いられている副詞が関係している場合があります。ここでは、曖昧さを回避し、正確な情報を伝える副詞の使い方について考えます。

① 程度に関係する副詞を用いるとき、注意する点は何ですか？
② 意味が抽象的な副詞を用いるとき、注意する点は何ですか？
③ 使っている副詞は、正確な情報を伝えていますか？

　副詞には、「とても」「よく」など程度に関係するものがあり、状態や性質の程度を詳しく伝えるはたらきをしています。しかし、これらは書き手の主観的判断によって選択される言葉であるため、正確さや説得力が求められる文章で用いると、書き手の尺度を読み手が計りかねる場合があります。まず、ホームページに書かれた次の例文を見てください。

BEFORE

　　（1）当事務所は、新橋駅からかなり近くに位置しております。
　　（2）選考には少々お時間がかかる場合もございますので、ご
　　　　了承ください。

　これらは、程度を表す副詞を使ったことで、意味が曖昧になってしまっている例です。（1）では、「かなり近く」とはどの程度近いのか、具体的に述べないと読み手にとって意味ある情報になりません。（2）も同様で、「少々お時間がかかる」とは具体的にどのくら

いなのかを明示しないと、選考結果を待つ読み手との間に誤解や行き違いが生じるおそれがあります。正確さや説得力が重視される文章では、これらの副詞を具体的な数字や客観的な事実に置き換えることが必要です。以下は、書き換えの一例です。

（1）当事務所は、新橋駅から徒歩1分の場所に位置しております。

（2）選考には2週間程度お時間がかかる場合もございますので、ご了承ください。

また、「しっかり」「きちんと」など、意味が抽象的な副詞を情報発信の場面で用いる場合はどうでしょう。

（3）手術を行う際には、患者様とご家族様にしっかり説明しています。

（4）部活動をやめたくなったときは、まずは保護者にきちんと話すことが大事です。

ここでの問題は、意味が抽象的な副詞で修飾された行為や状態は読み手によって解釈のずれが生じやすいことにあります。（3）ですが、「しっかり説明する」とは何をどう説明するのかわかりません。「しっかり」の内容を具体的に記述し、手術を受ける患者と家族に安心してもらう情報を示す必要があります。なぜ手術をする必要があるのか、その手術の具体的な方法、手術を受けることで予想される結果、手術のリスク、ほかの治療法との比較などを示すとよいでしょう。

（4）は、「きちんと話す」とはどういうことか、具体的に知りたいと読み手は思うでしょう。十人十色の解釈が出てしまう「きちんと」

に具体性を持たせ、読み手の知りたい情報として発信することに意義があると考えられます。部活をやめたいと考えて相談するわけですから、なぜ部活をやめようと思ったのかという理由、学業との両立や部内の人間関係など、悩んでいる内容などを率直に話す必要があると考えられます。「しっかり」「きちんと」のような意味が抽象的な副詞は、実態を伝えていないことを念頭において、誤解を招かない表現に置き換えるか、それができないのであれば使用を控えたほうがよいでしょう。以下は、書き換えの一例です。

AFTER!

（3）手術を行う際には、患者様とご家族様に、手術の必要性、内容、予想される結果、危険性、ほかの治療法との比較を説明しています。

（4）部活動をやめたくなったときは、まずは保護者にやめたいと思った理由や悩んでいる内容を詳しく話すことが大事です。

　ここまで述べてきた、意味が曖昧になる要因の副詞として、「程度を表す副詞」「意味が抽象的になりやすい副詞」を（5）にまとめました。報告や情報を発信する文章や作業を依頼する文章で不用意に用い、読み手を困惑させている可能性がないか確認してみてください。

(5) 意味が曖昧になる可能性がある副詞

	副詞の例
程度を表す副詞	非常に　ほとんど　十分　とても　かなり　多少　少し　少々　あまり　なかなか　よほど　一番　より　もっと　比較的　よく　すぐ
意味が抽象的になりやすい副詞	しっかり　はっきり　きちんと　ちゃんと　いまいち　ほどほど

まとめ

✓ 正確さや説得力を重視する文章では、程度を表す副詞を具体的な数字や客観的な事実に言い換えましょう。

✓ 正確な情報の発信が必要な文章では、意味が抽象的な副詞を、読み手の解釈にずれが生じにくい具体的な表現に置き換えましょう。

✓ 副詞は主観的な判断を表す語であることを念頭において、曖昧さを回避する工夫をしましょう。

文体

1. キャラの見え方が変わる語彙の選び方

　文章を書く際、同じ内容をどのぐらいの硬さで書くか悩んだことはありませんか。その硬さが、その文章を書いた書き手のキャラのイメージとも結びつきます。ここでは、**語彙の選び方が読み手に与える書き手イメージ**について考えます。

チェックポイント 🖊

(1) 漢語・和語・外来語を使うと、書き手の人物像はどのように変わるでしょうか？

(2) 書き手の人物像が伝わるときに注意すべき点がありますか？

　和語・漢語・外来語については、2.1.「和語・漢語の使い方」(*p.54* ～)、2.2.「外来語の使い方」(*p.82*～)で学びました。ここでは、そうした語彙選択を通して、読み手によって書き手がどのようにイメージされるかを考えます。まずは漢語を使った語彙選択を考えます。

　（1-1）新サービス〇〇の使用感に関する<u>記事の執筆</u>

　漢語は1文字に情報が凝縮されていますので、少ない字数で内容を簡潔に記すことができる特徴があり、論文・レポートやビジネス文書等の書き言葉として標準的な語種です。読み手の負荷を減らすシンプルな書き方に見えますが、以下の（1-2）、（1-3）と比べるとよりフォーマルな印象となります。

　初対面の人から漢語で簡潔なビジネスメールを受け取ると、業務を効率よく的確に進められる人という印象を持ちます。つまり、仕事ができるキャラが伝わりますので、ビジネスメール等、相手にし

っかりした印象を与えたい場合には、漢語を用いるのが基本です。

　なお、そのときに注意したいのが、名詞を中心に表現することです。「新サービス〇〇を使用した感じに関する記事を執筆してください」のように「使用する」「執筆する」という動詞を含んだ表現にすると、とたんに仕事ができるキャラのイメージが減退しますので、キャラ作りの際は、注意が必要です。

　次は和語を使った語彙選択です。

　（1-2）新サービス〇〇を使った感想を書くお仕事

　ブログ記事や求人情報などでは、動詞を開き和語を用いた表現も多く見られます。和語を選ぶと必然的に平仮名が増え、字面から意味を取る表意的な解釈から、音にして意味を取る表音的な解釈へと移行します。そのため、話し言葉に近くなり、漢語を用いる場合と比べて軟らかくカジュアルな印象を与えることができます。つまり、親しみやすい人物像を読み手に示すことで、読み手の文章に対するハードルを下げることができるわけです。半面、知性的で仕事ができる印象は遠のきますので、それもキャラ選択の功罪です。

　最後は外来語を使った語彙選択です。

　（1-3）新サービス〇〇を利用したサービスレビューのライティング

　外来語は、和語ほどではありませんが、漢語と比べると口語的でカジュアルな表現です。外来語は現代の社会では生産性が高く、細かいニュアンスの差異化のために日々生み出されているため、わかる相手には意図をピッタリ伝えられ、世界を共有できる相手とは連帯感を形成できます。高い感度で同じ関心を共有する人に発信する

人物像が思い浮かびます。とはいえ、このような表現は、馴染みのない相手との間に誤解を生んでしまい、ときに悪印象を与える可能性もはらんでいます。また、正式な記録や報告には向かないことがあるので注意が必要です。相手を選んでスマートにコミュニケーションを図りましょう。

（2-1）体型維持を目的とした理想的な栄養管理手法

　漢語を使ったお仕事ができる「フォーマルなキャラ」は、あらたまった場面や目上の人と接する際に適切です。漢語のほか負担にならないレベルで専門用語を用いるのもよいでしょう。不特定多数の読み手を想定する文章では、冷たい印象や不親切な印象を伴う可能性があるので、わかりやすく伝えたい場面では避けましょう。

（2-2）体を整え若さを保つ、好き嫌いなしのおいしい献立

　和語を使った親しみやすい「カジュアルなキャラ」は、幅広い読者を想定したブログや広告、求人に有効です。和語を多く用い、読み手の負担を減らすことで、フレンドリーな印象を与えることができます。専門用語や業界用語は、ここぞというときのキーワードとして使いましょう。なお、いわゆる「いかがでしたか文」のようなうさん臭い印象を与えてしまわないよう、注意が必要です。

（2-3）スリムなボディをキープする栄養バランスのよいレシピ

　外来語を使った情報感度の高い「マニアックなキャラ」は、ある程度読み手を絞った広告やブログ、簡単な報告で用いられます。業

界用語やある種のジャーゴン（仲間うちにだけ通じる特殊用語。職業用語）は業種・関心の近い相手間の情報共有をスムーズに行うことができ、コミュニティの形成にも役立ちます。ただし、なれなれしさを与えてしまったり、同業種でも語のニュアンスが微妙に異なり誤解を与えてしまったりするリスクがある点は、心に留めておきましょう。

まとめ

 漢語を使うと「フォーマルなキャラ」、和語を使うと「カジュアルなキャラ」、外来語を使うと「マニアックなキャラ」を演出できます。

 「フォーマルなキャラ」は専門的で硬い印象を、「カジュアルなキャラ」は知性に乏しい印象を、「マニアックなキャラ」は内輪で閉じた印象を与えるので注意が必要です。

2. 書き手のキャラが伝わる記号の使い方

　メールやチャットを受け取った際、送信元の相手の記号の使い方が気になったことはありませんか。記号の使い方は書き手のキャラと結びつきやすいものです。ここでは、記号の使い方が読み手に与える書き手イメージについて考えます。

チェックポイント

① メールでは記号をどう使い分けたらよいですか？
② チャットでは記号をどう使い分けたらよいですか？

【メールの場合】
　（1）お疲れ様です。（句点を用いる）

　句点「。」を用いるのは、論文・レポートやビジネス文書等の書き言葉としては標準的です。句点を使わなかったり、記号を使ったりするものに比べ、フォーマルな印象となります。ビジネスメールや目上の人へのメール等、相手にしっかりした印象を与えたい「フォーマルなキャラ」の場合、句点「。」を用いるのが基本です。

　（2）おつかれさまです　（文末に記号を用いない）

　論文やビジネス文書の書き言葉では句点「。」を用いるのが標準ですが、チャットツールやSNSの普及に伴いメールでも文末に記号を用いないスタイルが見られるようになってきました。句点「。」を使う場合と比べてカジュアルな印象を与えることができます。近

132

年、親しい間柄でのメールや、スマホから見ることを想定された広告メールでよく使われ、「カジュアルなキャラ」の演出に向いています。

（3）おつかれ様です！！（文末記号を用いる）

感情を伴う「！」・「？」・「☆」・「♪」といった記号を用いることで、相手との親しさを強調し、「フレンドリーなキャラ」を演じることができます。困っているときや、なんとなく間や含みを持たせたい場合には三点リーダー「…」（→p.30参照）が使われることもあり、こちらは「カジュアルなキャラ」として、親しい間柄でのメールや、案内メールに用いられます。ビジネスメールや目上の人へのメールでは、「！」「？」の単体使用までにとどめ、相手との関係に応じて使用自体を控えるのが適切でしょう。

（4）おつかれ様です🌸（絵文字を用いる）

絵文字の使用は記号よりもさらに距離の近さを示すため、「超フレンドリーなキャラ」になります。携帯電話を中心とした2000年代のメール文化で、頻繁に用いられました。しかし、打ち言葉を用いた親密なコミュニケーションがチャットやSNSに移った2021年現在、メールで用いられることは少なくなりました。当然ながらフォーマルな形のメールではお勧めできません。

【チャットツールの場合】
（5）句点を用いる

太郎
おつかれ様です。 10:00

先に述べたようにLINEなどのチャットツールやSNSでは、文末に句点「。」をつけないのが一般的です。句点を用いる論文・レポートの書き言葉やメールの打ち言葉からの連想から、フォーマルにすぎる印象を与えます。普段からこうしたツールに慣れ親しんでいる相手には「昔の人キャラ」という印象を与えてしまいかねません。

（6）文末に記号を用いない

　句点がないとどうにも据わりが悪い感を受ける方もいるかもしれませんが、2021年現在で標準的なのは、文末に何もつけない表記です。特にキャラの色はなく、無難な選択です。複数の文を送信したいときは、改行で区切ったりメッセージを分けたりするのが一般的です。ただし、親密な間柄でのチャットであまり記号・絵文字やスタンプを用いないと、「冷たい」「怒っている」と勘違いされやすいので、（7）や（8）を参照し、フォローしておくとよいでしょう。

（7）文末記号を用いる

　感情等を伴う記号を使用することで、「カジュアルなキャラ」として親しみやすい印象を与えます。ビジネスチャットでも、非言語情報を補うため、企業文化によっては使用されることもあります。

（8）絵文字を用いる

　メールではあまり見なくなった絵文字も、チャットツールでは健在で、「フレンドリーなキャラ」を作り出すのに効果的です。使用の際は、環境によって表示される絵柄が変わりやすい点や、連続して用いるとなれなれしく不快な印象を与える点に注意します。

まとめ

 メールでは句点を基本とし、「カジュアルなキャラ」は文末に何もつけず、「フレンドリーなキャラ」は文末記号を用います。

 チャットの文末は何もないのが標準で、カジュアルさやフレンドリーさを出すときは文末記号や絵文字を使用します。

第3章　文体　1 人物像の伝え方

135

3.　読み手の注意を惹くキャラの崩し方

　一つの文章の中では、語彙の選び方も記号の使い方も一貫しているのが基本ですが、突然キャラが変わって驚いたことはありませんか。ここでは、語彙や記号の使い方を変えることで、書き手の人物像を変更し、読み手の注意を惹く方法を考えます。

チェックポイント

① 文章の中で語彙の選び方や記号の使い方が変わると、読者にどのような印象の変化がありますか？

② 書き手のキャラを崩すのに適切なジャンル、適切な箇所はどこでしょうか？

　表記の統一という言葉を聞いたことがありますか。なぜ表記の統一をしなければならないのでしょうか。人はそのときの気分で、「おれ」「オレ」「俺」などと使い分けたいときがあるはずです。

　しかし、そのときの気分というのが実は問題なのです。大人の書く社会的な文章は、そのときの気分に左右されてはなりません。終始安定した変わらぬ自分でなければならないのです。読み手は表記の統一がなされていない文章を見ると、書き手のキャラに不安を感じるものです。気分に左右されるタイプで、仕事の精度にムラがあるのではないか、細部に気を配れないのではないかなどと想像してしまうのです。したがって、表記の統一は書き手のキャラの問題であり、仕事のできるキャラであることを読み手に伝えるための必須の作業となります。

　次の例文は調理家電を紹介する文章の一部ですが、語彙の選び方や記号の使い方に一貫性がありません。

BEFORE

（1）　ステイホームによる自炊需要により人気急上昇の電気圧力鍋。導入のメリット・デメリットをまとめよう。

　■メリット
　・"ほったらかし"でおかずができる！
　・かたーいお肉も圧力でホロホロに♡
　■デメリット
　・加圧・減圧に時間がかかる。
　・消費電力問題

　文章全体では「フォーマルなキャラ」が想像されますが、メリットのみ、「ほったらかし」という俗語的な語彙選択、「かたーい」という音の引き延ばし、「！」「♡」といった文末記号の使用がカジュアルな印象を与えます。この部分は異質感があるため、読者の目を引きますが、全体として非常にちぐはぐな印象を与えます。一方、デメリットの「消費電力問題」が名詞句で、ややほかと異なり、推敲の不十分さを感じさせます。そうした点に手を入れ、「フォーマルなキャラ」で一貫させます。

AFTER!

（1-1）　ステイホームによる自炊需要により人気急上昇の電気圧力鍋。導入のメリット・デメリットをまとめよう。

　■メリット
　・"機械にお任せ"でおかずができる。
　・硬い部位の肉も圧力でほろほろに。
　■デメリット
　・加圧・減圧に時間がかかる。
　・ほかの家電と併用でブレーカーが落ちるリスクも。

「フォーマルなキャラ」の一貫性が保たれるようにした文章では、

人の目に触れても十分な質を備えています。表記の統一の効果が感じられます。

　半面、（1）のような項目ごとのメリハリは薄くなってしまっているのが少々残念で、読ませる記事としては物足りなく読み手の目に映ります。文体が統一されているため、違和感なくすらすら読めるのですが、その分、引っかかるところがなく印象に残らないのです。全体が長めの文章であれば、アピールポイントではあえてキャラを崩して読み手に違和感を与え、その部分で立ち止まらせてみるのも有効でしょう。

AFTER!

　（1-2）ステイホームによる自炊需要により人気急上の電気圧力鍋。導入のメリット・デメリットをまとめよう。

　■メリット

　・"ほったらかし"でらくらく一皿。

　・硬いスジ肉や骨付き肉も圧力でほろほろ！

　■デメリット

　・加圧・減圧に時間がかかる。

　・ほかの家電と併用でブレーカーが落ちるリスクも。

　（1-2）は本文と箇条書きでキャラを切り替えた文章です。箇条書きの部分ではメリットに「""」「！」といった記号を使い、「♡」ほど極端ではない形でカジュアルな印象を与えています。また、キャッチフレーズ風の体言止めでもフォーマルなキャラを崩しています。つまり、気分を逆用し、文章のもっとも伝えたい部分に気持ちがこもって見えるようにそこだけを崩してしまうわけです。しかし、崩しすぎると統一感が失われるので、そのあたりのさじ加減が難しくなります。

　もちろん、この手法が通用するのは、ブログやSNS、エッセイ

や広告など、気分を含んでもよい文章です。フォーマルなビジネス文書や真面目な報告文・説明文では逆効果になりますので、本文のキャラを維持することをお勧めします。

まとめ

 文章の中で語彙の選び方や記号の使い方が変わると、読み手は書き手のキャラが不安定だと感じ、ビジネス文書などでは評価を下げてしまいかねません。

 一方、ブログやSNS、エッセイや広告など、書き手の気持ちが入り、読み手を惹きつけたいジャンルでは書き手のキャラを崩すのは有効です。特に、書き手がメッセージを強く伝えたいアピールポイントであえてバランスを崩すことで、読み手の注意を惹き、その部分を印象づけることができます。

4.　読み手を傷つけない表現の考え方

　「そんなつもりはなかった」のに言葉で誰かを傷つけてしまうことがあります。それは書き手が自分のキャラを十分に管理できず、書き手自身が意識していない先入観や価値観が文面で出てしまうからです。ここでは、人を傷つけない表現について考えます。

チェックポイント ✎

1. 人を傷つける可能性が高いのは、どのような表現ですか？
2. ポリティカル・コレクトネスに配慮した表現とは、どのような表現ですか？

　言葉で誰かを傷つける可能性がある第一のケースは、少数者に対する配慮が欠けたときです。

BEFORE

（1）（小学校の先生からの連絡で）来週の学芸会、1組は創作ダンスを発表します。お父さん、お母さんに披露するため、毎日一生懸命がんばって練習しています。是非、お越しください！

　「お父さん、お母さん」という、一見、当たり前な表現には、根深い問題があります。教師が、二親（ふたおや）がいる家庭を暗黙の前提にしているため、母子家庭、父子家庭の子どもの場合、さらには、実の親がいなくて、祖父母や親類、成人した姉や兄が保護者である家庭の場合、悲しい気持ちがして、保護者に見せるのをためらってしまうかもしれません。これは教師の有する先入観や価値観が出てしまっている例で、教師自身がそんな意識はないといくら弁明しても、一度書いてしまった言葉は取り消せません。「お父さん、お母さん」

ではなく「おうちの方」「保護者のみなさま」などとし、そうした誤解を生む可能性はなくしたほうがよいでしょう。

AFTER!

（1）来週の学芸会、1組は創作ダンスを発表します。おうちの方に披露するため、毎日一生懸命がんばって練習しています。是非、お越しください！

　また、少数者への暗黙の差別を生みやすいものにLGBTがあります。例えば、相手に好意を示すために次のように書いたとします。

BEFORE

（2）真心のこもった、こんなにステキな手作りのプレゼントをもらえたら、彼氏さん、お幸せですね。

　しかし、お付き合いしているのは「彼氏さん」ではないかもしれません。書き手が異性愛を前提として伝えると、LGBTの相手が心に深い傷を負うことがあります。「お相手の方」「パートナーの方」などとしたほうがそうしたリスクを回避できるでしょう。

AFTER!

（2）真心のこもった、こんなにステキな手作りのプレゼントをもらえたら、お相手の方、お幸せですね。

　不特定多数に向けた文章は、どのような境遇の人が読むとも限りません。相手の背景の多様性に思いをはせ、傷つける可能性のある表現を避けるのが鉄則です。
　言葉で誰かを傷つける可能性がある第二のケースは、社会的な立場の弱い人に対する配慮が欠けたときです。近年、特定または不特定多数の人に向けて発信する言葉の使い方においては、ポリティカル・コレクトネス（Political Correctness）が重視され、性別・年齢・

141

人種・職種・ハンディキャップ等によって差別や偏見を起こさせない「政治的に正しい」表現を使おうという考え方です。

　日本で特に意識され、言い換えが進んできたのは、女性に関わる言葉のポリティカル・コレクトネスです。日本語で定着してきた例としては2.1.5「偏った語感をもつ語の避け方」にある表（*p.71*）を参照して下さい。

　ポリティカル・コレクトネスは1980年代に始まり、世界中で浸透してきましたが、一方で言葉を言い換えればそれでよいという風潮への批判もあります。つまり、ある単語を使うか使わないかが重要ではなく、どのような文脈で使われるかが重要であり、そもそも差別心が変わらないのであれば何も解決しない、ということです。そこで、次に文脈単位で考えてみます。

BEFORE

（3）今回のオリンピック、女子サッカー代表は期待できる。特にA選手は素晴らしい。女子の試合に男子選手がいるようなものだ。

　この文を読んで、どう感じるでしょうか？　この文を書いた人はA選手の能力の高さについて称賛する意図で書いたのだとしても、この文によって傷つく人がいるだろうと想像できないでしょうか？A選手の能力の高さを称賛するのであれば、次のような文のほうが誤解を生まない表現になると思います。

AFTER!

（3）今回のオリンピック、女子サッカーは期待できる。特にA選手は素晴らしい。50メートル走のタイムやシュートのスピードは男子代表の平均値を上回っている。

　何かを賞賛するとき、特定して具体的に表現すれば、理由が客観

的になり、賞賛したい部分を際立たせることができます。そこを際立たせないと「彼女はまるで男のようだ」という部分だけが浮き上がってしまい、不適切な文となってしまいます。褒めるときは努めて特定的に、具体的に、客観的に表現したほうがよいでしょう。

また、「傷つける意図はなかった」という反論の中に「笑いを取って楽しい空間を作ろうとしただけ」といったものもよく聞きます。しかし、何を「笑い」の対象にするかにその人の価値観、キャラがにじみ出ます。「笑い」は文化的、歴史的に非常に奥行きが深いものであり、であるがゆえに差別や偏見、ステレオタイプと深く結びついているものです。6.3.「ユーモアの示し方」（*p.362*〜）で示すように、相手に自分の思い、気持ちを届けるために、笑いを取ろうとすることは悪いことではありませんが、その前提として、相手を傷つけない表現を意識した上で表現のレベルアップを考えることが肝要です。

まとめ

 人を傷つける可能性が高いのは、少数者への配慮が欠けた表現、社会的な立場の低い人に対する配慮が欠けた表現です。読む可能性のある相手を想像して表現を選びましょう。

 その人の属性（性別・人種・職種等）によって差別や偏見を起こさない、すなわち、ポリティカル・コレクトネスに配慮した表現を選択しましょう。

1.　失礼にならない敬語の使い方

　失礼な文面を書いて相手の気分を害することはしたくないと誰もが思います。しかし、敬語の使い方は複雑で、なかなか自信は持てないものです。敬語の使い方はどう考えればよいのでしょうか。ここでは、失礼にならない敬語の基本について考えます。

チェックポイント

① 敬語は何種類に分けて考えたらよいですか？
② 二重敬語は誤りですか？
③ 名詞の敬語で注意すべき点は何ですか？

　敬語の基本を考える際の勘どころは、相手に対する敬語と主語に対する敬語の2種類の区別を知ることです。相手に対する敬語は丁寧語、いわゆる「です・ます」です。「です・ます」をつけて表現することで、相手を高めていることを表せます。一方、主語に対する敬語は尊敬語と謙譲語です。尊敬語は「言います」に対する「おっしゃいます」のように主語を高める敬語です。謙譲語は「言います」に対する「申します」のように主語を低め、主語以外の人を高める敬語です。丁寧語、尊敬語、謙譲語の三つが敬語の基本です。

　丁寧語は「です・ます」をつければよいだけなので、比較的簡単なのですが、尊敬語と謙譲語は少々複雑です。まずは、尊敬語から説明しましょう。尊敬語を作る方法は3種類あります。例えば、「飲む」を例に取りましょう。

BEFORE

（1）お客様がお酒を飲んだ。

　尊敬語を用いて主語である「お客様」を高めるにはどうしたらよいでしょうか。直し方は３通りあります。

　　（1-1）お客様がお酒を飲まれた。
　　（1-2）お客様がお酒をお飲みになった。
　　（1-3）お客様がお酒を召し上がった。

　（1-1）の「飲まれた」は「（ら）れる」をつける形です。三つの中でもっとも敬意が軽く感じられるものです。いかにも敬語を使っているというのを避けたい場合に適しています。（1-2）の「お飲みになった」は「お～になる」にする形です。「（ら）れる」は受身や自発、特に一段活用の動詞の場合は可能とも混同しやすいのですが、「お～になる」とすれば尊敬語であることが明確にできます。敬語であることをはっきり表したいときに向いた形です。（1-3）の「召し上がった」は特別な形です。すべての動詞にあるわけではないのですが、よく使われる動詞にはこの特別な形が備わっています。敬語についての知識のある人が使えるこなれた形なので、三つの中ではもっとも失礼になりにくい形です。

　その意味で、尊敬語の特別な形は憶えておくと便利ですので、ここでまとめておきましょう。

表１　特別な形の尊敬語

動詞	対応する尊敬語
いる・行く	いらっしゃる
する	なさる
来る	お出でになる／お見えになる
食べる・飲む	召し上がる

言う	おっしゃる
くれる	くださる
見る	ご覧になる
寝る	お休みになる
着る	お召しになる
買う	お求めになる／お買い上げになる

　一方、謙譲語の場合はどうでしょうか。

BEFORE

　　（2）後ほどお客様宛にメールを送ります。
　　（3）お客様のお宅でお食事を食べた。

　謙譲語を用いて隠れた主語である「私」を低め、「お客様」を高めるにはどうしたらよいでしょうか。

AFTER!

　　（2）後ほどお客様宛にメールをお送りします。
　　（3）お客様のお宅でお食事をいただいた。

　謙譲語も2種類使われます。一つはAFTER（2）のように「お〜する」という形にする方法、もう一つはAFTER（3）のように特別な形を使う方法です。尊敬語の場合は選択肢があったのですが、謙譲語の場合は選択肢がないのが普通です。特別な形が存在するものは特別な形を、存在しないものは「お〜する」をという明確な使い分けが存在しているからです。

　謙譲語の特別な形もすぐに思い出せると便利ですので、まとめておきましょう。

表2　特別な形の謙譲語

動詞	対応する謙譲語
いる	おる
する	いたす
行く・来る	うかがう／まいる
食べる・飲む	いただく
言う	申す／申し上げる
もらう	いただく
あげる	差し上げる
見る	拝見する
会う	お目にかかる
わかる	かしこまる／承知する
帰る	おいとまする／失礼する

　敬語というのは丁寧であればよいというものでもありません。敬語を重ねて使ってしまう二重敬語と呼ばれるものがあります。二重敬語は過剰敬語であり、洗練されていない敬語の使い方だと社会的には見なされがちです。

BEFORE

（4-1）お客様がお酒を召し上がられた。

（4-2）お客様がお酒をお召し上がりになった。

（5）　お客様がお庭をお散歩になられた。

（6）　今から書類をお持ちいたしましょうか。

（7-1）2時間後に御社にお伺いします。

　（4-1）、（4-2）、（5）はいずれも尊敬語の二重敬語です。（4-1）は「召し上がる」という特別な形に「（ら）れる」を付加したもの、（4-2）は「召し上がる」という特別な形に「お〜になる」を付加したものです。

147

（5）は「（ら）れる」と「お～になる」を合わせたものです。

　一方、(6)と(7)はいずれも謙譲語の二重敬語です。(6)は「お～する」の「する」を「なさる」という特別な形にしたもの、また、(7-1)は「伺う」という特別な形に「お～にする」を付加したものです。

　さらに過剰にすると、次のような三重敬語もできます。

BEFORE

（4-3）お客様がお酒を<u>お召し上がりになられた</u>。

（7-2）2時間後に御社に<u>お伺いいたします</u>。

　（4-3）の「お召し上がりになられる」は特別な形の「召し上がる」に「お～になる」を付加し、さらに「なる」を「なられる」にしています。また、「お伺いいたします」は特別な形の「伺う」に「お～する」を付加し、さらに「する」を特別な形の「いたす」にしています。いずれもかなり複雑な構造ですが、実生活で時々見かけるパターンです。

　こうした二重敬語・三重敬語を外し、単純な形にすると、次のようになります。

AFTER!

（4）お客様がお酒を<u>召し上がった</u>。

（5）お客様がお庭を<u>散歩された</u>。

（6）今から書類を<u>お持ちしましょうか</u>。

（7）2時間後に御社に<u>伺います</u>。

　もちろん、こうしたAFTERの形が本来の敬語であり、これで問題ないのですが、AFTERの形にどこか物足りなさを感じた方もいらっしゃるかもしれません。二重敬語は本来過剰敬語ですが、現在では特に敬意を高く示したい相手には過剰だという意識が薄れつつあるようです。つまり、通常の敬語よりも敬意を強めるための特別

敬語のように二重敬語や三重敬語が機能しており、それを読み手が不自然と受け取らなくなっているのであれば、かならずしも誤りとは言えません。

しかし、二重敬語でも明らかな誤りになるものがあります。それは謙譲語と尊敬語の組み合わせによる二重敬語です。例えば、このようなものです。

BEFORE

（8）もうお食事はいただかれましたか。

（9）おうかがいになりたいことがありましたら、ご連絡をお願いいたします。

いずれも、一見正しそうに見えるのですが、よく見ると違和感があります。正しくは次の通りです。

AFTER!

（8）もうお食事は召し上がりましたか。

（9）おたずねになりたいことがありましたら、ご連絡をお願いいたします。

表3　謙譲語と尊敬語からなる不自然な二重敬語

動詞	対応する二重敬語	動詞	対応する二重敬語
食べる	いただかれる	見る	拝見なさる
行く	参られる	聞く	拝聴なさる
言う	申される	訊く	おうかがいになる
受ける	承られる	会う	お目にかかられる

これらは、主語を高めるものと低めるものの組み合わせであり、敬意の方向が食い違っています。そのため、読み手には理解不能であり、また失礼になってしまいます。こうした二重敬語は単なる過

剰敬語の問題では済まなくなり、コミュニケーションに支障をきたしますので、注意が必要です。

　ここまでは動詞の敬語でしたが、名詞の敬語にも尊敬語と謙譲語があります。しかし、名詞の場合「お」か「ご」をつけるだけなので、二つの区別は形のうえでは区別がつきません。例えば、相手が自分に渡すものは尊敬語の「ご案内」、自分から相手に渡すものは「ご案内」で形は同じです。相手が作って送ってくれたものに「ご案内」は自然なのですが、自分が作って相手に送ったものに「ご案内」はやや抵抗があるかもしれません。しかし、「ご案内する」という言葉に表れているように、相手に渡し、かつ相手が手にするものに「ご案内」と「ご」をつけるのは不思議ではありません。

　しかし、一つ間違えると、自分のものに「お」や「ご」をつけてしまう自敬敬語になってしまいます。次の文で、自分に関わるものに敬意を示してしまっているものを探してみてください。

BEFORE

　（10）お忙しい中のご連絡、ありがとうございました。私自身に対応するお時間がなかったので、先ほど、弊社の田中から詳しいご返信をお送りしました。ご査収のほど、よろしくお願いいたします。

　ここで自敬敬語になっているのはどれでしょうか。「お」や「ご」がつくものはたくさんあるのですが、疑わしいのは「お時間」と「ご返信」です。「お時間」は書き手である私自身の時間であり、読み手とは無関係ですので、「お」をつけてしまうと自分を尊敬することになってしまいます。また、「ご返信」はウチの人間である田中が送った返信です。読み手が受け取ることを意識した場合、自分が書いたメールであっても「ご返信」と「ご」をつけることはあるのですが、ここでは田中が送ることを意識したものですから、「ご」

はないほうが自然でしょう。

AFTER!

（10）お忙しい中のご連絡、ありがとうございました。私自身に対応する時間がなかったので、先ほど、弊社の田中から詳しい返信をお送りしました。ご査収のほど、よろしくお願いいたします。

まとめ

 敬語は相手に対する丁寧語、主語を高める尊敬語、主語を低める謙譲語の三つに分けると整理がしやすいです。また、尊敬語の作り方は「（ら）れる」「お〜になる」「特別な形」の3種類、謙譲語の作り方は「お〜にする」「特別な形」の2種類に分かれます。

 二重敬語（三重敬語）は現在社会の中ではかならずしも誤りとは言えません。ですが、謙譲語と尊敬語の組み合わせは敬意の方向が食い違うので誤りとなり、読み手に不快感を与えるおそれがあります。

 名詞の場合、尊敬語でも謙譲語でも「お」や「ご」をつけて表現しますが、読み手に関わりが乏しいものに「お」や「ご」をつけると自分を尊敬することになりますので、注意が必要です。

151

2.　親しさを示す距離感の出し方

　失礼にならないようにすることは大事なことですが、それ以上に大事なことは文章をつうじて読み手とよい人間関係を築くことです。敬語を使い、失礼さを避けることは、よい人間関係を築く一つの手段にすぎません。敬語を使わずに、よい関係を築くことはできないのでしょうか。ここでは、親しさを生む表現方法について考えます。

チェックポイント ✎

① 日本語では、つねに敬語をたくさん使い、できるだけ丁寧に
　 表現したほうがよいのでしょうか？
② 読み手に親しさや信頼感を示すには、どのような表現を使え
　 ばよいですか？

　日本の伝統的な考え方とは異なる敬語の考え方に欧米発のポライトネス理論があります。ポライトネス理論は人間関係を円滑にする二つの方法が前提になっています。一つは、親しくなるために積極的に人と関わる方法、もう一つは、失礼にならないように人と距離を置く方法です。人と距離を置く方法の典型が敬語ですが、敬語ばかり考えていると、親しくなるために人と関わる方法が抜け落ちてしまいます。

　例えば、教員に宛ててメールを送る場合、「上田先生」「上田さま」「上田さん」「上田」という四つの宛名が考えられます。通常は失礼にならないように「上田先生」と書き、自分の直接の先生でないので「先生」は仰々（ぎょうぎょう）しいと思っても、せいぜい「上田さま」に留めるのが普通でしょう。

　しかし、いくら相手が教員であっても、たまたまご近所で親しい関係にある相手には「上田さん」がよいこともあります。「上田さま」

だとよそよそしくなってしまうからです。さらに、相手の教員が幼なじみで、若いころから一緒にやんちゃをしてきた相手であれば「上田先生」は、からかいか皮肉にしかならないでしょう。特に親しい相手の場合は「上田」という呼び捨てが適切になるわけです。このように言葉というものは、けっして丁寧にすればよいわけではなく、書き手と読み手の距離感によって変わるものです。そこで、相手との距離感によって言葉を変えることを考えてみましょう。

BEFORE

（1）来週水曜日にお邪魔する件ですけれども、何時ごろならいいですか。

この（1）は、あまり気遣いのない普段着の表現です。こうしたメールが届くと、失礼に感じる人もいるかもしれませんが、普段から親しくしてもらっている上司であれば、これぐらいの気安さはむしろ心地よく、不適切な表現とは言えません。こうした表現は、使う相手によってはリスクもありますが、そのぐらいのリスクを冒しても大丈夫ということを伝えてもいるので、むしろ親しさの証<ruby>証<rt>あかし</rt></ruby>としても働くでしょう。

次のような表現はどうでしょうか。

AFTER!

（1-1）来週水曜日に顔を出す件だけど、何時ごろなら大丈夫そう？

ここまで来ると、まったく気遣いがなく、部屋着のような表現です。親しい友人や家族であれば問題はありませんし、業務上のやりとりであっても、親しい同僚や部下に限れば大丈夫そうです。こうした表現を使うことで、同僚や部下との距離の近さや職場の一体感を強調できます。もちろん、なれなれしいと感じられるリスクもあ

るので、相手を選ぶ必要はありますが、丁寧に接しているだけでは得られない信頼感を生みだすことができるのも事実です。

一方、次のような表現はどうでしょうか。

（1-2）来週水曜日にお伺いする件ですが、何時ごろであればご都合がよろしいでしょうか。

こちらは丁寧な表現であり、失礼さを回避することができます。そのため、高い敬意を示すべき相手に対して使うのに適した表現ですが、半面、親しい関係になることを妨げ、よそよそしさも感じさせる表現です。

特に、ビジネス上のやりとりで気をつけたいのは定型表現です。例えば、ビジネスメールを書くとき、「お世話になっております。高橋です」で始め、「よろしくお願いいたします」と終わる定型表現を使う人は多いと思いますが、そうした定型表現を機械的に使うと、事務的な印象を読み手に与えてしまうものです。

（2）お世話になっております。○○産業の高橋と申します。

このメールの文面では、「お世話になっております」と「高橋と申します」という組み合わせが不自然に感じられます。「高橋と申します」は「高橋という者です」ほどではありませんが、相手が自分のことをあまり知らない人に使う表現だからです。

もし日常的にやりとりをしている相手であれば、次のようにシンプルに表現したほうがよいでしょう。

（2-1）平素よりお世話になっております。○○産業の高橋です。

　反対に、あまりやりとりがない相手であれば、次のように丁寧に表現することができるでしょう。

（2-2）初めてご連絡差し上げます。○○産業の高橋と申します。
（2-3）ご無沙汰しております。昨年ソウルの国際展示場でお目にかかりました高橋と申します。

　お世話になってもいない人に「お世話になっております」を使うのは不誠実ですし、いつもお世話になっている人に対してであっても、毎回「お世話になっております」では気持ちが伝わりません。「おはようございます」でも「毎日暑い日が続きますね」でもよいので、その時々で表現を変えたほうが、相手に気持ちが伝わります。一方、ビジネスメールにこうした定型表現を入れること自体無駄だと感じる人もいますので、そうした人に送る場合はそもそも「お世話になっております」を入れず、毎回いきなり用件から入るほうがよいでしょう。無駄を省きたがる相手は、その人自身のメールの文面がビジネスライクであるものです。相手の出してくる文面を参考にし、それに合わせると比較的安全です。

まとめ

 敬語は相手との距離を遠ざけますので、失礼さは回避できる半面、相手との親しさや信頼感を醸成（じょうせい）するのには向かない表現です。

 読み手に親しさや信頼感を示すには、くだけた表現を使うのが効果的です。ただし、相手によってはリスクもありますので、使用の際には慎重さが必要です。

3.　共感を生みだす視点の示し方

　何かを描写する文章の場合、視点のありかが大事です。視点のありかが明確になっていると、読み手はそこに視点を寄せて、共感して読むことができるからです。しかし、そうした視点はどんな表現を使えばうまく表せるのでしょうか。ここでは、視点を表す表現について考えます。

チェックポイント

① 視点を表す表現にはどんなものがありますか？
② どうすれば共感を生むことができますか？

　視点の表現として代表的なものに授受表現があります。授受表現は「あげる」「もらう」「くれる」に代表される「やりもらい表現」です。敬語にすると、「差し上げる」「いただく」「くださる」となります。日本語は授受表現がないと落ち着かない言語で、授受表現欠乏症にかかると言葉の伝わる力が落ちます。

BEFORE

　（1）旧友がわざわざ部屋を訪ねてきたので、コーヒーを淹れた。
　（2）親切な地元の人たちは、たいして面白くもない私の話を面白がった。
　（3）初孫の私はおじいちゃんにいつもかわいがられた。

　この文はいずれも授受表現欠乏症にかかっています。そこで「あげる」「もらう」「くれる」といった表現を付加します。そうすることで視点が明確になり、これらの文を見たとき、その視点に寄せて読むことができるため、自然と気持ちを込めることができるでしょう。

156

（1）旧友がわざわざ部屋を訪ねてきてくれたので、コーヒーを淹れてあげた。

（2）親切な地元の人たちは、たいして面白くもない私の話を面白がってくれた。

（3）初孫の私はおじいちゃんにいつもかわいがってもらった。

AFTER（1）であれば「旧友」、（2）であれば「親切な地元の人たち」、（3）であれば「おじいちゃん」に対する感謝の気持ちが授受表現をつうじて透けて見えるはずです。

BEFORE（3）の文末「かわいがられた」は受身表現であり、感謝の気持ちはこもりませんが、迷惑な気持ちや困った気持ちならば込めることができます。これも視点の表現です。BEFORE（4）とAFTER（4）を比べてみると、AFTER（4）のほうが恥ずかしい気持ちが強まります。

BEFORE

（4）突然吹いてきた強風で私のビニール傘がおちょこになり、その場にいたお客さんみんなが笑った。

AFTER!

（4）突然吹いてきた強風で私のビニール傘がおちょこになり、その場にいたお客さんみんなに笑われた。

こうした視点の表現を使った文を効果的にするコツは、視点の一貫性を保つことです。例えば、次の文を見てください。

BEFORE

（5）通勤電車の中で誰かが私の足を踏んだ。あまりの痛さにその場にうずくまった。見かねた人が私に席を譲った。ありがたく座った。

BEFORE（5）の文は、主語が「誰か」⇒「私」⇒「見かねた人」⇒「私」と交替が激しく、かつ、誰の視点から見た文なのかが一貫しません。そのため、読みにくくなっています。

AFTER!

（5）通勤電車の中で誰かに足を踏まれた。あまりの痛さにその場にうずくまった。見かねた人が私に席を譲ってくれた。ありがたく座らせてもらった。

AFTER（5）は「踏まれた」「譲ってくれた」「座らせてもらった」という受身表現や授受表現を使って「私」という視点から見た表現で一貫させています。その結果、文章が読みやすくなっています。

授受表現や受身を使わなくても、語彙自体が視点を表す性格を持っていることもあります。次の前後の2文は同じ内容を表した文で、スポーツの話題でよく現れるタイプの文です。

BEFORE

（6）前日の試合では開始1分で負けたが、翌日の試合では完勝した。

（7）後半からは風上に立ち、一方的に攻めたてた。

（8）司令塔の10番、ミッドフィルダーが前線の選手にパスを出した。

AFTER!

（6）前日の試合では開始1分で勝ったが、翌日の試合では完敗した。

（7）後半からは風下に立ち、防戦一方となった。

（8）前線の選手が司令塔の10番、ミッドフィルダーからパスを受けた。

勝敗の決着がついた内容を描写する場合、（6）のように「勝つ」

か「負ける」かのいずれかを選択しなければなりません。書き手は主語に視点を寄せて語ります。すなわち、主語に来るものは自分自身か、自分に近い存在です。例えば、日本語における国際戦のスポーツ実況ではかならず日本チームが主語に置かれます。しかし、これは言語によって異なっており、中国語の場合、かならずしも中国チームが主語に置かれるとはかぎりません。日本語は主語に極端に視点を寄せる言語なのです。

　(6) の「勝つ」か「負ける」かのほか、(7) の「攻める」か「守る」か、さらには同じチーム内でも (8) のようにパスを「出す」か「受ける」かはどちらに視点を寄せるかによって表現選択が異なってくることがわかります。

　こうした現象は、スポーツのほか、経済的な取引の文脈にもよく現れます。

BEFORE

　(9) 駅前の一等地にある不動産を売却した。

　(10) 商品の代金をポイントで全額支払った。

　(11) コンサートのチケットを今週発送した。

AFTER!

　(9) 駅前の一等地にある不動産を購入した。

　(10) 商品の代金をポイントで全額受け取った。

　(11) コンサートのチケットを今週受領した。

　経済活動は売り手と買い手のやりとりによって成り立っています。つまり、サービスを提供する側とサービスを受ける側があるわけです。(8) の「売る」側と「買う」側、(9) の「支払う」側と「受け取る」側、(10) の「発送する」側と「受領する」側といった対もまた、売り手の側に立つか、買い手の側に立つかよって、語彙の選び方が反対になります。自分がどちらの立場に寄せて語るかによっ

て、読み手の共感が違ってきます。

　ここまでは、主語と述語の「する・される」関係によって決まる表現を見てきましたが、それ以外でも視点に関わる表現は存在します。特に、空間を表す表現は視点と強い関わりを有します。その典型が指示語「こ」「そ」「あ」です。「こ」は視点のある人物から近い場所、「あ」は遠い場所を表します。一方、「そ」は中間の場所や別の人物に近い場所を示します。

BEFORE

　（12）北海道の富良野にやってきた。やっぱり俺の地元の埼玉より、富良野のほうが断然涼しいなあ。

　これに、指示語を入れると、空間性がとたんに際立ちます。

AFTER!

　（12-1）北海道の富良野にやってきた。やっぱり俺の地元の埼玉より、こっちのほうが断然涼しいなあ。
　（12-2）北海道の富良野にやってきた。やっぱりあっちより、こっちのほうが断然涼しいなあ。

　「富良野」という言葉を繰り返す代わりに、「こっち」という言葉を一言入れるだけで旅に出ているという臨場感が出ます。地元の埼玉を「あっち」としてしまうと、場所がどこだかわからなくなってしまいますが、わかる人にとってはさらに臨場感が増します。「こっち」と指示語「こ」を使えば近くを、「あっち」と指示語「あ」を使えば遠くをイメージさせます。また、「そっち」の場合、「そっちはどう？　涼しい？」のように、指示語「そ」を使えば読み手のいる場所を表せます。

　指示語は空間だけでなく、時間も表します。自分から近い時間は「こ」、遠い時間は「あ」、自分と関わりの薄い時間は「そ」で表し

ます。特に「あ」は、読み手と共有していた過去の記憶を指しますので、共感を得たいときによく使われます。

BEFORE

（13）学生時代に毎日のように通っていた喫茶店、今でも懐かしく思い出すことがある。

（13）のように書くと普通の表現でも、次のように書くと記憶が蘇るような印象を与えることができます。

AFTER!

（13）学生時代のあのころ、毎日のように通っていたあの喫茶店、今でも懐かしく思い出すことがある。

空間を表す表現にはほかに「行く」「来る」があります。視点人物に近づいてくる動きが「来る」、反対に遠く離れていく動きが「行く」です。

BEFORE

（14）愛犬のポチとボール投げをして遊んでいたら、ボールと一緒にかわいいものを運んだ。

（14）は愛犬と仲良くたわむれる雰囲気が出ている文ですが、文末がどこか物足りない印象があります。このように直してみてはどうでしょうか。

AFTER!

（14）愛犬のポチとボール投げをして遊んでいたら、ボールと一緒にかわいいものを運んできた。

「運んできた」とすることで、ボールとかわいい何かをくわえた愛犬が自分のほうに向かってやってくるかわいさが伝わってきます。

「〜してくる」「〜していく」という方向性を表す表現が入ると、自分を中心に近づく方向性、遠ざかる方向性が見えてきますので、描く内容が立体的に見えてきます。

　「行く」「来る」という表現もやはり時間に転用することが可能です。過去から現在に向かう時間が「来る」、現在から未来に向かう時間が「行く」です。

BEFORE

　（15）これまで歩んだ20年間の作家生活をここで振り返り、一人の物書きとして生きるこれからの道のりをあらためて考えてみたい。

　（15）は、これはこれで成り立つ文ですが、時間的な動きに乏しいのが残念です。「来る」「行く」を活用すると、次のように時間に動きが生まれます。

AFTER!

　（15）これまで歩んできた20年間の作家生活をここで振り返り、一人の物書きとして生きていくこれからの道のりをあらためて考えてみたい。

　授受表現や受身表現などの「する・される」関係の表現、指示語や「行く」「来る」の空間の表現以外に視点を明確にするのはモダリティ表現です。視点を表す代表的なモダリティ表現には「そうだ」「ようだ」「らしい」があります。

BEFORE

　（16）パートナーを亡くした我が家のインコは寂しい。

　（16）では「インコは寂しい」と言いきっていますが、実際にインコが寂しいかどうかはインコの身になってみないとわかりません。

井伏鱒二の名作『山椒魚』の冒頭、「山椒魚は悲しんだ。」はあえて
山椒魚の視点になりきって見せているわけですが、それは文学的な
特殊な効果を狙ったものでしょう。通常は次のようにするほうが日
本語としては自然です。

（16）パートナーを亡くした我が家のインコは寂しそうだ。

　同じような理由で、次の文は不自然に見えます。

（17）部長はバブル時代の熱気が今でも忘れられない。

　モダリティ表現は視点が外にあることを表す標識で、当人の身に
なってみないとわからないことは、やはりモダリティ表現が必要に
なります。

（17-1）部長はバブル時代の熱気が今でも忘れられないようだ。
（17-2）部長はバブル時代の熱気が今でも忘れられないらしい。

まとめ

　視点を表す表現には、授受表現や受身表現などの「する・さ
　れる」関係を表す表現、指示語「こ」「そ」「あ」や「行く」「来
　る」などの空間を表す表現、「ようだ」「そうだ」「らしい」
　などのモダリティ表現などがあります。

　共感を生みだすには、上記の視点を表す表現を用いて視点の
　ありかを明確にし、視点の一貫性を保つことが大事です。

1. 文体の基本的な考え方

　文章のスタイルや書きぶりのことを「文体」といいます。読み手や目的に応じたふさわしい文体に整えるコツをご存じでしょうか。ここでは、「硬めの文体」「軟らかめの文体」「くだけた文体」「語りかける文体」の四つを軸に文体の特徴について考えます。

チェックポイント

① 「硬めの文体」「軟らかめの文体」と感じさせる表現はどのようなものかわかりますか？

② 「くだけた文体」「語りかける文体」と感じさせる表現はどのようなものかわかりますか？

　はじめに、楠山正雄の「桃太郎」と芥川龍之介の「桃太郎」を例に「硬めの文体」と「軟らかめの文体」の違いを確認してみましょう。

（1）楠山正雄「桃太郎」『日本の神話と十大昔話』講談社（1983）
　むかし、むかし、あるところに、おじいさんとおばあさんがありました。まいにち、おじいさんは山へしば刈りに、おばあさんは川へ洗濯に行きました。
　ある日、おばあさんが、川のそばで、せっせと洗濯をしていますと、川上から、大きな桃が一つ、
「ドンブラコッコ、スッコッコ。
　ドンブラコッコ、スッコッコ。」
と流れて来ました。
（2）芥川龍之介「桃太郎」『芥川龍之介全集 5』筑摩書房（1987）
　むかし、むかし、大むかし、この木は山谷を掩った枝に、累々

と実を綴ったまま、静かに日の光りに浴していた。一万年に一度結んだ実は一千年の間は地へ落ちない。しかしある寂しい朝、運命は一羽の八咫烏になり、さっとその枝へおろして来た。と思うともう赤みのさした、小さい実を一つ啄み落した。実は雲霧の立ち昇る中に遥か下の谷川へ落ちた。谷川は勿論峯々の間に白い水煙をなびかせながら、人間のいる国へ流れていたのである。

（1）が軟らかめ、（2）が硬めと感じるのではないでしょうか。まずは、（1）には平仮名が多く、（2）には漢字が多いという違いが目立ちます。（1）に使われている数少ない漢字のうち、「刈」と「濯」以外は小学校で習う漢字です。一方、（2）には小学校で習わない漢字や、常用漢字以外の漢字も使われています。また、（1）には小学生がわかるような平易な語しか使われていませんが、（2）には大人でも難解だと感じる語が多いという違いも目立ちます。難解な語が多いほど、文章が硬く感じられます。

次に、文末に着目します。文末によって文体を区別する語に「敬体」（丁寧体）と「常体」（普通体）とがあります。「敬体」は「ですます体」あるいは「ですます調」ともいわれるように、文末に、「です」や「ます」などの丁寧な語を使う文体です。それ以外の文末が「常体」です。「常体」のうち、「である」を基軸にするものを「である体」「である調」、「だ」を基軸にするものを「だ体」「だ調」と呼ぶこともあります。（1）は「敬体」の文章です。（2）は「常体」の文章です。

次に、国立国語研究所のデータベース（『現代日本語書き言葉均衡コーパス』）にて、「くだけた文体」「語りかける文体」と判断された文章を例に、それぞれどのような文体であるのかを確認してみま

しょう。(3) は「くだけた文体」と判断された文章です。

(3) 山口洋子『男はオイ！女はハイ…』文藝春秋（1991）
　　最近流行りの通信販売。例の新聞の日曜版の裏面などに、克明にズラリと商品が写真などで広告してあるやつ。あれをば何となく眺めているうちに、どうしても欲しくなった商品があった。
　　よし、こいつひとついってやれとばかりすぐ電話にとびついた。
　　「ハイ、こちら──です」と出たのは、耳ざわりだけでわかるアルバイトギャルの声。

「くだけた文体」との印象を与える文章には、硬い文章の「書き言葉」としては使わないような「話し言葉」が多く使われています。例えば、(3) でいえば、「ズラリと」「やつ」「よし」「こいつ」「やれ」「電話にとびつく」「耳ざわり」「ギャル」などのような、くだけた語、ぞんざいな語です。また、「話し言葉」によく現れる「縮約形」が多用されるとくだけた印象が増します。例えば、「ている」を「てる」、「のだ」を「んだ」、「てしまう」を「ちゃう」、「でしょう」を「でしょ」となるのが縮約形です。

次の（4）が「語りかける文体」と判断された文章です。

(4) 須崎恭彦『５分間集中力トレーニング』ダイヤモンド社（2005）
心配性というのは、「リスクを予測できる」ということですから、ある意味素晴らしい能力の持ち主です。ただ、そこで終わってしまっていることが問題なのです。
　　それでは、どうすればいいのでしょうか。
・どうやったら、目の前のことを解決できるのか

166

　・何があったら、この問題を解決できるんだろうか
　・予防するためには、何をしたらいいのか
というふうに「解決するんだ」という気持ちで、目の前の出来事に取り組むことが、不安や心配性の解消方法です。「どうしよう」で終わるのではなく、ちょっと方向性を変えてみるだけで、集中に与える影響は変わるということを覚えておいてください。

　（4）では、「どうすればいいのでしょうか」という問いかけや、「覚えておいてください」との呼びかけがあり、語りかけられているという印象を持ちます。これらのほか、「あなた」「みなさん」といった語や、文末に「ね、よ、よね、だろう、でしょう」などが多用されると、語りかけられているという印象が増します。

まとめ

✓ 漢字や難解な語を多く使い、文末に「である」や「だ」などの語を使うと「硬めの文体」になります。
平仮名や平易な語な語を多く使い、文末に「です」や「ます」などの語を使うと「軟らかめの文体」になります。

✓ 「話し言葉」を多く使うと「くだけた文体」になります。
問いかけや呼びかけを多く使うと「語りかける文体」になります。

2.　文体に合った文末の選び方

　論文・レポート、ビジネス文書、ビジネスメールでは、「話し言葉」のようなくだけた表現は排し、丁寧で「硬めな文体」に整えることが求められます。特に論文・レポートのような「硬めの文体」が難しいと考えている人は多いのではないでしょうか。ここでは、そうした「硬めの文体」を対象に、「文末」について考えます。

チェックポイント 🖊

① 「書き言葉」に「話し言葉」が混じらないよう意識していますか？
② 論文・レポートでは「硬めの文体」に合った文末を選んでいますか？

　論文・レポートを書く場合は、通常、「常体」（→p.165参照）の文末を用います。しかしながら、「常体」であればよい、ということでもありません。「常体」の文末でも、「話し言葉ではないか」、また、客観的に書かねばならない場合に「主観的になっていないか」の２点に気をつける必要があります。

　「話し言葉ではないか」で気をつけたい点は、「縮約形」の文末は論文・レポートでは用いないという点です。例えば、「てる」ではなく「ている」を用いる、「〜じゃない」「〜しちゃいけない」ではなく、「〜ではない」「〜してはいけない」を用いる、「（な）んだ」「（な）んである」ではなく、「（な）のだ」「（な）のである」を用いる、といった点に注意しましょう。

　「主観的になっていないか」で気をつけたい点は4.2.4「文末における自己の意見の説得的な述べ方」（→p.222参照）にもくわしく解説してあります。ここでは、実際の文章の修正例を通し、論文・レ

ポートのような場合は使わないほうがよい「常体」の文末の例を確認します。次の四つの例文を見てください。

BEFORE

（1）これまで述べてきたように、日本語は重要な情報を「後ろ」に配置する傾向をもつ言語なのである。

（2）カリキュラムには独立のメールの書き方といった科目がないのである。

（3）他人を尊敬し、情けをかければ自分にも同じようなことが戻ってくるはずである。それは他人のためだけでなく自分のためなのである。

（4）日本において、お辞儀は社会人として基本的な挨拶である。お辞儀は状況によって、頭を下げる深さが違ってくる。体の前で指をそろえ、背中はまっすぐにして腰を折るようにお辞儀するのである。

例文（1）～（4）は日本語学習者の大学生が書いた文です。「（な）のである」は強い断定表現のため、客観的な記述にはふさわしくありません。ネイティブの日本語教師は次のように修正しています。

AFTER!

（1）これまで述べてきたように、日本語は重要な情報を「後ろ」に配置する傾向をもつ言語である。

（2）カリキュラムには独立のメールの書き方といった科目がない。

（3）他人を尊敬し、情けをかければ自分にも同じようなことが戻ってくるはずである。それは他人のためだけでなく自分のためである。

（4）日本において、お辞儀は社会人として基本的な挨拶である。お辞儀は状況によって、頭を下げる深さが違ってくる。体の前で

指をそろえ、背中はまっすぐにして腰を折るようにお辞儀する。

次の（5）の例文は日本人の大学生が書いたレポートの文章の修正例です。日本語学習者だけでなく、日本人学生も「（な）のである」を過剰に使いがちです。

BEFORE

（5）高分子ゲルは、センサー機能・プロセッサー機能・アクチュエーター機能の三つの機能を持っているのだ。

AFTER!

（5）高分子ゲルは、センサー機能・プロセッサー機能・アクチュエーター機能の三つの機能を持っている。

「（な）のだ」「（な）のである」は、断定の意味が強い文末であるため、（1）〜（5）のように、客観的な記述の場合には不要です。

次の（6）も日本語学習者の大学生が論文に書いた文章です。修正したほうがよい文末はどれでしょうか。

BEFORE

（6）スポーツにルールがあるように、社内の生活にもルールがある。会社の一員となると、決められたルールや心得ておくべきマナーがある。自分勝手な行動をすれば、社内の秩序を乱すことになるかもしれない。それが原因で、信用を失ったり、仕事の進行を妨げたりするという結果になってしまう。

3文目と4文目の文末に注目してください。例えば、「乱すことになるかも」「結果になってしまうのでは」のように、途中で終わらせると、「話し言葉」のようになります。もちろん、実際はそうはなっておらず、「かもしれない」「なってしまう」あるいは「なってしまうのではないか」は、書き言葉として問題はありませんが、

実は、筆者に疑わしい気持ちや残念に思う気持ちがあることを表す主観的な書きぶりになっています。もちろん、論文やレポートにおいて疑問を呈する文章を主観的に記述する場合もあります。ですが、この（6）の例文の場合は、筆者の気持ちをはさまずに、より、客観的な記述にするほうがよいと考えられます。そのような場合、例えば、次のように修正することができます。

AFTER!

> （6）スポーツにルールがあるように、社内の生活にもルールがある。会社の一員となると、決められたルールや心得ておくべきマナーがある。自分勝手な行動をすれば、社内の秩序を乱しかねない。それが原因で、信用を失ったり、仕事の進行を妨げたりするという結果になり得る。

「かねない」は、「～しないとは言えない」「～しそうだ」という意味の語です。「得る」は「～する可能性がある」「～することができる」という意味の語です（→4.1.3「ジャンルに合った可能の表し方」p.198参照）。どちらも論文のような「硬めの文体」で客観的に書きたい場合に使える文末の語です。こういった語も効果的に使ってみましょう。

まとめ

 論文・レポートでは、「縮約形」ではない形で使いましょう。

 客観的な記述の場合には、強い断定や疑問、残念な気持ちの入る文末の使用は避けましょう。

3. 文体に合った接続表現の選び方

　接続表現には、文と文をつなぐ接続詞「しかし」や、句と句をつなぐ接続助詞「〜けれども」、さらには、連語「〜にもかかわらず」などがあります。接続表現の選び方で難しいのは文体との関わりです。論文・レポートの「硬めの文体」で「でも」や「けど」を見て、変だと感じたことはありませんか。ここでは、「硬めの文体」における接続表現の選び方について考えます。

チェックポイント

① 「書き言葉」に「話し言葉」が混じらないよう意識していますか？
② 論文・レポートでは「硬めの文体」に合った接続表現を選んでいますか？

　接続表現には、「話し言葉」で用いられやすいものと、「書き言葉」で用いられやすいものとがあります。「話し言葉」で用いられやすいものを論文やレポートで使うと、論理性に乏しいくだけた印象を与えてしまうため、使わないように気をつける必要があります。

　文と文をつなぐ接続表現から確認します。順接、逆接、添加、説明・補足、並列、選択、転換を表す例を順に見ていきます。はじめに、例文（1）と（2）を見てください。

BEFORE

（1）本研究は広告の言語特徴について調査分析したものである。だから、本研究はマーケティングの参考に資する。
（2）この調査では終助詞の性別差を明確に確認できなかった。けれども、それが存在しないわけではない。

（1）には順接の接続表現「だから」が使われています。この「だから」や「なので」「それで」は、論文では避けるほうがよい接続表現です。代わりに、「よって」「そのため」「ゆえに」「それゆえ」「したがって」「その結果」「そこで」などを使うのがよいでしょう。

（2）には逆接の「けれども」が使われています。「だけど」「けど」「けれ」「でも」は、いかにも「話し言葉」のようだとわかりやすいのですが、「けれども」や「ところが」は「書き言葉」寄りの印象があるかもしれません。しかし、これらもどちらかといえば「話し言葉」寄りの語です。論文やレポートには積極的に使わないほうが無難です。論文やレポートに合った逆接の接続表現は、「しかし」「だが」「しかしながら」です。修正例を確認しましょう。

（1）本研究は広告の言語特徴について調査分析したものである。よって、本研究はマーケティングの参考に資する。
（2）この調査では終助詞の性別差を明確に確認できなかった。しかし、それが存在しないわけではない。

次に、例文（3）〜（6）を見てみましょう。

（3）両言語に共通する点と相違する点とを明らかにする。それに、外国語学習への応用の可能性を探る。
（4）刀は先に平面を何度も打ち、次に、側面を何度も打つ。そうしてゆっくりと叩き固めていく。
（5）会話の構造分析を進めている。ただ、フィラーの扱いは保留にしている。
（6）「言葉遣い」は重要なマナーの一つである。なぜかというと、言葉によってコミュニケーションを図るからである。

例文（3）と（4）は、添加の接続表現の例です。「あと」「おまけに」「それと」「それに」「それから」は、「話し言葉」のようになるため使用を避け、代わりに、「さらに」「そのうえ」「そのほか」「なお」を使うとよいでしょう。同様に、「こうして」「こういう風にして」「そうして」「そういう風にして」は、使用を避け、代わりに、「このようにして」「そのようにして」を使いましょう。

　例文（5）と（6）は、説明・補足の接続表現の例です。「ただ」は「話し言葉」のようになるため使用を避け、代わりに、「ただし」を使うとよいでしょう。同様に、「なぜかというと」は使用を避け、代わりに、「なぜなら（ば）」を使いましょう。

AFTER!

（3）両言語に共通する点と相違する点とを明らかにする。さらに、外国語学習への応用の可能性を探る。

（4）刀は先に平面を何度も打ち、次に、側面を何度も打つ。そのようにしてゆっくりと叩き固めていく。

（5）会話の構造分析を進めている。ただし、フィラーの扱いは保留にしている。

（6）「言葉遣い」は重要なマナーの一つである。なぜならば、言葉によってコミュニケーションを図るからである。

　接続表現には、ほかに、並列、選択、転換を表すものがあります。これらには、「話し言葉」のようなものはあまりなく、論文やレポートに使えます。並列の接続表現は、「また」「ならびに」「および」「一方」です。選択の接続表現は、「あるいは」「または」「それとも」「もしくは」です。転換の接続表現は、「さて」「ところで」です。最後の「ところで」は少し「話し言葉」寄りのため、レポートや論文の扱う内容によっては使わないほうが無難かもしれません。

　最後に、句と句とつなぐ接続表現について確認します。

（7）ソフトウェア産業は知識が重要な位置を占める産業なので、人材は企業の失敗と成功を決めるかぎとなる。

　文中の「（な）ので」は「（だ）から」よりも落ち着いた表現ではありますが、「硬めの文体」ではやや使いにくい印象があります。「（である）ため」と言い換えるのがよいでしょう。

（7）ソフトウェア産業は知識が重要な位置を占める産業であるため、人材は企業の失敗と成功を決めるかぎとなる。

　同様に、「けれど」や「のに」は「が」へ（例：「同じ語であるけれど／のに」→「同じ語であるが」）、「し」は「ば」へ（例：「〜と読むときもあるし、」→「〜と読むときもあれば」）、「って」は「としても」へ（例：「全部読んだってわからない」→「全部読んだとしてもわからない」）のように言い換えるとよいでしょう。

まとめ

 接続表現には、「話し言葉」で用いられやすいものが多くあり、それらを論文やレポートで使うとくだけた印象を与えてしまうため、使わないように気をつけましょう。

 順接、逆接、添加、説明・補足、並列、選択、転換の意味と、文体を意識してふさわしい接続表現を選択するようにしましょう。

4. 文体に合った副詞の選び方

　副詞は、大きく「状態の副詞」「程度の副詞」「陳述の副詞」の三つに分類されます。その三つのどれも「話し言葉」で使われるものと「書き言葉」で使われるものを含み、その選択には文体的な配慮が必要です。ここでは、論文・レポートの「硬めの文体」を対象に、文体に合った「副詞」の選び方について考えます。

チェックポイント ✏️

① 「書き言葉」に「話し言葉」が混じらないよう意識していますか？
② 論文・レポートでは「硬めの文体」に合った副詞を選んでいますか？

　先の接続表現と同じく、副詞にも、「話し言葉」で用いられやすいものと、「書き言葉」で用いられやすいものとがあります。

　はじめに「状態の副詞」から確認します。まず、状態の副詞にはオノマトペがありますが、オノマトペは、論文やレポートでほとんど使いません（→6.2.「オノマトペの使い方」p.346〜参照）。例えば、「ドキドキする」なら「緊張する」と書き、「びっくりする」なら「驚く」と書くようにします。次の例文を見てください。

BEFORE

（1）きちんと行列を作り、自分の順番まで待つことができる。
（2）外国文化がだんだん流入してきた。

　例文（1）の「きちんと」や（2）の「だんだん」も実はオノマトペです。（1）に似たものに、「しっかり」「ちゃんと」がありますが、これらもオノマトペです。これらの場合は、「整然と」「十分に」「慎

重に」「欠かさず」「極力」などを使うとよいでしょう。（2）に似た
ものには「どんどん」があります。こちらはオノマトペだとわかり
やすいかもしれません。「だんだん」は、「次第に」や「徐々に」な
どと言い換えることができます。また、「どんどん」は「急速に」
や「勢いよく」などと言い換えることが可能です。

（1）整然と行列を作り、自分の順番まで待つことができる。
（2）外国文化が徐々に流入してきた。

　オノマトペ以外の「状態の副詞」で気をつけたいのは、例えば「す
ぐ（に）」です。「すぐに応用が可能」ではなく「直ちに応用が可能」
というように、「直ちに」という言い換えができるとよいでしょう。

　次に「程度の副詞」を確認します。例文（3）〜（7）を見てみま
しょう。すべて程度を表す副詞ですが、およそ、例文（3）から（7）
に向かって次第に程度が高くなる順に並んでいます。

（3）ルビはちょっとしか使用していない。
（4）わりあい多くの人が利用する。
（5）参考文献をだいぶ調べた。
（6）絵文字の使用がすごく多い。
（7）それが一番多い回答である。

　まず、科学技術論文のような場合は、いずれの程度の副詞も使わ
ず、できるだけ具体的な数値で示すことを心掛ける必要があります。
程度の副詞で表される程度は主観的であり、解釈の幅を生むからで
す。もし、副詞を使うのであれば、「程度の副詞」には「話し言葉」
のようになってくだけた印象を与えてしまうものが多くあるため、

十分に注意が必要です。5段階で確認してみましょう。

　「低度」の場合、「ちょっと」「少し」「少々」を避け、「わずか（に）」「若干」「少数」「少なく」を使うとよいでしょう。「中度」の場合、「わりあい」「けっこう」「なかなか」「だいたい」を避け、「比較的」を使うとよいでしょう。「やや高度」の場合、「だいぶ」「かなり」「ずいぶん」を避け、「相当」「一層」「一段と」を使うとよいでしょう。「高度」の場合、「とっても」「すごく」「ずいぶん」「いっぱい」「たくさん」「ずっと」は避けましょう。「とても」は「とっても」よりはくだけていないため、論文やレポートに使えないわけではありませんが、「話し言葉」寄りです。「書き言葉」として無難な副詞は、「非常に」「きわめて」「多数」「多く」「より」です。「最高度」では、「一番」を避け、「最も」を使うのがよいでしょう。

AFTER!

（3）ルビはわずかしか使用していない。

（4）比較的多くの人が利用する。

（5）参考文献を相当調べた。

（6）絵文字の使用がきわめて多い。

（7）それが最も多い回答である。

　最後に、「陳述の副詞」について確認しましょう。「陳述の副詞」は多くありますが、ここでは「話し言葉」に使いがちな例を確認します。例文（8）〜（10）を見てください。

BEFORE

（8）外国人旅行者はきっと日本の電車のアナウンスに驚くに違いない。

（9）たぶん、問題設定が簡単だったと考えられる。

（10）ユーザに注意点をできるだけ提示することが重要である。

178

　確信を述べる際に、「きっと」や「絶対」は「話し言葉」のようであるため、使用は避けましょう。「必ず」は「書き言葉」として使えます。ただし、100％そうであると言い難いような場合は確信度を下げ「おそらく」を使うか、あるいは、副詞の使用をやめ「の多く」「のほとんど」「の大半」とするなど工夫するとよいでしょう。推測を述べる際には、「たぶん」「ひょっとすると」「もしかすると」の使用を避け、「おそらく」を使いましょう。(10) は、「できるだけ」というよりは「なるべく」と言うほうが「書き言葉」寄りになりますが、さらに無難な表現は「可能な限り」です。

AFTER!

　(8) 外国人旅行者の多くは日本の電車のアナウンスに驚くに違いない。

　(9) おそらく、問題設定が簡単だったと考えられる。

　(10) ユーザに注意点を可能な限り提示することが重要である。

まとめ

✓ 副詞には、「話し言葉」で用いられやすいものが多くあり、それらを論文やレポートで使うとくだけた印象を与えてしまうため、使わないように気をつけましょう。

✓ 「状態の副詞」「程度の副詞」「陳述の副詞」の意味と、文体を意識して、その文脈に合ったふさわしい副詞を選択するようにしましょう。

5.　文体に合ったその他表現の選び方

　ここまでは、「接続表現」「副詞」を中心に、論文・レポートに合った表現の選び方を検討してきました。しかし、「接続表現」「副詞」以外の表現は文体の影響を受けないのでしょうか。ここでは、「接続表現」「副詞」以外の部分にも注目し、文体に合う表現とはどういうものかについて総合的に考えます。

チェックポイント

①　読み手や目的に応じたふさわしい文体に整えることを意識していますか？
②　文体に合う表現を選んでいますか？

　ここでは、論文・レポートを一度はなれ、その他のジャンル、具体的にはSNS・チャット、ビジネスメールの例でふさわしい文体の表現を考えてみましょう。「来週の都合を聞く」場合を想定した例文（1）〜（3）を見てください。

　　（1）来週、空いてる？
　　（2）来週、空いていますか？
　　（3）来週、空いていらっしゃいますか？

　（1）がくだけた表現です。「空いている」と書かず「空いてる」のように、「い」が省略される語は「縮約形」の一つです。「縮約形」は「話し言葉」ではよくありますが、文章に使うとかなりくだけているという印象を与えます（→p.166参照）。例えば、親しい友人へメールやLINEを書くときや、おしゃべりするような文体でブログ

を書きたいような場合には、このように縮約形を使うことはあるで
しょう。

　少し丁寧にしたい場合は、（2）のように「縮約形」をやめ、さら
に「です」「ます」をつける聞き方になります。

　目上の人、例えば先生やビジネス相手へのメールでさらに丁寧に
したい場合は、（3）のように文末に「いらっしゃる」という敬語を
使うことが考えられます。さらに、工夫してみましょう。

　　（4）来週のご都合はいかがでしょうか。

　「空いている」を使わず、また、「？」のような記号もつけず、（4）
のような聞き方をすると、より丁寧な印象を与えることができるの
ではないでしょうか。このように、時には、文末とそれ以外の部分
の両方に目配りをすることを心掛けるとよいでしょう。

　では、再び、論文・レポートの場合に戻ります。まずは「動詞」
に着目してみましょう。次の（5）や（6）は、大学生がレポートで
書いた実例です。

BEFORE

　　（5）高分子ゲルは、食品、工業製品、医療品というように幅
広く登場している。
　　（6）優位性を持っている主要な分野を見つけることが必要で
ある。

　「新製品が登場する」という言い方はよくされますが、このよう
なレポートの記述に「登場する」はふさわしくありません。「用い
られる」がよいでしょう。また、「見つける」は「話し言葉」です。
「見出す」がよいでしょう。この語は、「いだす」の部分を「出だす」
もしくは「出す」と書くのが正しく、「い出す」と書くのは誤りで

すので、十分に気をつけましょう。

（5）高分子ゲルは、食品、工業製品、医療品というように幅広く用いられている。

（6）優位性を持っている主要な分野を見出すことが必要である。

「動詞」では、ほかに、「かぶる」は「重なる」へ（例：「分類項目がかぶる」→「分類項目が重なる」）、「はまる」は「熱中する」「夢中になる」へ（例：「折り紙にはまる」→「折り紙に熱中する」）、「ばらける」は「ばらつく」へ（例：「測定値がばらける」→「測定値がばらつく」）言い換えるとよいでしょう。

次に、「形容詞」「形容動詞」「連体詞」に着目してみましょう。

（7）椅子の肘かけや背もたれにもたれかかったり、足を組んだりするのはまずい。

（8）いろいろな問題が取り上げられている。

（9）日本人はそんなことを理解している。

俗語といわれる「やばい」や「うざい」のような語を論文やレポートに用いることはまずないと思いますが、「まずい」「ひどい」「すごい」などもふさわしくないことに注意しましょう。「まずい」は「好ましくない」へ、「ひどい」は「激しい」へ、「すごい」は「はなはだしい」へ言い換えることができます。

「いろいろな」は「いろんな」という縮約形もあり、どちらも「話し言葉」です。「様々な」や、「多様な」「多岐にわたる」などへ言い換えましょう。

「そんな」のほか「あんな」「こんな」「どんな」などもあり、すべて縮約形です。縮約形は避けて、すべて「そのような」「あのよ

うな」「このような」「どのような」という形に言い換えましょう。「そうした」「ああした」「こうした」という言い換えも可能です。

(7) 椅子の肘かけや背もたれにもたれかかったり、足を組んだりするのは好ましくない。

(8) 様々な問題が取り上げられている。

(9) 日本人はそのようなことを理解している。

最後に気をつけたい「名詞」(「形容動詞」語幹)の例をあげます。例えば、「案外」や「意外」です。これらは「予想外」と言い換えるか、あるいは、「予想とは異なり」のように言い換えるのがよいでしょう。また、「本当は」「本当に」よりは、「実は」「実に」のほうが「書き言葉」らしいでしょう。「前に」は「以前」、「後で」は「以後」と言い換えるのがよいでしょう。

どのような語が論文やレポートにふさわしいかは、論説文を多く読むことで身につけていくことができます。書くためには読むことも大切です。

まとめ

 文体を整える際には、文末だけでなく、途中に出てくる要素にも目配りをし、読み手や目的に合った表現を選びましょう。

文体の影響は「接続表現」や「副詞」に限らず、「動詞」「形容詞」「形容動詞」「連体詞」「名詞」にも現れます。文体を意識してふさわしい表現を総合的に選択しましょう。

第3章 文体 3 文体の考え方

第
4
章

文法

1. 精度の高い助詞の使い方

　文章を書くとき、「で」を繰り返したり、「の」を連続して使ったりすることはありませんか？　「が」と「は」のいずれを使うべきかなどを悩むこともあるのではないでしょうか？　ここでは、同じ助詞の連続使用、助詞の使い分けやニュアンスについて考えます。

チェックポイント

① 「で」が繰り返される場合、どう言い換えればよいですか？

② 「〜の〜の〜」となる場合はどうすればよいですか？

③ 「〜は」で始まる文の主語と述語をどう対応させればよいですか？

④ 「は」と「が」はどう使い分けますか？

⑤ 「は」と「も」はどのようなニュアンスの違いがありますか？

　「で」は場所や手段・方法を表す助詞です。「で」の繰り返しを解消する方法として、「で」と置き換えられる複合助詞を使用するとよいでしょう。次の（1）で考えましょう。

BEFORE

　（1）番号と名前を入れたい場合は、ATMで現金で振り込みを行うと入力できます。

　（1）の場合、「ATMで」は場所を、「現金で」は手段・方法を表しています。いずれかの「で」を置き換えれば連続の問題が解消できます。場所の「で」を置き換えるとしたら、「ATMにおいて」にすることができます。もちろん、「ATMを用いて」「ATMに行って」などと動詞を使って修正することも可能です。手段の「で」を言い換える場合、「現金による」に言い換えて振り込みの修飾語にする

とよいでしょう。

（1-1）番号と名前を入れたい場合は、ATMにおいて現金で振り込みを行うと入力できます。

（1-2）番号と名前を入れたい場合は、ATMで現金による振り込みを行うと入力できます。

「で」だけでなく、「の」の連続使用の問題もよく起こります。「の」が三つ以上続いていると稚拙な印象を与えてしまうおそれがあるため、連続で使用する場合は、二つまでとしたほうがよいでしょう。「の」を3回以上連続して使っているとき、まずは「最新の技術」を「最新技術」にするように、省略できる「の」はないかを考えます。省略しても「の」の連続が解消しない場合は、代替の複合助詞などを用いて名詞との修飾関係を明確に示す必要があります。

BEFORE

（2）日本・米国・アジアの3地域の経済依存の関係

（2）の「日本・米国・アジアの3地域」は、「経済依存の関係」が存在する場所です。「経済依存関係」と短くすることもできますが、「3地域」に続く「の」を、出来事が起きたり状況が存在したりする場所を表す「における」と置き換えるのが有力です。それによって、「の」が連続する問題が解消するとともに、文章の改まり度も高まります。「における」は場所のほかに、時間や状況を表すこともできますので、「の」の代替表現として活用できるとよいでしょう。

AFTER!

（2）日本・米国・アジアの3地域における経済依存の関係

「における」以外は、「に対する」「に関する」も便利で、多くの

場合に使えます。例えば、(3) の「外国人の様々な問題」の「の」は「に関する」に置き換えるとよいでしょう。

（3）外国人の様々な問題の解決のための提案

　複合助詞だけでなく、動詞の連体形に置き換えることも「の」の連続使用を解消できる有効な手段です。例えば、(3) の「外国人の様々な問題」の「の」は「に関する」「に関連する」に置き換えが可能です。また、(3) の「解決のため」は、名詞の「解決」を動詞「解決する」にすれば、後ろに「の」をつける必要がなくなります。このように、「の」の前の名詞を動詞の連体形にすることも、「の」の連続使用を解消する方法の一つです。

（3-1）外国人に関する様々な問題を解決するための提案
（3-2）外国人に関連する様々な問題を解決するための提案

　上述した方法以外では、例えば、場所を表す「の」ならば、「にある」「にいる」「に存在する」に言い換えが可能であり、所有・所属を示す「の」の場合、「が持っている」「が所有する」「が所属する」に置き換えられます。「の」の意味に応じ、代わりとなる適切な動詞を使うとよいでしょう。

　ここからは、「は」「が」「も」の使い方について考えます。

　まずは、「〜は」で始まる文の注意点です。長い文を書くとき、書いているうちに、もともと考えていた文の構造を忘れてしまい、文のねじれが起きることがあります。後述する4.1.2「主語と相性のよい受け身の使い方」（→p.194参照）で、受身の不使用による文のねじれの例もあげますが、それ以外のパターンもあります。

BEFORE

　（4）幼児の交通事故を防止するために必要なのは、遊び場や交通環境を改善するとともに、保護者をはじめとする大人に対して、幼児の交通安全についての啓発と指導を徹底します。

　（4）は恐らく、「遊び場」以降の長い述語を書いているうちに「必要なのは」で文を始めたことを忘れてしまったのでしょう。述語が長い場合、文のねじれが起こりやすいので、主語との対応関係を常に意識する必要があります。（4）は「〜必要なのは」で始まっているため、述語を名詞で終わるようにしなければなりません。例えば、「徹底します」を「徹底することです」とするとよいでしょう。

AFTER!

　（4）幼児の交通事故を防止するために必要なのは、遊び場や交通環境を改善するとともに、保護者をはじめとする大人に対して、幼児の交通安全についての啓発と指導を徹底することです。

　もう一つ見てみましょう。

BEFORE

　（5）社会が高齢化する要因は、人の寿命が延びていることと子どもが生まれないことによる。

　「必要なのは」と同様に、「要因は」で文を始めた場合、名詞で文を終わらせないと、文が落ち着きません。（5）では「による」が不要であり、「ことだ」で終わらせれば名詞と名詞の組み合わせになりますが、「にある」と存在文で示したり、主語と述語を逆転させたりしたほうが落ち着きそうです。このようなねじれが生じたのは、「要因は」で書き続けている途中で、「社会の高齢化は〜によるものだ」という別の述べ方を思い浮かべたためではないかと推察されます。文を書く途中、もとの計画を変更したくなるのはよくあること

ですが、変えるのであれば、なおさら文の始まりと終わりが一貫するように注意しなければなりません。(5) の場合、「による」の述べ方を採用するのであれば、文の始まりを「社会の高齢化は」とし、文の終わりを「によるものだ」にするとよいでしょう。

AFTER!

(5-1) 社会が高齢化する要因は、人の寿命が延びていることと子どもが生まれないことにある。

(5-2) 人の寿命が延びていることと子どもが生まれないことが、社会が高齢化する要因である。

(5-3) 社会の高齢化は、人の寿命が延びていることと子どもが生まれないことによるものである。

　この種のパターンは、「〜とは」で始まる定義文でも起こりがちです。「〜とは、…することです」とすべきところを、「〜とは、…します」などと動詞で終えてしまうような、主語と述語の対応関係がズレてしまう例がよく見られます。この種の主語で始まる場合、主語と述語が対応しているかに常に注意を払いましょう。

　「は」を使うとき、「が」と適切に使い分けることも重要です。使い分けのコツの一つに、「は」と「が」の修飾範囲の違いがあります。「は」は修飾範囲が広く、直後の述語を超え、文末の述語までかかっていきます。それに対して、「が」は修飾範囲が節の中に収まり、直後の述語にかかることが多いです。この修飾範囲の違いを意識すれば、(6) の「は」と「が」の使い方の問題がわかります。

BEFORE

(6) 海洋プラスチックごみは海中の生態系に大きな悪影響を与えることは、50年以上前から研究者らによって指摘されていた。近年になって、海洋汚染の深刻さは増し、生態系への影響は可視化されたことで、ようやく注目を浴びるようになった。

一つ目の文では、文末の述語が「指摘されていた」になっているので、「指摘されていた」に対応する主語が必要です。文の前半では、「海洋プラスチックごみは」と「悪影響を与えることは」の2か所に「は」が使われています。このどちらが主語でしょうか。前者「ごみ」ではなく、後者「悪影響」です。つまり、「海洋プラスチックごみ（　）海中の生態系に大きな悪影響を与えること」の節全体が文末の述語「指摘されていた」に対応する主語です。「海洋プラスチックごみ」はこの長い節の中で直後の述語「悪影響を与える」に対応しているだけであり、文末の「指摘されていた」まではかかっていません。したがって「海洋プラスチックごみ」の後ろに「は」ではなく「が」を使うのが適切です。

　二つ目の文は、「海洋プラスチックごみの悪影響は以前から指摘されていた」という内容に続いているものであり、文末の述語が「注目を浴びるようになった」になっています。前文脈と文末の述語から、この文は「（海洋プラスチックごみの悪影響は）海洋汚染の深刻化と生態系への影響の可視化により、ようやく注目を浴びるようになった」ということを述べようとしているものと推測できます。「海洋汚染の深刻さ」と「生態系への影響」はいずれも直後の述語「増す」「可視化される」までしかかかっておらず、文末の「注目を浴びるようになった」までは修飾していません。一つ目の文の「海洋プラスチックごみが」と同じく、2か所の「は」はいずれも「が」を使うべきでしょう。

AFTER!

（6）海洋プラスチックごみが海中の生態系に大きな悪影響を与えることは、50年以上前から研究者らによって指摘されていた。近年になって、海洋汚染が深刻さを増し、生態系への影響が可視化されたことで、ようやく注目を浴びるようになった。

191

助詞には特殊なニュアンスをもつものもあります。使うと効果的な場合もありますが、余計なニュアンスを帯びているため人間関係を悪くすることもあり、不要な使用には要注意です。まずは、「も」の例を見ましょう。

（7）は商品の納品遅れに対する抗議の文書の一部です。5日の遅延について「5日遅れて」と表現されています。

BEFORE

（7）〇月〇日付けで発注し、×日を納期としておりました商品△△は、電話による再三の問い合わせ、督促にもかかわらず、納期に5日遅れて届けられました。

ここで累加のニュアンスをもつ「も」を使い「5日も遅れて」と書くと、大幅な遅延を強調し、文面で不満を漂わせる効果が出ます。

AFTER!

（7）〇月〇日付けで発注し、×日を納期としておりました商品△△は、電話による再三の問い合わせ、督促にもかかわらず、納期に5日も遅れて届けられました。

この「も」のニュアンスは抗議の文面では活かせるものですが、誕生日プレゼントのお礼メールで「3日遅れで誕生日の花束が自宅に届きました」を「3日も遅れて」としてしまうと、「ありがとう」の気持ちが非難に変わってしまいますので、注意が必要です。

「は」も余計なニュアンスを帯びることがあります。「は」には、「犬は好きだが、猫は嫌いだ」のような対比の用法があり、この対比の用法が余計なニュアンスを生み出すことがあります。

BEFORE

（8）以上、私見を申しましたが、傷つけるような表現がありましたことはお詫び申し上げます。

　「は」がある（8）は、表現は悪かったものの、私見を申したこと自体に問題はなく、内容自体は正当であるという開き直った表現と捉えられてしまうおそれがあります。このように、「は」は対比の用法があるため、余計なニュアンスが出ていないか、気をつける必要があります。（8）の謝罪においては「は」を取ることで、「表現以外は悪くない」といったニュアンスが付加されなくてすむでしょう。

AFTER!

　（8）以上、私見を申しましたが、傷つけるような表現がありましたことをお詫び申し上げます。

まとめ

 過剰な「で」の代わりに「によって」「において」を使います。

 「の」の代わりに「～における」のような複合助詞や動詞の連体形を使います。

 「～は」で始まる文の主語が述語に対応しているかを確認しましょう。

 近くの述語を修飾する場合は「が」、遠くの述語を修飾する場合は「は」を使います。

「は」「も」の余計なニュアンスが出ていないかを確認しましょう。

2. 主語と相性のよい受身の使い方

　日本語では、「太郎は花子をたたいた」のように、「たたく」という動作を行う人を主語にして述べることもあれば、「花子は太郎にたたかれた」のように、動作を受ける人や事物を主語に立て、受身で表現することもあります。ここでは、主語と述語の対応および受身の使用について考えます。

チェックポイント

① 主語と述語がうまく対応しないときはどうしますか？
② 一つの文の中で主語を変えても大丈夫ですか？
③ 事柄を客観的に述べたいときはどうしますか？

　文を書くとき、主語と述語が対応するように注意しないと、ねじれが生じてしまいます。事物を主語に据えているものの、述語に受身の形式を使っていないのが、よくある文のねじれの一つです。

BEFORE

　（1）この問題を解決するための技術が開発した。

　「技術」は人間が「開発する」ものです。そのため、（1）は「が」を「を」にして「技術を開発した」と表現する、あるいは「技術」を主語に立てるならば、受身を使い、「技術が開発された」とするのが正しい表現です。

AFTER!

　（1-1）この問題を解決するための技術を開発した。
　（1-2）この問題を解決するための技術が開発された。

文章を書いているときは、同じ事柄でも違う表現にしたほうがよいかと途中で思いつくことがよくあります。（1）はおそらく「技術を開発した」と「技術が開発された」の二択で迷いながら、修飾語の「この問題を解決するための」をつけていくうちに、「開発した」を置き去りにしてしまったのでしょう。このように、主語と述語の片方だけ変えると、ねじれ文になってしまいます。こうしたねじれを防ぐために、文を書くときは、主語と述語が対応しているかを常に確認しましょう。

　「技術が開発した」のような短い文であれば、主語と述語の非対応の問題にはすぐ気づくでしょう。しかし、文が長くなるにつれ、特に文中で主語を変えて述語を対応させると、文の齟齬（そご）が生じてしまうことがあります。この点についても要注意です。

BEFORE

　（2）国土交通省は2月より危険なバス停について調査しており、全国約40万か所のバス停の調査結果が公表された。

　（3）特殊詐欺の被害を防ごうと、広報啓発動画が作成され公開された。

　（2）では、前半の主語は「国土交通省」と述語の「調査しており」と対応しており、後半の主語の「調査結果」と述語の「公表された」も対応しています。しかし、必要性がないにもかかわらず、一つの文の中で主語を変えているため、文の一貫性が低くなっています。（2）の場合、主語を変更する必要はなく、「調査結果を公表した」で締めくくると自然な文になります。

　（3）の「防ごうと」からは、警察などの主語が連想できます。文の後半の主語が「広報啓発動画」なので、前後の主語が不一致の問題があります。改善案として、（3-1）のように、「防ごうと」の代わりに「防ぐために」にすれば、問題が解消します。あるいは、

（3-2）のように、受身を使わず、「警視庁が広報啓発動画を作成し公開した」にすれば、前後の主語を統一することができます。

AFTER!

（2）国土交通省は2月より危険なバス停について調査しており、全国約40万か所のバス停の調査結果を公表した。

（3-1）特殊詐欺の被害を防ぐために、広報啓発動画が作成され公開された。

（3-2）特殊詐欺の被害を防ごうと、警視庁が広報啓発動画を作成し公開した。

（1-2）でわかるように、主語と対応させる方法の一つとして、受身を使って述語を調整することができます。もちろん、述語に受身を使用する以外の方法もありますが、事柄を客観的に述べたいときは、受身を使うと効果的です。次の例で見てみましょう。

BEFORE

（4）この最新通信システムは世界でも実用化事例がないため、大きな成果を期待している。

（5）大学生の学力低下の原因として、「ゆとり教育」による履修科目数減少、授業時間数減少、大学入試の受験科目数減少、大学入試の多様化、少子化による18歳人口の減少などがある。

（4）は「成果を期待する」と書いても文法の間違いはありません。ただし、「成果を期待する」は書き手の「私」の考えを示している主観的な表現です。もし書き手の個人の意見であることを主張したくなければ、受身を使って「成果が期待される」と表現すると、社会一般の期待という感じが強まり、より客観的な表現になります。

（5）の「ある」という表現では、「私」が考えている原因なのか、それとも「私」以外が考えている原因なのか、その区別ができませ

ん。書き手の考えではなく、例えば、ほかの調査報告による結果であるということを示したい場合、受身の「あげられている」を使えば、「私」の考えが含まれている可能性を排除することができます。

このように、受身は主語に対応させる手段だけでなく、表現の客観性を高めることができる方法の一つでもあります。特に論説文では書き手の「私」を消し、より客観的に述べることが必要な場合が多いものです。そこで、事柄を客観的に述べたい場合、表現の選択肢の一つとして受身を考えてみましょう。

（4）この最新通信システムは世界でも実用化事例がないため、大きな成果が期待されている。

（5）大学生の学力低下の原因として、「ゆとり教育」による履修科目数減少、授業時間数減少、大学入試の受験科目数減少、大学入試の多様化、少子化による18歳人口の減少などがあげられる。

まとめ

 述語に受身「〜れる」「〜られる」を使って主語に対応させます。

 一文内ではできるだけ主語を変えないほうがよく、その際、述語で受身の使用または不使用で調整します。

 受身を使うと事柄を客観的に表現できます。

3.　ジャンルに合った可能の表し方

　文章で可能や実現の意味を表すときに使われるのが可能表現です。ここでは、主にジャンルによる可能形式の違いとその意味上の特徴について考えます。

チェックポイント

① 「書ける」と「書くことができる」の違いはなんですか？
② 「し得る」はどんなときに使いますか？
③ 「ら抜き言葉」は文章でも使えますか？

　日本語の代表的な可能表現といえば、次の形式があげられます。

Ⓐ動詞の可能形

　「書ける」「読める」「食べられる」「見られる」「来られる」など

Ⓑ「できる」、「(する) ことができる」がつく形式

　「運転できる」「運転することができる」など

Ⓒ「し得る」がつく形式

　「あり得る」「理解し得る」など

　Ⓐ〜Ⓒの可能表現の間の意味的な違いはそれほど大きくはありませんが、可能動詞は話し言葉的で会話文に多く使われるのに対し、「(することが) できる」は書き言葉的で論理的な説明文によく使われるといった文体的な特徴が見られます。

　では、SNSであるモノや場所などをお勧めしたいとき、次のような言い方はできるでしょうか。

BEFORE

　（1）この靴はまあまあ履くことができる。
　（2）この酒はなかなかいくことができる。

どこか落ち着かないのではないでしょうか。人にものを勧めるときは、「このペンは書けるよ」などのように動詞の可能形を使います。（1）も（2）も、書き手による動作対象への評価を表すので、動詞の可能形にする必要があります。

（1）この靴はまあまあ履ける。
（2）この酒はなかなかいける。

　こうした動詞の可能形は、フランクな感じで評価を伝えるものですので、書くときはあらたまった場での使用ではなく、SNSのようなくだけた媒体での使用に適した表現です。
　一方、あらたまった文体に適した「し得る」という表現があります。しかし、次の例文では、「し得る」を使うと不自然になります。

（3）田中は100メートルを10秒台で走り得る。
（4）この魚は食べ得ない。

　「し得る」は、一般に「出来事の起こる確率や見込み」を表すことが多く、例（3）のような動作主体の能力、（4）のようなモノの性質による実現可能性を表す可能表現には使いにくいです。

（3）田中は100メートルを10秒台で走れる／走ることができる。
（4）この魚は食べられない／食べることができない。

　では、「し得る」はどんなときに使えるのでしょうか。動詞の可能形や「できる」は基本的に主語の意志でコントロールできる意志的な動詞が使われるのに対し、「し得る」は無意志的な動詞や意志性の低い動詞につくことが多いという特徴があります。次の文の前

第4章　**文法**　1　文型の選び方

199

後を比べると、AFTERの表現のほうが、すわりがよいでしょう。

（5）人生は考え方を変えるだけで、意味あるものへと変われる／変わることができる。

（6）当社従業員は、業務上知れた／知ることができた個人情報の内容をむやみに第三者に開示致しません。

（5）人生は考え方を変えるだけで、意味あるものへと変わり得る。

（6）当社従業員は、業務上知り得た個人情報の内容をむやみに第三者に開示致しません。

「し得る」は他の形式に比べ生産性が低いものの、硬い書き言葉には適した表現です。

可能表現において、「ら抜き言葉」はしばしば注目されます。一段活用の動詞の「れ」の前の「ら」が脱落した言い方で、「見れる」「出れる」「食べれる」「起きれる」などのことです。

これは、五段活用の動詞において受身・尊敬・自発と異なる可能形が存在するように、一段活用の動詞でも異なる可能形を作り出そうとする可能表現の体系的な変化であり、文化庁の調査でも多くの人が話し言葉では自然だと判断しています。しかし、書き言葉では不自然に見えることが多く、特に語形の長さや活用形によっては、「ら抜き言葉」は舌足らずに感じられます。

（7）明日は就職活動があるため、授業に出れません。

（8）集合時間までに来れない場合は、あらかじめご連絡をお願いします。

「ら抜き言葉」は、あらたまった場や文書を書く際に使うと稚拙な印象を与えますので、(7)、(8)のように、丁寧に言葉を伝えるときは「ら抜き」は避けるほうが賢明です。特に、レポートやビジネス文書などに使うと違和感を与えることになります。

(7) 明日は就職活動があるため、授業に出られません。
(8) 集合時間までに来られない場合は、あらかじめご連絡をお願いします。

「ら抜き言葉」は、話し言葉では一般的で、もはや「言葉の乱れ」とは言い難いですが、形式を重視する書き言葉では、現時点ではまだ避けたほうがよい表現だと考えられます。

まとめ

☑ 「書ける」のような動詞の可能形はくだけた文体で、「書くことができる」はよりあらたまった文体で使います。

☑ 「し得る」は硬い文体で用いられる表現で、意志性の低い動詞とともに可能性を含んだ意味でよく使います。

☑ 「ら抜き言葉」は会話では自然ですが、あらたまった文体には不向きです。ビジネス文書や論文・レポートを書くときは使わないほうが賢明です。

4.　自然と起こる感情や思考の表し方

　自分が意図したわけではないのに、ひょっとしたきっかけで自然と昔のことが思い出されたり、急に恋しく感じられたりしたことはありませんか。ここでは、動作主体の意図なしで自然に起こる気持ちや思いを表す「自発表現」について考えます。

チェックポイント

① 自発表現とは、どのような表現でしょうか？
② 自発表現を使うと、どのような効果が得られますか？
③ 「笑える」「泣ける」「思える」なども自発表現ですか？

　まず、次の例文を見てください。日本語として間違ってはいないのですが、どこか落ち着かない感じはないでしょうか。

BEFORE

（1）満開の桜を見ると、あの映画の名場面を思い出す。
（2）肝心のパソコンが使えず、コーヒーをこぼした失態を悔む。

　上の例文は、書き手の意志で名場面を思い出したり、失態を悔やんだりしているように見えます。しかし、本人が意識しなくても、こうした感情は自然に沸き起こるものではないでしょうか。そう考えると次のようにできます。

AFTER!

（1）満開の桜を見ると、あの映画の名場面が思い出される。
（2）肝心のパソコンが使えず、コーヒーをこぼした失態が悔やまれる。

「思い出される」や「悔やまれる」のような自然な感情が誘発される表現を「自発表現」といい、五段活用の動詞では「思われる」のように「れる」が、一段活用の動詞では「感じられる」のように「られる」がつく形で表されます。主語の意志とは無関係に、自ずと成り立つ事態であるため、他動詞の場合、助詞は「を」から「が」に変わります。こうした表現は自然と沸き起こる感情を示すのに適しています。

一段活用の動詞では、「られる」の形で、自発、可能、受身、尊敬のいずれも表すため、文脈がなければどの意味なのかが判断しにくい場合があります。しかし、このうち自発表現はほかの表現と違って他人の感情や思考を書き手が代わりに語ることができないため、書き手本人が動作主体となります。自発表現の場合、一人称の動作主体（書き手）は文の中で省略されます（□□は、動作主体）。

（3）実験結果からこの物質は窒素化合物と考えられる。（自発）
（4）それくらいなら 子ども でも考えられる。（可能）
（5）ワクチンは 医療チーム によって考えられた。（受身）
（6）この画期的な方法は 先生 が考えられた。（尊敬）

また、自発表現は動作主体の意志とは関係なく自然に起こる感情や思考を表す表現なので、肯定文に限られます。これは否定文の場合、ある動作・状態が起こらないようにするために何らかの形で動作主体の意志が入り込むようになってしまうからです。

（7）この頃は、一日が短く感じられる。
（8）昔のことが懐かしく思われる。

このように自発表現は基本的に動作主体の意図なしで自然に起こ

る感情や思考を表す一方で、書き手の断定を避けるための文末表現として用いられることもあります。例えば、次の例文は書き手の主観的な判断として個人の意見を述べている文ですが、客観性を高めるためには、どのように書き換えたらよいでしょうか。

BEFORE

（9）業績悪化は新型肺炎の影響が大きいと<u>思う</u>。
（10）コロナによる失業者は8万人を<u>超えるだろう</u>。

　客観性を高めるには自発表現を使うとよいでしょう。自然とその判断にたどり着いたという必然性が表せます。このため、書き手の客観的な考えを述べる言い方として、自発表現がよく使われます。

AFTER!

（9）業績悪化は新型肺炎の影響が大きいと<u>思われる</u>。
（10）コロナによる失業者は8万人を<u>超えると見られる</u>。

　特に、レポートや論文などにおいて、論理的な根拠によって合理的に導かれた結論であることを述べる場合、判断の客観性を高めるために「思われる」「考えられる」「見られる」「予測される」「推測される」「推定される」「推察される」「想定される」などの形が用いられます。文の中で自分の主観的な意見を表す断定ではなく、論理的な手順に沿って自然にそういう結論に至った「客観的な判断」であることを表したいときは、自発表現を使うとよいでしょう。

　形式面で典型的な自発表現とは異なりますが、意味面で自発表現と捉えられるものがあります。

　例えば、SNS上において書き手本人が意図したわけではないのになぜか自然と起こる感情や思いなどを表現したい場合、自発表現を使うとさらに自然な文になります。次の文の下線部を自発表現にしてみてください。

（11）あれは泣く映画だった。

（12）クスッと笑う子育てエピソード。

（13）当たり前の朝だったのに、一瞬ただ愛しく思った。

次のようにすると、書き手の心の中に自然と湧き上がる感情であることを示すことができ、共感を得やすくなるでしょう。

（11）あれは泣ける映画だった。

（12）クスッと笑える子育てエピソード。

（13）当たり前の朝だったのに、一瞬ただ愛しく思えた。

これらは五段活用動詞の可能形の形であるため、典型的な自発表現とは異なりますが、自発表現と同様に書き手（話し手）である主語は文中で省略され、意味的にも自ずと成り立つ事態を表すことから、広い意味での自発表現として捉えられます。

まとめ

 自発表現とは、自分の意志とは無関係に、自然に起こる感情や思考を表す表現です。

 自発表現を使うと、自然に湧き上がる感情を表せたり、ある判断に論理的必然性を与えたりできます。

 「笑える」「泣ける」「思える」などの広い意味での自発表現は、SNSなどで共感を得る表現として有効です。

5. 違和感の少ない使役の使い方

　使役は、「子どもを買い物に行かせた」のように、他者の動作や事物の変化を引き起こす表現です。「〜せる」「〜させる」は単独でも、「〜（さ）せていただく」「〜（さ）せてもらう」などの複合形式でもよく使われますが、過剰使用が多い形式です。ここでは、適切な「〜せる」「〜させる」の使い方について考えます。

チェックポイント

① 「〜せる」に過剰な「さ」を入れていませんか？
② 過剰に「〜せる」「〜させる」を使っていませんか？
③ 相手と関係のないことでも「〜（さ）せていただく」を使っていませんか？

　「〜せる」「〜させる」を使う際に、まず注意が必要なのは「〜せる」に過剰な「さ」を入れないことです。

BEFORE

　（1）今回の事故は製造工程に重大な欠陥があったことを窺わせるに足りる。
　（2）チケット販売などの業務も休まさせていただきます。

　一段動詞の場合は「食べる」に対する「食べさせる」のように「させる」をつけるのが正しいのですが、（1）と（2）のような五段動詞の場合は「さ」は不要であり、「せる」をつけるのが正しくなります。過剰な「さ」をつける間違いは「さ入れ言葉」と呼ばれ、(1)のような単独で使われる「〜せる」でも起きますが、(2)のような、「てもらう」「ていただく」と組み合わせて使うときには特に起きや

すいので、注意しましょう。

AFTER!

（1）今回の事故は製造工程に重大な欠陥があったことを窺わせる。

（2）チケット販売などの業務も休ませていただきます。

　過剰な「さ」を入れていないものの、「〜せる」「〜させる」を使うこと自体が過剰と思われることもあります。「安心する」「感心する」のような、前に助詞「を」を使わない漢語動詞の場合、「〜に安心する」「〜に感心する」の代わりに「〜させる」をつけて「〜を安心させる」「〜を感心させる」と表現することができます。しかし、次の「維持する」「改善する」のような、もともと「〜を維持する」「〜を改善する」の用法がある漢語動詞は、「〜させる」をつけると過剰になることがあります。

BEFORE

（3）取れたての魚に新たな手法で一手間加えることで鮮度を維持させる取り組みが北海道東部で始まっている。

（4）近距離無線技術を活用して貸出備品の在庫管理を容易にし、業務効率を改善させた事例をご紹介します。

　（3）では、取れたての魚の鮮度を維持するのに一手間を加えるのは、漁業関係者と推測して間違いはないでしょう。もし一手間を加えて魚の鮮度を維持するように、農林水産省などの第三者が漁業関係者に働きかけているのであれば、「維持させる」の使い方に問題はありません。しかし、そうした意図がなければ、「〜させる」をつける必要はなく、「維持する」で十分です。

　（4）の「改善させた」は、容易ではない業務効率の「改善」を「実現する」「可能にする」といった意味合いを込めて述べたいという

意図によるものかもしれません。しかし、「〜させる」をつけて表現すると、業務効率を「改善する」主体とは別の関係者が存在し、その関係者が「改善」の補助を行ったと解釈されてしまうおそれがあります。そのような誤解を回避したい場合は、「〜させる」を使わず、「改善した」としたほうがよいでしょう。

AFTER!

（3）取れたての魚に新たな手法で一手間加えることで鮮度を維持する取り組みが北海道東部で始まっている。
（4）近距離無線技術を活用して貸出備品の在庫管理を容易にし、業務効率を改善した事例をご紹介します。

「〜せる」「〜させる」を単独で使うときに限らず、「ていただく」「てもらう」と組み合わせて使うときも過剰使用になることがあります。特に「〜（さ）せていただく」は、本人が丁寧な表現として使っているつもりでも、使い方が不適切なため、かえって慇懃無礼（いんぎんぶれい）な印象を与えてしまうおそれがあります。

BEFORE

（5）○○コンテストで受賞させていただきました。
（6）大学は○○大学の○○学部を卒業させていただきました。

（5）は葉書で友人や知人に受賞したことを知らせる一文です。「〜（さ）せていただく」を使ったのは、恐らく受賞した書き手自身がへりくだり、謙遜を示すためなのでしょう。しかし、読み手からすれば、この「受賞させていただきました」に違和感を覚える可能性が高いです。「〜（さ）せていただく」は本来なら、自分自身が何らかの行動を実現するために相手の許可や補助が必要で、それが得られてありがたいという認識を示す形式です。例えば、プロジェクトの参加を許可してくれた上司宛てのメールで「参加させていただ

きました」と書くのなら問題ありません。しかし、(5) は、読み手が関与していない「受賞」に「〜（さ）せていただく」をつけると、表面的で丁寧過剰な表現にしかなりません。

(6) も同じ理屈です。(6) は自己紹介の文章の一部であり、読み手が不特定多数の人であることが想定されます。もし特定の読み手として、○○大学の関係者を想定して書くのであれば、おかげさまでという意図を込めて「〜（さ）せていただく」の形式を使用するのは一理あります。しかし、それは極めて特殊なケースであり、「〜（さ）せていただく」を使わず「卒業しました」と書くほうが、「許可を求められた覚えがない」「そもそも自分と関係がない」といった違和感を与えずにすむでしょう。

(5) ○○コンテストで受賞しました。
(6) 大学は○○大学の○○学部を卒業しました。

ここまで述べてきたように、「〜せる」「〜させる」は活用形の作り方と使用の両面において過剰になりやすい表現です。使うときは、以下のポイントに留意しましょう。

まとめ

 「〜せる」に過剰な「さ」を入れないように気をつけましょう。

 「する」で十分な場合は「(さ)せる」を使わないようにしましょう。

 「〜（さ）せていただく」は読み手と関係があることにのみ使いましょう。

1. 臨場感のある過去の表し方

文章の中で過去の出来事なのに、現在形が使われることに疑問を覚えたことはありませんか。ここでは、文章の中で時間を表す表現について考えます。

チェックポイント

① 日本語の時間表現は、過去、現在、未来の三つに分かれますか？

② 過去の出来事なのに、「する」形で書いても大丈夫ですか？

③ 過去の出来事ではないのに、なぜ「した」形が使われるのですか？

時間は通常、過去・現在・未来に三分されますが、日本語の時間表現はこれに対応するとは限りません。日本語の場合、時間を表す表現は過去形と非過去形（現在・未来）に大別されます。基本的に、「した」形は過去を表し、「する」形は現在、または未来を表します。

では、現在（発話時）のことを表したいときはどのように表現すればよいでしょうか。次の文で現在のことが表せていますか。

BEFORE

（1）風邪で学校を休みます。

（2）友達とランチを食べます。

動きを表す動詞は「する」形で未来の出来事、もしくは現在の習慣を表します。つまり、「する」形のままでは今話している時の動作の進行ではなく、これから行う予定の動作や変わらない習慣（恒常的な出来事）を表現することになります。動きを表す動詞が現在（発話時）の動作の進行を表すには、「する」形ではなく、次のように「している」形を用いる必要があります。

（1）風邪で学校を休んでいます。

（2）友達とランチを食べています。

こうした傾向は「する」形、「している」形の両方使える場合にもあてはまります。

（3）私は買い物に行くときはいつでも自転車を使います。

（4）娘は最近新しいゲームにはまってよく夜更かししています。

例（3）では「する」は出来事の恒常性を表すのに対し、例（4）の「している」形では、一時的な、または最近の習慣であることを強調します。両者の微妙な違いに留意しましょう。

このように動きを表す動詞では、現在（発話時）の動作進行や最近の習慣を表すとき「している」形が使われます。一方、存在、知覚、可能など、状態を表す動詞はどうでしょうか。

（5）鳥の鳴き声が聞こえています。

（6）田中さんはロシア語が話せています。

状態を表す動詞は動きを表す動詞と違い、「している」形ではなく、「する」形で現在の状態を表します。

（5）鳥の鳴き声が聞こえます。

（6）田中さんはロシア語が話せます。

SNSなどで、まさに今話している状況を強調するために「聞こえてる」「話せてる」を使うこともありますが、くだけた言い方となるので、あらたまった場面での使用は控えましょう。

以上が日本語の時間表現の原則ですが、文章を書くときは過去の出来事であっても「する」形や「している」形が使われることがよくあります。これは、文章にメリハリをつけるための手法で、テキスト的な機能の一つといえます。時制に縛られず、文中での視点の移動や前後文脈のリズムに合わせて文末の時制をうまく使い分けることで、文章にメリハリをつけることができます。特に、小説の地の文では著者や語り手、登場人物の視点に合わせて文末の時制をうまく使い分けることで臨場感を高めることができ、より活き活きとした文章になります。

　次の例文は芥川龍之介「羅生門」の冒頭です。書かれた内容が過去の出来事であるからといって、文末における述語の時制をすべて過去形に統一すると、単調で退屈な文になってしまいます。

BEFORE

　（7）ある日の暮方(くれがた)の事であった。一人の下人(げにん)が、羅生門(らしょうもん)の下で雨やみを待っていた。広い門の下には、この男のほかに誰もいなかった。ただ、所々丹塗(にぬり)の剝げた、大きな円柱(まるばしら)に、蟋蟀(きりぎりす)が一匹とまっていた。（中略）それが、この男のほかには誰もいなかった。

　小説では時制を適切に使い分けることで、読み手にその場にいるかのような臨場感を与えるとともに、より奥深い表現を描き出すことが可能になります。芥川龍之介が書いた原文は次の通りです。「一人の下人が、羅生門の下で雨やみを待っていた。」と一度「した」形で過去を導入したことで視点が過去に移動し、そこから過去の現在が始まるしかけになっています。

AFTER!

　（7）ある日の暮方(くれがた)の事である。一人の下人(げにん)が、羅生門(らしょうもん)の下で雨やみを待っていた。広い門の下には、この男のほかに誰もい

ない。ただ、所々丹塗の剝げた、大きな円柱に、蟋蟀が一匹とまっている。（中略）それが、この男のほかには誰もいない。

　一方、会話やSNSなどで過去の出来事ではないのに「した」形が使われる場合があります。例（8）のように探していたものを発見したときや、（9）のようにうっかり忘れていたことを発話時に思い出したときに「した」形が使われます。

（8）高校の卒業アルバム、あった、あった。なつかしいな。
（9）あ、会議は9時からだった。

　このような発見や想起以外にも、差し迫った命令（「どいた、どいた！」）や反事実（「あのとき、買えばよかった」）などの表現は、時制に縛られない特殊な用法として「した」形が使われます。

まとめ

 日本語の時間表現は、「した」形が過去を、「する」形が現在と未来を表します。

 過去の出来事でも、文章の中で「する」形を使うと、その場にいるような臨場感を出すことができます。

 発見を表すときには、現在でも「した」形を使うことができ、そのときの感情を表現することができます。

2.　現在と結びつく過去の表し方

　文章の中である出来事が継続していることを表すときに使うのが「している」形です。「している」形は英語の進行形と同じだと思われがちですが、果たしてそうでしょうか。ここでは、継続の局面を表す「している」形について考えます。

チェックポイント ✎

① 「している」形は動作進行以外の意味でも使えますか？

② 過去の出来事なのに「している」形が使われるのはなぜですか？

　日本語の「している」形には大きくは二つの用法があります。例（1）のように動きを表す動詞は、「している」形が進行中の動作（「動作進行」）を表しますが、（2）のように変化を表す動詞は、出来事や動作による変化の結果が継続していること（「結果継続」）を表します。（2）は英語の進行形とは異なる用法です。

　　（1）赤ちゃんが泣いている／子どもが公園で遊んでいる。
　　（2）家の前に車が停まっている／コーヒーが冷めている。

　問題となるのは、「動作進行」と「結果継続」のどちらの意味でも取れる場合です。二つの意味を表す文は望ましくないので、どちらかの意味にする必要があります。例えば、次の文は「動作進行」とすれば移動中、「結果継続」とすれば移動後を表します。

BEFORE

　　（3）田中さんは大阪に行っています。
　　（4）飲み会が終わって家に帰っています。

移動中の「動作進行」であれば、(-1) のように、一方、移動後の「結果継続」であれば、(-2) のように表せます。

AFTER!

（3-1）田中さんは大阪に向かっています。

（4-1）飲み会が終わって家に帰る途中です。

（3-2）田中さんは大阪に着いています。

（4-2）飲み会が終わって帰宅しています。

次の例文も二つの意味に解釈できますが、両者の違いが文中からわかるようにするにはどうしたらよいでしょうか。

BEFORE

（5）雪が積もっています。

（6）葉が落ちています。

「動作進行」なら、オノマトペを添えるとわかりやすくなり、「結果継続」なら、それがわかる表現と一緒に使うと変化の結果が継続していることがわかるようになります。

AFTER!

（5-1）雪がしんしんと降り積もっています。

（6-1）葉がひらひらと舞い落ちています。

（5-2）雪が20cmも積もっています。

（6-2）葉が歩道にたくさん落ちています。

日本語の動詞には「している」形にならないものもあります。例えば、「ある」「いる」という存在を表す動詞はすでに「いる」の意味を含んでいるので、わざわざ「あっている」「いている」はできません。

一方、「している」形でないと使いにくい動詞もあります。

（7）猫のしっぽが少し曲がる。

（8）私は顔が母親に似るとよく言われる。

　これらは形容詞のように人やモノの何らかの属性を表す動詞で、単に主体の状態を表す動詞とは意味的に異なります。このような形容詞的な動詞「似る」「すぐれる」「そびえる」「とがる」「ばかげる」「ありふれる」などは常に「している」形で状態を表します。

AFTER!

（7）猫のしっぽが少し曲がっている。

（8）私は顔が母親に似ているとよく言われる。

　こうした動詞は、名詞修飾するときは、「曲がったしっぽ」「母親に似た顔」などと「した」形にするのが基本です。

　また、「している」形は過去の出来事に使われることもあります。

（9）あの信号は去年の台風で壊れている／壊れた。

（10）あいつは三日前にも家に来ている／来た。

　これらは「した」形（「壊れた」「来た」）に置き換えることも可能です。では、過去の出来事を表すとき「した」形と「している」形の意味の違いは何でしょうか。

　「した」形は現在（発話時）と切り離されている一回的な過去の出来事を表すのに対し、「している」形は過去にあった出来事が今の状況と何らかの関わりを持っていることを表す点で異なります。つまり、過去の出来事が今でも間接的に影響を及ぼしているという意味合いを「している」形は有しているのです。

　このため、「している」形は経験や記録、報告、歴史的な事実などを表すときによく使われます。

BEFORE

（11）田中（2020）はこの現象に対し次のように<u>述べた</u>。

（12）田中氏は医療崩壊の原因は〜にあると<u>指摘した</u>。

　論文やレポートなどで先行研究を引用するときは、次のような「している」形がよく使われます。

AFTER!

（11）田中（2020）はこの現象に対し次のように<u>述べている</u>。

（12）田中氏は医療崩壊の原因は〜にあると<u>指摘している</u>。

　先行研究を引用するとき「した」形を使うと、現在の研究とは関係のない、単なる事実を表すようになってしまいます。経験や記録、報告、歴史的な事実などを述べるときは、「した」形と「している」形の置き換えが可能ですが、過去の意見を執筆時という今の時点から編集し直している論文・レポートでは、先行研究を引用するときは「している」形を使うのが自然です。

まとめ

 「している」形は「動作進行」だけでなく「結果継続」の意味でも使えます。両者の意味を区別したいときは、二つの意味の違いが表せる表現を一緒に使うとよいでしょう。

 過去の出来事であっても、現在まで間接的にその影響が残っているときは「している」形を使います。論文・レポートで「している」形で先行研究の意見を引用するのは、この典型です。

第4章　**文法**　2 文末表現の選び方

217

3. 効果の高い否定表現の使い方

「ない」がつく否定表現は、使ったほうが効果的な場合もあれば、使うときに注意しないと、かえって曖昧になり、読み手を困惑させることもあります。ここでは、効果的な否定表現の使用と、意味が曖昧になってしまう否定表現の直し方について考えます。

チェックポイント

① 論理で必然性を高めたい場合はどうすればよいですか？
② 内容を深く印象づけたい場合はどうすればよいですか？
③ 多義になる否定表現はどう直せばよいですか？

否定表現は「ない」の否定的意味を含んでいるという点を利用すれば、ほかに可能性がない、解釈しようがないという高い必然性を示すことができます。

BEFORE

（1）近年、少女マンガが全般に停滞気味だという印象がある。
（2）以上の考察から、本判決は表現の自由への配慮が欠けた判決と言える。

（1）の「印象がある」と（2）の「言える」は書き手の主観的な考えを示す述べ方です。ところが、「印象がある」を「印象は否めない」にすると、誰が見ても異なる印象を受けることはないという、ほかの可能性を排除している感じが出ます。（2）の「言える」も同様です。「言える」はあくまで「そう言って問題はない」という程度の主張ですが、「言わざるを得ない」のほうは「配慮が欠けた判決」としか考えられないという必然的な判断だと感じられます。

（1）近年、少女マンガが全般に停滞気味だという印象は否め
ない。

（2）以上の考察から、本判決は表現の自由への配慮が欠けた
判決と言わざるをえない。

　このように、論説文でうまく否定表現を用いられると、論理の必
然性を高める効果が得られます。「否めない」と「ざるをえない」
以外は、「否定できない」「わけにはいかない」「しかない」「ほかは
ない」「なければならない」「なくてはいけない」などもよく用いら
れる否定表現です。主張に必然感をもたらしたいときは、否定表現
を手段の一つとして考えてみましょう。

　否定表現は論理的必然感をもたらす効果のほかに、全面否定を表
す副詞などと組み合わせて使用すると、文の内容に対する印象を強
める効果も期待できます。

（3）表面上は異なるように見えるが、実質は同じだ。

（4）この行法は500年以上前から毎年行われ、今に到っている
ものである。

　（3）と（4）はいずれも文法的に正しい文です。（3）の「同じだ」
を否定表現の「変わらない」にし、さらに全面否定を表す「何も」
を付け加えると、「変わる」ことを否定する意味を強め、実質の相
違がないことを読者に深く印象づけられます。（4）も「毎年」に比
べ、否定表現が用いられた「1年も欠かすことなく」のほうがより
印象深く感じられます。なぜなら、「欠かした年が1年もなかった」
と、起こりがちな中断の発生を否定し、予想と食い違った現実を述
べたほうが読者に強い印象を与えられるからです。

AFTER!

（3）表面上は異なるように見えるが、実質は何も変わらない。

（4）この行法は500年以上前から１年も欠かすことなく行われ、今に到っているものである。

このように、否定表現を使用すると、論理において必然性の高い主張を述べたり、同じ内容でも読み手に深く印象づけたりする効果が得られます。一方で、否定表現は適切に使えないと、意味がかえって曖昧になることもあります。次の例はよく見かけるパターンです。

BEFORE

（5）時間が足りず、全部言及できていない。

（6）米国のように関連の政策に関する議論がほとんど行われていないのが日本の現状である。

（5）の「全部」は二つの解釈が可能です。一部は言及できたが、言及できなかった部分もあるという解釈と、言及できた部分は一つもないという解釈です。「全部〜ない」では、全面否定か部分否定かが明確でないため、その曖昧さによる誤解を防ぐために、修正が必要です。全面否定にしたければ、「全部」の代わりに「まったく」「一切」などを使えば誤解を防げます。反対に、部分否定にしたい場合は、「全部」を「全部は」にし、「は」で否定の焦点を絞るとよいでしょう。あるいは「言及できていない」を「言及できているわけではない」とすれば、部分否定と理解されるでしょう。その場合は「全部に」としたほうがより意味が明確になりそうです。

AFTER!

（5-1）時間が足りず、まったく言及できていない。

（5-2）時間が足りず、全部は言及できていない。

（5-3）時間が足りず、全部に言及できているわけではない。

（6）の「～のように～ない」も同様です。読者が議論の有無について十分な背景知識を持っていない限り、米国でも日本でも議論がほとんど行われていないとも読めれば、米国では議論が行われているが、日本ではほとんど行われていないと解釈する可能性もあります。「～のように～ない」の曖昧さを解消する方法として、日米の相違がないということを表現したければ、「～のように」を「と同様に」「と同じように」にすると、日本と米国は同じということが確実に理解されます。相違があるということを表したければ、代わりに「と違って」「と異なり」を使うとよいでしょう。

（6-1）米国と同様に関連の政策に関する議論がほとんど行われていないのが日本の現状である。

（6-2）米国と違って関連の政策に関する議論がほとんど行われていないのが日本の現状である。

まとめ

 論理の必要性を高めたいときは、否定表現を使ってみましょう。

内容に対する印象を強めたいときは、否定表現を使ってみましょう。

 「全部～ない」「～のように～ない」の意味が曖昧になっていないか、気をつけましょう。

4. 文末における自己の意見の説得的な述べ方

自分の考えを述べるとき、どのような文末表現を使っていますか。それによって読み手に対する説得力が変わってきます。ここでは、書き手の意見を述べるときに使われる文末表現について考えます。

チェックポイント

① 自分の意見を述べたいとき、文末においてどのような表現を使いますか？

② 「と思う」と「だろう」、どちらを使ったほうがよいですか？

　自分の意見を文の最後に述べるとき、「と思う」を使うことが多いですが、アカデミックな文章に「と思う」は使えません。

　次の例文を見てみましょう。

BEFORE

（1）年金制度をわかりやすく改正できたらよいと考える。

（2）（論文やレポートなどで）アメリカの企業統治を考える場合に、上記の観点はいずれも重要な意味をもつと思う。

　「と思う」と「と考える」は、文末に置かれる代表的な思考動詞で、両方とも書き手の主観的な判断を下す際に使われます。意味的には似ていますが、「と思う」が書き手の個人的な主観や感情による判断を表すのに対し、「と考える」は個人の考えであっても論理的かつ理性的な判断を表すという点で異なります。そのため、例（1）のように「〜したらよい」「〜したい」などの願望表現と「と考える」を一緒に使うと不自然な文になります。

222

「と思う」は話し言葉で好まれ、「と考える」は書き言葉で好まれる傾向があります。もちろん書き言葉でも「と思う」は使えますが、SNSやブログ、エッセイやコラムなど、軟らかい文体に限られます。論理的な根拠に基づいて判断を下す必要がある論文やレポートなどの文書には適しません。（1）には「と思う」が、（2）には「と考える」がより自然に感じられるのもそのためです。

AFTER!

（1）年金制度をわかりやすく改正できたらよいと思う。
（2）（論文やレポートなどで）アメリカの企業統治を考える場合に、上記の観点はいずれも重要な意味をもつと考える。

　上で述べたように「と思う」「と考える」は、書き手の主観が強く表れる表現ですが、自発表現の「と思われる」「と考えられる」を使うと、ある根拠のもとで自然に導かれる結論を表すという意味の、より客観的な表現になります。よって、論文やレポートのように書き手の断定を避けてより客観性を保つ必要があるアカデミックな文章には、「と思われる」「と考えられる」が多く用いられます。
　次の例文を自然な文に直してみてください。

BEFORE

（3）インターネットによる情報爆発が起きている今だからこそ、新聞や雑誌の役割はますます重要になっていると私は思う。
（4）以上の考察から、原材料の価格が上昇している原因は、アジア地域における需要の高まりにあると考える。

　例（3）のように「私は」が主語にある場合、「私は思われる」とはできません。したがって、「考える」に直すことになります。もちろん、「私は」を削除してよいのであれば、「思われる」「考えられる」とすることも可能です。

一方、例（4）では、ある根拠に基づいて導かれた客観的な結論を述べていますので、「と考えられる」のほうがより自然となります。「と考える」も使えないことはありませんが、主観的な判断を表す表現であるため、（4）のように論理性をもつ客観的な結論を述べる文には適しません。

AFTER!

（3）インターネットによる情報爆発が起きている今だからこそ、新聞や雑誌の役割はますます重要になっていると私は考える。
（4）以上の考察から、原材料の価格が上昇している原因は、アジア地域における需要の高まりにあると考えられる。

　以上のように書き言葉であっても文の硬さやジャンルによって、表現を使い分ける必要があることに留意しましょう。
　一方、「と思う」は書き手の主観的な判断を表すほか、「非断定表現」として推量を表すこともできます。「非断定表現」の「と思う」は基本的に推量を表す「だろう」と置き換えが可能です。
　次の例文を考えてみましょう。

BEFORE

（5）日本の今の医療制度は間違っていると思う。
（6）電車の遅延があったから田中さんは30分ほど遅れると思う。
（7）スマホばかり使っていると、限られた情報にしか触れられず、知識が限られるという意見も出てくると思う。

　例（5）の「思う」は書き手の意見を明確に示しているため「だろう」が使えませんが、（6）（7）の「と思う」は「非断定表現」として書き手の推量を表しているので「だろう」を使っても意味上の違いは見られません。
　また、書き手の推量を表す「と思う」と「だろう」は、次の例文

のように断定を避けるための副詞「たぶん」「おそらく」「きっと」などと一緒に使われますが、書き手の主張や意見を表す「と思う」はこれらの副詞と一緒に使うことができません。

AFTER!

（6）電車の遅延があったから、おそらく田中さんは30分ほど遅れるだろう。

（7）スマホばかり使っていると、限られた情報にしか触れられず、知識が限られるという意見もきっと出てくるだろう。

このように「非断定表現」を表す「と思う」と「だろう」はほぼ同じ意味で使えますが、書き手の責任の所在が明確な「と思う」に比べて、「だろう」はややぞんざいな言い方になります。相手に不快感を与えたくない場合は「と思う」の使用をお勧めします。一方で、書き手個人の意見ではなく、一般的な推量で誰でも同じ判断に至ることを示したいときには「だろう」のほうがよいでしょう。

まとめ

 文末で自分の意見を述べるときは、その内容が感情的か理性的かによって「と思う」と「と考える」を使い分け、また、主観的か客観的かによって「と思う／と考える」と「と思われる／と考えられる」を使い分ける必要があります。

 同じ推量を表す「と思う」「だろう」であっても、書き手個人の推量であることを丁寧に示したい場合は「と思う」を、一般的な推量で誰でも同じ判断に至ることを示したいときは「だろう」を選択するとよいでしょう。

225

1. 長すぎる文の直し方

　自分の伝えたい想いが強いあまり、一文が長すぎて、逆にわかりづらい文になってしまうことはありませんか。ここでは、そのような長すぎる文の直し方について考えます。

チェックポイント

① 一つの文に四つ以上の節がありませんか？
② 文の最初と最後がつながっていますか？

　丁寧に書きたいあまり、説明が長くなり、一文が長くなってしまうことがあります。一文が長すぎると、丁寧に説明したつもりが逆に読み手にとってはわかりにくい文になってしまいます。とはいっても、長すぎるというのは抽象的で、どのぐらいまでならよいのか判断基準は難しそうです。一つの目安として、一つの文に四つ以上の節があれば、長すぎる文かもしれないと考えてください。節とは、述語を中心とした小さなまとまりのことです。例えば、「急に雨が降ってきたので、急いで洗濯物を取り込んだ」という文は、「急に雨が……」と「急いで……」の二つの節から構成されています。

　では、まず（1）を見てみましょう。

BEFORE

（1）日本には日本人が昔に作り上げ、今もなお日本人に親しまれている醤油やみりんなどの独特の調味料や、大豆を発酵させて長期保存を可能にした納豆、昔の人がいろいろ考えて発見した理想的な栄養バランスのよい食品や、食材のうま味をいかして健康を保つ日本の食の知恵など、伝統的な食文化があり、私はその素晴らしい食文化を外国の人に伝えたいと考えている。

（1）はなんと一つの文です。日本の食文化の素晴らしさを伝えたいという熱意は感じられますが、日本の食文化を伝えたいという主張に辿り着くまでに、文が長すぎて読み手が疲れてしまうかもしれません。このようなときは、複数の文に分けて、主張を明確にしましょう。まずは、「日本の食文化を伝えたい」という自分の主張を述べます。そのあとに、日本のどのような食文化に興味があるのか、具体的には「昔からある伝統的な食文化」に興味があることを述べます。そして、伝統的な食文化の例として「日本独特の調味料や納豆」をあげます。最後に、このような伝統的な食文化の特徴として、「栄養バランスのよいこと」「健康的な食の知恵がつまっていること」をあげながら説明すればわかりやすい文になります。その際、適宜、接続詞や指示詞などで文と文のつながりを強くするとより読みやすい文になります。

AFTER!

（1）私は日本の素晴らしい食文化を外国の人に伝えたいと考えている。日本には日本人が昔に作り上げ、今もなお親しまれている伝統的な食文化がある。例えば、醬油やみりんなどの独特の調味料や、大豆を発酵させて長期保存を可能にした納豆があげられる。このように、昔の人がいろいろ考えて発見した栄養バランスのよい食品や、食材のうま味をいかして健康を保つ日本の食の知恵が日本には存在する。

次に、長すぎる文でよく見られるのが、一生懸命説明しようとするあまり、いろいろな要素が入った結果、文がどんどん長くなってしまい、文の最初と最後がつながっていないものです。そのようなときは、文の最初と最後だけ見て、正しくつながっているか確認してみてください。

（2）理由の一つ目は、昼食場所の一つである学食が不便だからです。私の大学の学食は全体的に小さく、狭くて、店も少ないので混んでしまったり、席も少ないのでかなり早くから席をとらないと座れないし、友人と一緒に食べたりゆっくりできないので不便に感じます。

　（2）は、最初は「私の大学の学食」について説明をしていますが、最後は、学食に対する自分の意見を述べています。「不便に感じている」のは「私」なので、「私は大学の食堂『を』不便に感じます」になるはずです。しかし（2）のように「私の大学の学食『は』…不便に感じます」という文だと、文の最初と最後が一致しなくなってしまいます。一度書いた文を見直すとき、このように文の最初と最後だけをみて、一致しているか確認してみてください。つながっていないときは、主語が変わるときに一度文を締めくくり、複数の文に分けるとわかりやすくなります。また、4.1.「文型の選び方」（*p.*186〜）の1や2も合わせて参照してください。

（2）理由の一つ目は、昼食場所の一つである学食が不便だからです。私の大学の学食は全体的に小さく、狭くて、店も少ないので混んでしまったり、席も少ないのでかなり早くから席をとらないと座れなかったりします。友人と一緒に食べたりゆっくりできないので不便に感じます。

　このように、文の最初と最後がつながらなくなる例として特に多いのは、「○○の理由は、〜からだ／ためだ」です。（3）を見てみましょう。（3）は将来テニス部の指導者になりたい理由の二つ目として書かれた文章です。

BEFORE

（3）二つ目の理由は、私が中学高校と競技を続けてきて様々な指導を受けてきたことから、技術面や精神面、考え方などで伸び悩んでいる子どもたちの手助けになることをしたい。

（3）の最初と最後を見てみると、「二つ目は〜したい」となっています。つまり、最初は理由を述べていたのに、最後は自分のやりたいことを述べてしまっています。このような間違いはよく見られるので、文の最初と最後を見て、それらが一致しているか確認するよう普段から意識するとよいと思います。

AFTER!

（3）二つ目の理由は、私が中学高校と競技を続けてきて様々な指導を受けてきたことから、技術面や精神面、考え方などで伸び悩んでいる子どもたちの手助けになることをしたいと思ったからだ。

まとめ

 一つの文に含まれる節が三つ以下になるように、文の長さを調整しましょう。

 長く複雑な文では、途中から主語と述語の対応がずれていないか確認し、ずれている場合は文を短く切りましょう。

 理由で始まる文は、文末が「〜からだ」「〜ためだ」で終わっているかどうか確認しましょう。

2.　短すぎる文の直し方

　一つ一つの文が短すぎて、文が羅列されているような、子どもっぽい文章になることはありませんか。ここでは、そのような短すぎる文をどのようにしたらわかりやすく、大人の文章にできるのか考えます。

① 箇条書きのように文が羅列されていませんか？
② その話題を知らない相手でもわかる文になっていますか？

　一つ一つの文が短くて、次の文とつながりが強い文なのに、それぞれが別の文になっていて、箇条書きのようになってしまうことはありませんか。特に、次の文の前提となる事柄を述べるときは、文を分けずに一つの文にしたほうがわかりやすくなります。まずは、次の（1）を見てください。

BEFORE

　（1）例えば、お正月にはおせち料理を食べる。そしておせち
　　　料理の一つである海老には長寿を願う意味がある。

　（1）はおせちにはどのような意味があるのか説明をしていますが、その前提知識としておせちはお正月に食べるものであると述べています。これらを二つの文にわけて、無理矢理「そして」でつないでいます。このように短い文を無理矢理接続詞でつなぐと、子どもっぽい文章になってしまい、「そして」の役割もよくわかりません。
　そのようなときは、「が」でつないで一つの文にしましょう。「が」の基本的な意味は逆接という反対の事柄を表したいときに用いられ

230

るものですが、実は前置きという機能もあります。前置きは、何か伝えたい事柄の前提となることを伝えるというものです。このような「が」はとてもよく用いられていて、便利な表現です。

AFTER!

（1）例えば、お正月にはおせち料理を食べるが、おせち料理の一つである海老には長寿を願う意味がある。

一方で、前置きが長すぎたり多すぎたりすると、書き手の伝えたいことが何かわからなくなり、逆に読みづらくなってしまうので、「が」の使いすぎには注意しましょう。

また、文が短くなってしまうときには、読み手に提供する情報が不足していることもあります。書き手はよく知っていることでも、読み手もそれを知っているかどうかはわかりません。内容までよく知っている人もいれば、名前は聞いたことはあるけど内容まではよく知らない人、名前すら聞いたこともない人もいるかもしれません。

そのようなときは、名詞修飾を使って説明してみましょう。名詞修飾を使うことで、一つの文の中に様々な情報や説明を付け加えることができ、読み手にとってわかりやすい文になります。

BEFORE

（2）大学の食堂はだいたい、手前側が埋まっていることが多い。食堂は広く、水をくむ場所が少ないからだ。

（2）では、大学の食堂を不便に感じる理由を述べています。大学の食堂を利用したことがない人、長らく大学の食堂に行っていない人、自分が利用する学食は便利で不満がない人などにとっては、手前の席が埋まっていることに対する不満と、水をくむ場所が少ないこととの関係がわかりません。そこで、次のように名詞修飾で食堂の状況を説明すれば、わかりやすい文になります。

AFTER!

（2）大学の食堂はだいたい、飲み水をくむ場所に近い手前側が埋まっていることが多い。食堂は広く、水をくむ場所が少ないからだ。

このような名詞修飾でよく用いられるものには、「～AというB」のようにAを説明するものがあります。

BEFORE

（3）ビートルズを初めて見たとき衝撃が走った。

（3）では、ビートルズを話題にあげています。ビートルズはある世代以上では多くの人が知っていると思います。今の若者は知らない人もいるかもしれません。ビートルズを知らない人からすると、ビートルズは人なのか、なにかの会社なのか、どんなジャンルの話なのかもわかりません。そこで以下のように「1960年代から1970年にかけて全世界で絶大な人気を誇った『ビートルズというイギリスのロックバンド』」というように名詞修飾で説明を加えた上で、「ビートルズ＝イギリスのロックバンド」と書けば、音楽の話をしていて、ビートルズがどのぐらいの時代にどんなふうに活躍したミュージシャンであるかが一つの文を読んだだけでわかります。このような「～AというB」は、人物や団体、作品などの固有名詞について述べるときによく使用されます。

AFTER!

（3）1960年代から1970年にかけて全世界で絶大な人気を誇ったビートルズというイギリスのロックバンドを初めて見たとき衝撃が走った。

名詞修飾を効果的に使うことで、一つの文に複数の情報を付与できます。一方で、（4）のように名詞修飾が長すぎたり、一つの文の

中に何度も使用したりすると、読みにくい文章になってしまいます。

（4）2020年1月15日から18日にかけて行われたカンファレンスは、過去10年の中で最も多い来場者を記録し、今までかつてない大成功を収めたが、動線がしっかり確保されていなかったことから来場者に混乱をきたしたこと、スタッフの連携がうまくとれておらず情報共有ができなかったことなど、今後の課題もあげられる。

その場合は、名詞修飾でいきなり示さず、どのような内容が来るかを事前に予告したうえで導入すると、読みにくさが減じます。

（4）2020年1月15日から18日にかけて行われたカンファレンスは、過去10年の中で最も多い来場者を記録し、今までかつてない大成功を収めた。一方、今後の課題としては、動線がしっかり確保されていなかったことから来場者に混乱をきたしたこと、スタッフの連携がうまくとれておらず情報共有ができなかったことなどがあげられる。

まとめ

　文を羅列するのではなく、「が」等を使って前提となる状況や話題について説明しましょう。

　名詞修飾で説明を付け加えることで、その話題を知らない人にもわかるような文にしましょう。

第4章　文法　3 複雑な文の直し方

233

3.　読みにくい文の直し方

　文の長さは長すぎることも短すぎることもないのに、なぜか読みにくい文になってしまうことはありませんか。ここでは、読みにくい文をどのように直せばよいか考えます。

チェックポイント

① つながりが強いものが遠くに置かれていませんか？
② 同じ接続助詞を何度も使っていませんか？

　日本語は文の作り方のルールが比較的緩やかな言語なので、語や節の順番もある程度自由に置くことができます（節とは、述語を中心とした小さなまとまりのことです。→4.3.1「長すぎる文の直し方」p.226参照）。まずは語の順番で考えてみましょう。

BEFORE

　　（1）課長が部長に頼まれた仕事を先にやるよう言った。

　（1）は 2 通りの解釈ができます。一つは「課長が部長に頼まれた仕事」を先にやるように私が言われたという解釈、もう一つは「部長に頼まれた仕事」を先にやるように「課長が私に指示した」という解釈です。後者の場合、「言った」人は「課長」になりますが、「課長」は文の頭に置かれており、文の最後にある「言った」から見ると一番遠い位置に置かれています。このように複数の解釈を許す文は、読み手にとってはわかりづらいものです。そこで、後者の意味で解釈してほしいときは、以下のようにつながりが強い「課長」と「言った」を近くに置くと誤解のない文章になります。

AFTER!

（1）部長に頼まれた仕事を先にやるよう課長が言った。

　節が複数ある長い文でも同様に、つながりの強いものが遠くに置か
れていると、読み手がすらすらと読めなくなり、読みにくい文章に
なってしまいます。つながりが強いものが遠くに並べられていな
いか確認し、つながりが強いものを近くに置きましょう。次の（2）
は、ある感染症に関するフランスの状況を述べたものです。

BEFORE

（2）感染者数の横ばいが続いていたフランスだが、科学者・
医師らの予想通り、ロックダウンに踏み切らなかった結果、1
日の感染者数が3万人以上にまで急増してしまった。

　下線部の「科学者、医師らの予想通り」は、次にある「ロックダ
ウンに踏み切らなかった」ではなく、「1日の感染者数が急増して
しまった」にかかります。また、フランスでは「感染者数の横ばい
が続いていた」が、「ロックダウンに踏み切らなかった」という背
景も述べられています。つまり、「フランスは感染者数の横ばいが
続いていたが、ロックダウンに踏み切らなかった」という内容と、
「ロックダウンに踏み切らなかった結果、科学者、医師らの予想通り、
1日の感染者数が3万人以上にまで急増してしまった」という二つ
の内容が入り混じった文になってしまっています。つながりが強い
節同士が近くに置かれていないと、読み手には読みづらい文になっ
てしまいます。このようなときは、以下のように、節の順番を変え
てわかりやすくしましょう。

AFTER!

（2）感染者数の横ばいが続いていたフランスだが、ロックダ
ウンに踏み切らなかった結果、科学者・医師らの予想通り、1
日の感染者数が3万人以上にまで急増してしまった。

第4章　文法　3 複雑な文の直し方

235

また、同じ接続助詞を連続して何度も使用している文も、読み手にはわかりづらくなってしまいます。特に、理由・根拠を示したいときや、自分の伝えたいことを複数あげるときに多く見られます。そのようなときは、違う接続助詞や別の表現に変えたり、連用形・名詞修飾をおりまぜて緩急をつけたりすると読みやすく、大人っぽい文章になります。

　例文（3）は、将来の夢として世界規模の音楽フェスを開きたい理由をあげていますが、「からです」を重複して使用していることで、読みづらい文章になってしまっています。

BEFORE

（3）私は将来、世界規模の音楽フェスを開きたいと考えています。その理由は、様々な人達と交流がもてるからです。フェスに出演してくれるアーティスト等の方々との交流や、周りの協力してくれる企業との関わり、来てくれたお客さんとの関わりが持てるからです。

　ここでは、以下のように、二つ目の「からです」を別の表現に変えてみましょう。その結果、真ん中の文の内容を最後の文が詳しく述べるという関係がかえってわかりやすくなります。

AFTER!

（3）私は将来、世界規模の音楽フェスを開きたいと考えています。その理由は、様々な人達と交流がもてるからです。フェスに出演してくれるアーティスト等の方々との交流や、周りの協力してくれる企業との関わり、来てくれたお客さんとの関わりを持ちたいと考えています。

　また、「から」と「ため」のように形式的には異なる接続助詞を使っていても、同じ「理由」を述べるためのものなので、意味的に

重なってしまい、読みづらくなってしまうこともあります。例文
(4) はそうした例になります。

BEFORE

(4) 私が将来つきたいと考えている職業は公認会計士です。
そう考える理由は三つあります。第一の理由は、最終的に企業
の経営に携わる役職につくことを目指しているからです。公認
会計士としてキャリアを積み、地位の高い役職者にふさわしい
知識と経験、そして責任感を持って仕事をしていきたいためで
す。

そのようなときは、「からです」が重複するときと同様、どちら
かを「理由」ではない表現に変えると読みやすくなります。

AFTER!

(4) 私が将来つきたいと考えている職業は公認会計士です。
そう考える理由は三つあります。第一の理由は、最終的に企業
の経営に携わる役職につくことを目指しているからです。公認
会計士としてキャリアを積み、地位の高い役職者にふさわしい
知識と経験、そして責任感を持って仕事をしていくことが私の
希望です。

まとめ

 つながりが強いものを遠くに並べないようにしましょう。

 同じ接続助詞を何度も使わずに、違う接続助詞・連用形・名
詞修飾等をおりまぜましょう。

4. 書き言葉にふさわしい 「から」の使い方

　文章を書く際に、理由を述べることがよくあると思います。その
ときによく使われるのが「から」ですが、実は間違った使われ方や、
読み手に不快感を与えてしまうような使われ方が多く見られます。
ここでは、そのような間違いやすい「から」について考えます。

> **チェックポイント** ✏
>
> ① 「～ですから。」を使っていませんか？
> ② 文頭で「ですから」「ですので」を使っていませんか？

　「～ですから。」と「～からです。」、理由や根拠を述べるときにど
ちらをよく使いますか。どちらもよく使われる表現です。しかし実
は、「～ですから。」というのは、あまり好ましく受け取られないこ
とがあります。特に、目上の人に対して使わないほうが無難です。
(1) を見てみましょう。

BEFORE

　(1) このマーケティング方法は適切ではないと思われます。
　顧客のニーズをくみとれていないですから。

　(1) では、マーケティング方法が適切でないと思う理由を述べて
います。「ですから」を文末に使っていることで、読み手によっては、
そんなこともわからないのかと見下されているように受け取られる
ことがあります。また、「ですから」というのは「言いさし」と呼
ばれ、文を途中で切って提示する話し言葉的な表現なので、書き言
葉で使用すると、カジュアルすぎてしまい、偉そうだ、失礼だなど

と思われてしまうこともあります。このため、文末で「〜ですから。」を使うと、上から目線だと思われたり、言い訳がましいと受け取られたりしてしまうのです。理由や根拠を述べるときは、以下のように「〜からです。」にすることで、そのような意図しないリスクを避けられるでしょう。「〜ですから。」は長い日本語の歴史の中では比較的新しい言葉になるので、特に目上の人や年上の人には使わないほうが、不必要な誤解を生まず、よいでしょう。

AFTER!

　（1）このマーケティング方法は適切ではないと思われます。顧客のニーズをくみとれていないからです。

　同じ「言いさし」でも「〜ですが。」「〜ですけれども。」はメールなどでときどき見かけます。「〜ですから。」ほどではありませんが、やはり話し言葉的な表現なので、使いすぎないほうがよいでしょう。もし使う場合でも、「〜ですが…」「〜ですけれども…」などと3点リーダーをつけて「言いさし」というよりも「言いよどみ」であることを明示したほうが失礼になりにくいと思います。

　また、「ですから」を文頭に使用することもよくあります。例えば、丁寧体で文章を書くとき、「だから」の代わりに、「ですから」が使われます。実際、辞書によっては、文頭の「ですから」は「だから」を丁寧に言い表したものだと書いてあります。

　たしかに、「だから」というのは丁寧体の文章には馴染まず、子どもっぽい印象も与えてしまいます。しかし、「ですから」は話し言葉的で、書き言葉として使うと、なれなれしく受け取られてしまったり、威圧的に感じられたりすることがあります。特に、読み手に目上の人が多いビジネスメール、フォーマルなビジネス文書のようなものでは、使用しないほうが無難でしょう。

（2）明日会議が入っているのは13時までです。ですから、13時以降なら何時でも大丈夫です。

このようなときは、「ですから」の代わりに、「そのため」「したがって」という接続詞にするのがよいでしょう。

（2）明日会議が入っているのは13時までです。そのため、（したがって、）13時以降なら何時でも大丈夫です。

「ですから」に似た表現で、最近よく見かけるのが「ですので」です。これは「ですから」ほど押しつけがましさはないので、メールなどではさほど失礼ではありませんが、それでもフォーマルなビジネス文書では避けたほうがよいでしょう。「ですので」の仲間である「なので」も、最近、大学生の論文・レポートでよく見かけますが、これもフォーマルな文章ではあまり印象がよくありません。学術的な文章では、やはり「そのため」「したがって」のような硬い接続詞を選んだほうがよいでしょう。

ちなみに、「ですが」も同じで、「ですが」の代わりに、「しかしながら」「その一方で」などの接続詞を使ったり、「〜が、」のように接続助詞でつないだりして一つの文にしましょう。

先ほど、文頭の「ですから」は話し言葉的と書きましたが、会話の中であっても、威圧的に受け取られてしまうことが多々あります。「から」は自分の主観的判断に基づいて理由を選んでくる形式なので、どうしても強く響きがちなのです。例えば、コールセンターのオペレーターと話をしているときに、「ですからさきほど申し上げました通り…」と言われたら、威圧的に感じて、不愉快でしょう。このように、話し言葉であっても「ですから」を文頭で使用するのは危険かもしれません。

一方で、文中の「ですから」は、文末・文頭の「ですから」とは異なり、威圧的な印象を与えることはあまりありません。

BEFORE

(3) 今思えば、あらかじめ「どこで騙しにくるんだろう？」という意識を持って読んでいたわけですから、途中で違和感を覚えたり、トリックに気づいてしまったりしていただけなのだと思いますし、叙述トリックものの小説は、それと知らずに読んで初めてその真価を発揮するのだとも思います。

(3) のように、文中で「ですから」を使用することは問題ありませんが、やや話し言葉的に感じる人もいるかもしれません。そのようなときは、「〜から」よりも主観性の強くない「〜ので」に言い換えると、そのような不安は払拭できます。

AFTER!

(3) 今思えば、あらかじめ「どこで騙しにくるんだろう？」という意識を持って読んでいたわけですので、途中で違和感を覚えたり、トリックに気づいてしまったりしていただけなのだと思いますし、叙述トリックものの小説は、それと知らずに読んで初めてその真価を発揮するのだとも思います。

まとめ

 あらたまった文章の文末では、「〜ですから。」ではなく、「〜からです。」を使うようにしましょう。

 フォーマルな文章の文頭では、「ですから」「ですので」ではなく、「そのため」「したがって」等を使うようにしましょう。

241

5.　過剰にならない「て」の使い方

　二つの文をつなぐときに、便利でよく使われるのが「て」です。「て」は便利な言葉ですが、書き言葉で使うときには注意が必要です。ここでは、間違って使われやすい「て」の使い方について考えます。

> **チェックポイント**
>
> ① 「て」を使いすぎていませんか？
> ② 複数の意味で解釈できる文になっていませんか？

　「て」は基本的に話し言葉でよく使われます。そのため、多く使いすぎると、単調で、子どもっぽい文になってしまいます。そのようなときは、「連用形」に変えてみてください。連用形というのは、動詞の「〜ます」の「ます」を取った形で、例えば、「思います」なら、「思い」になります。形容詞の場合は「〜く」の形になり、例えば、「おもしろい」なら、「おもしろく」になります。

BEFORE

（1）私が将来つきたいのは看護の仕事です。つきたい理由は三つあって、その一つ目は幼いころから母の背中を見てきたからです。

　（1）はアカデミックな場面における文章です。アカデミックな場面で「て」を使ってしまうと、子どもっぽい印象になってしまいます。特に、ビジネス文書や大学のレポート・論文等では、基本的に「連用形」を使用するようにしましょう。また、そのときは文章全体の文体を「だ」「である」などの常体（→*p.*165参照）で書くことが多いです。

（1）私が将来つきたいのは看護の仕事だ。つきたい理由は三つあり、その一つ目は幼い頃から母の背中を見てきたからだ。

メールの文章でも「て」を使われた形が多く見られますが、親しい先輩・同期・後輩に宛てたカジュアルなメール以外では、基本的に「連用形」を用いるのが無難でしょう。

（2）ご返信が遅くなって、まことに申し訳ありません

この例は全体にあらたまっているので、次のように「連用形」に直したほうが、すわりがよいでしょう。

（2）ご返信が遅くなり、まことに申し訳ありません。

また、二つの文を簡単につなぐことができる「て」は便利ですが、便利な分、いろいろな意味があります。下記にあげただけでも6種あり、「て」の意味の広がりが実感できます。

・田中さんはかわいくてやさしい。（並列）
・京都は夏は暑くて、冬は寒い。（対比）
・一つ問題があって、私は中国語が話せないのです。（前触れ）
・家に帰って、キンキンに冷えたビールを飲んだ。（継起）
・話題の映画を見て、自然と涙がこぼれた。（原因・理由）
・今日はいい天気だったから、歩いて帰った。（付帯状況）

このようにたくさんの意味をもつ「て」は書き手にとっては汎用性があり便利ですが、読み手にとっては複数の意味が考えられる場合があり、わかりにくい文章になってしまう原因になります。複数

の意味で解釈できてしまうと、どのような意味か読み手によって解釈が変わってしまい、書き手の伝えたかったことがうまく伝わらないからです。特に、理由を伝えたいときに「て」を使うと、相手にうまく伝わらないことが多いです。そのようなときは、意味がはっきりしているほかの接続助詞に言い換えてみましょう。

BEFORE

（3）私の大学卒業までの目標に、公認会計士の資格取得がある。実を言うと、公認会計士という職業は何をするのかよくわかっていないが、高収入であると聞いて今まで両親にはたくさんお金をかけさせてしまったので、給料をたくさんもらって少しでも親孝行をしていきたいと思い、公認会計士を志した。

　（3）では、「高収入であると聞いた」から公認会計士になりたいと思ったため、「高収入であると聞いた」の部分が公認会計士を志す理由になります。その高収入に惹かれた背景として、「今まで両親にはたくさんお金をかけさせてしまった」ということがあります。つまり、「高収入であると聞いた」というのは公認会計士になりたい理由で、「今まで両親にはたくさんお金をかけさせてしまった」というのは高収入な仕事に惹かれた理由になります。このように、「高収入であると聞いた」と「今まで両親にはたくさんお金をかけさせてしまった」はそれぞれ別々の事柄の根拠となっています。そのように、異なるレベルのものを「て」でつなげてしまうと、その二つの文の論理関係があやふやになってしまい、読み手にはわかりづらくなってしまいます。
　そこで、（3-1）のように、「高収入であると聞いた」の部分に「ため」を用いて理由であることを明確にし、「今まで両親にはたくさんお金をかけさせてしまった」という部分を「今までたくさんお金をかけさせてしまった『両親』」のように名詞修飾に変更して、文

にメリハリを出すと、論理関係が明確になります。

AFTER!

（3-1）高収入であると聞いたため、今までたくさんお金をかけさせてしまった両親に少しでも親孝行をしていきたいと思い、公認会計士を志した。

あるいは、「高収入であると聞いた」の部分を「公認会計士」の名詞修飾にし、理由を「今まで両親にはたくさんお金をかけさせてしまったので」一つに絞ることでも、この文の読みにくさは解決できます。

AFTER!

（3-2）今まで両親にはたくさんお金をかけさせてしまったので、給料をたくさんもらって少しでも親孝行をしていきたいと思い、高収入であると聞く公認会計士を志した。

まとめ

 硬い書き言葉では「て」はできるだけ控え、連用形で置き換えられるものは連用形を使うようにしましょう。

 「て」だけで文をつなぐと意味が曖昧<ruby>曖昧<rt>あいまい</rt></ruby>になるので、意味がはっきりした別の接続助詞を使ったり、名詞修飾を使ったりして意味を明確にしましょう。

文章

1. 臨場感を出すコ系の指示詞の使い方

　日本語には「コソア」で始まる三つの指示詞がありますが、「コソア」のどれを用いて指すかによって、その指示対象が「どのような属性を持っているのか」を表すことができます。この機能を上手に利用すれば文章が活き活きしてくるでしょう。ここでは、「これ／この／こんなに」などコ系の指示詞の表現効果について、「この」を例に考えます。

チェックポイント 🖊

① コ系の指示詞は、どのように臨場感を演出するのですか？

② コ系の指示詞は、どのように共有意識を喚起するのですか？

　まずは「会話」において、どのようにコ系の指示詞が用いられているか、確認しておきましょう。

　（1）大和「この本、すごく面白かったよ。ぜひ読んでみて」
　　　　京子「ありがとう。さっそく今晩にでも読んでみる！」

　大和君は手元の「本」を「この」で指しています。「この」は、指示対象が目の前にあるとか、手で触れられる距離にあるなど、「話し手の近くにある」ということを表すものです。この性質は「文章」においても受け継がれます。

　（2）京子さん、お元気ですか。僕は今、札幌に来ています。
　　　　昨日は札幌で一番おいしいといわれるラーメンを食べました。
　　　　このラーメン、本当に美味しいです。今度、ぜひ一緒に！

（2）は、大和君から京子さんへのメールです。大和君は「このラーメン」と書いていますが、このとき本当は大和君の目の前に「ラーメン」はありません。ラーメンを食べた後、ホテルに帰ってメールを書いたと思われます。

　しかし、大和君は、あまりにもラーメンが美味しくて、その感動を京子さんに伝えたいばかりに、「この」をつけて、目の前にあるかのように表現しているのです。こうすれば京子さんも、大和君の感動を分かち合えます。

　もう一つ、少し硬めの文章も見てみましょう。

BEFORE

（3）本能寺の変で明智光秀が織田信長をたおした。その結果、豊臣秀吉が天下をとることになった。日本史を動かしたのは、明智光秀かもしれない。

　（3）では「織田信長／豊臣秀吉／明智光秀」という3人の人物が出てきますが、描写の仕方が淡々としていて、3人のうちの誰にスポットライトが当たっているともいえない、客観的な筆致です。

　もちろん歴史の記述として申し分ないのですが、これを例えば小説化するとしたら、誰かにスポットライトを当てて、臨場感を演出したくなります。そこで「この」の出番です。

AFTER!

（3）本能寺の変で明智光秀が織田信長をたおした。その結果、豊臣秀吉が天下をとることになった。日本史を動かしたのは、この明智光秀かもしれない。

　上記の執筆時、「明智光秀」が書き手の目の前にいるはずはありません。いうまでもなく、存命ですらありません。にもかかわらず、「この」が用いられています。

249

それは「この明智光秀」とすると、まるで書き手の目の前にいるかのような臨場感を演出できるからです。すなわち「明智光秀」にスポットライトを当てられるのです。そうすれば読み手も、臨場感たっぷりの文章を味わえるでしょう。

　こうした臨場感を表す用法である「この〜が」という形をとると、「ほかならぬ〜」の意味になり、スポットライト感が際立ちます。

　（4）まさかこの私が成績優秀者に選ばれるとは思わなかった。

　以上からわかるように、コ系の指示詞は文章においても、指示対象が「書き手の近くにある」かのように演出することができ、読み手に臨場感を伝えられるのです。

　一方、コ系の指示詞は、聞き手／読み手との「共有意識」を喚起することもあります。

　（5）大和「この本、どうしたの？」
　　　　京子「ああ、この本ね、図書館で借りてきたんだ」

　（5）では、大和君も京子さんも「この」を用いていて、「本」が両者の近くにあるとわかります。そして両者が「この」と言い合うことによって、「本」を「共有している」という感覚が生じます。

　このようなコ系の指示詞は、もちろん文章でも有効です。

BEFORE

　（6）人生の時間は無限ではない。だから、今を大切に生きなければならない。

AFTER!

　（6）人生の時間は無限ではない。だから、この今を大切に生きなければならない。

（6）の二つを比べてわかるように、BEFOREが客観的な筆致であるのに対して、「この」を挿入したAFTERでは、書き手と読み手が「共有している今」というニュアンスを演出できます。つまり、コ系の指示詞によって、共有意識が喚起されるわけです。

（7）地球には多くの生物が生息している。私たち人間は、生物の多様性を守らなければならない。

（7）この地球には多くの生物が生息している。私たち人間は、生物の多様性を守らなければならない。

（7）も同様です。どちらも客観的な意味としては同じですが、「この地球」とすると、「私の地球であり、あなたの地球であり、そして（動植物を含む）みんなの地球である」というニュアンスが生じて共有意識が喚起され、「私たち人間」の「私たち」とも相性がよくなります。

まとめ

 コ系の指示詞を使うと、書き手の目の前や手で触れられる距離にあるかのように表現することで、読み手に「臨場感」を伝えることができます。

 コ系の指示詞を使うと、書き手にとっての「この〜」は、読み手にとっての「この〜」でもあるということを利用して、「共有意識」を喚起することができます。

第5章 文章 1 複数の文のつなげ方

251

2. 文脈指示に適したソ系の指示詞の使い方

「コソア」で始まる三つの指示詞のうち、ここでは、「それ/その/そんなに…」などのソ系の指示詞について検討します。コ系の指示詞は臨場感がありましたが、ソ系の指示詞は臨場感に乏しく、先行する文脈をそのまま指すのに適した形式です。ソ系の指示詞のこうした特徴について「その」を例に考えます。

チェックポイント

① ソ系の指示詞の役割は、どのようなものですか？

② ソ系の指示詞は、なぜ客観的な表現に適しているのですか？

③ ソ系の指示詞は、なぜくどさを取り除けるのですか？

ソ系の指示詞の重要な役割は、文章において直前に出てきた指示対象を指し、文脈の連続性を強化することです。

次の文を見てください。

BEFORE

（1）私には20年来の友人がいる。友人は、私にとって非常に大切な存在だ。どんなに辛いときでも、そっと寄り添ってくれて、本当に心強い。

（1）の2文目の「友人」は、直前にある1文目の「20年来の友人」を指すつもりで書き手は書いたのかもしれません。しかし、この文章を読む限り、一般論として「友人というものは非常に大切な存在だ」と述べていると解釈するほうが普通です。

そこで、ソ系の指示詞を使って「その友人」としてみます。

（1）私には20年来の友人がいる。その友人は、私にとって非常に大切な存在だ。どんなに辛いときでも、そっと寄り添ってくれて、本当に心強い。

「その友人」とすることで、「20年来の友人」が指示対象であることがはっきりします。別の言い方をすれば、「20年来の友人」と「その友人」とは同一である、ということになります。この二つの例文の比較から、ソ系の指示詞「その」は、指示対象との同一性を保証する、という役割を担っていることがわかります。

それでは、ソ系の指示詞を用いると、どのようなニュアンスが出るのでしょうか。前述のコ系の指示詞の例文と比べながら、検討してみましょう。

（2）京子さん、お元気ですか。僕は今、札幌に来ています。昨日は札幌で一番おいしいといわれるラーメンを食べました。このラーメン、本当に美味しいです。今度、ぜひ一緒に！

コ系の指示詞（→p.248）で見たように「このラーメン」とすると、まるで書き手の目の前にあるかのような臨場感が演出されて、読み手も「美味しさ」への感動を分かち合えます。

一方、同じ箇所をソ系の指示詞「その」にすると、そのような臨場感は失われ、突き放した印象が生じます。

（3）京子さん、お元気ですか。僕は今、札幌に来ています。昨日は札幌で一番おいしいといわれるラーメンを食べました。でもそのラーメン、期待ほどではありませんでした…。

（3）の「そのラーメン」は、話し手の目の前にあるのではなく、

253

先行文脈にある指示対象の「札幌で一番おいしいといわれるラーメン」を指しています。

「その〜」の場合、「この〜」のときのような臨場感は演出されません。つまり、「美味しさ」への感動を伝えたいわけでもないとき、換言すれば、客観的に事実のみを伝えたいときは、ソ系の「その」が適している、ということがわかります。

もう一つ、ソ系の指示詞の役割を見ておきましょう。それは「繰り返しを避ける」という役割です。

BEFORE

（4）本書では、晩婚化と晩婚化の理由について考察する。

（4）のように書いても、間違いではありませんが、同じ語句が繰り返されると、少しくどい感じがしてしまいます。そこで、以下のように「その」を利用すれば、「晩婚化」は1回ですみ、すっきりと洗練された印象が生まれます。

AFTER!

（4）本書では、晩婚化とその理由について考察する。

それでは、もう少し長い文章でも検討してみましょう。「その」ではなく、同じソ系の「それ」を用いる場合です。

BEFORE

（5）人生において最も大切なものは「お金」であると多くの人が言う。しかし、私にとっての人生において最も大切なものは、「時間」である。

（5）では、「人生において最も大切なもの」という長い語句を繰り返しているため、くどくて洗練されていない印象です。そこで2番目の「人生において最も大切なもの」を、次のように、わずか2字

254

の「それ」に置き換えてみます。こうすれば、すっきりと洗練された印象になります。

AFTER!

（5）<u>人生において最も大切なもの</u>は「お金」であると多くの人が言う。しかし私にとっての<u>それ</u>は「時間」である。

　少し翻訳調の雰囲気も感じられますが、そのような雰囲気も含めて、ソ系の指示詞の味わいといってよいかもしれません。

まとめ

 ソ系の指示詞を使うことで、文章において先行する文脈に出てきた指示対象と、ソ系の指示詞で示すものとの同一性を保証することができます。

 ソ系の指示詞を使うことで、臨場感や気持ちなどを交えず、淡々と先行詞を指して、事実のみを客観的に伝えることができます。

 ソ系の指示詞を使うことで、語句の繰り返しを避けて、くどさを取り除き、すっきりと洗練された印象をかもし出すことができます。

3. 共感を喚起するア系の指示詞の使い方

　指示詞「コソア」のうち、「あれ／あの／あんなに…」などのア系の指示詞について検討します。ア系の指示詞は、「あのころは楽しかったよね」のように書き手と読み手、お互いの記憶を指すときに使うのが典型ですが、その勘どころはどこにあるのでしょうか。ここでは「あの」を例に、ア系の指示詞の特徴を考えます。

> **チェックポイント**
>
> ① ア系の指示詞は、どのように共感を喚起するのですか？
> ② ア系の指示詞は、どのように思い入れを伝えるのですか？

　まずは「会話」において、どのようにア系の指示詞が使われているのか、確認しておきましょう。

　（1）大和「このあいだ行ったあのレストラン、おいしかったね」
　　　　京子「うん。また一緒に行きたいね〜」

ア系の指示詞は、記憶の中にある対象を指します。（1）で大和君は「あのレストラン」と言っていますが、それは大和君の記憶の中の「レストラン」を指しているわけです。
　さて、（1）の場面の特徴は、聞き手である京子さんも「レストラン」を知っている、ということです。では、次はどうでしょうか。

BEFORE

　（2）大和「駅前に新しくレストランができたんだけど、明日にでも、あのレストランに行ってみようか」
　　　　京子「いいね。楽しみだな〜」

（2）では、大和君は「レストラン」を知っていますが、京子さんは知りません。このようなとき、「あの」で指すことはできません。その代わり、文脈指示に適した「その」を使います。

AFTER!

（2）大和「駅前に新しくレストランができたんだけど、明日にでも、そのレストランに行ってみようか」
　　　京子「いいね。楽しみだな〜」

（2）の前後の比較から、聞き手が知らない指示対象は、ア系で指すことが難しく、ソ系の指示詞を使ったほうがよいことがわかります。

ここまで会話におけるア系の指示詞を見ました。それでは「文章」においては、どうでしょうか。

文章では読み手が不特定ですから、読み手も指示対象を知っているということを前提にはできません。したがって、ア系の指示詞の使用は少なくなります。とはいえ、もちろん使う機会はありますし、効果的に使えば、文章が活き活きしてきます。以下では、文章におけるア系の二つの用法を見ていきましょう。

まずは、「誰もが知っている」と思われる有名な対象に「あの」をつけて「共感を喚起する」用法です。

次の例文を見てください。（3）は「ビートルズ」について、客観的な筆致で事実を淡々と述べている文です。

BEFORE

（3）世界的なバンドであるビートルズも、デビューしたばかりの頃は、あまり人気がなかったそうだ。

ところが、次のように「あのビートルズ」とすると、「私もあなたも、そしてみなさんも知っている、有名なビートルズ」といったニュアンスが「あの」の力で生じ、共感が喚起されます。

（3）世界的なバンドであるあのビートルズも、デビューした ばかりの頃は、あまり人気がなかったそうだ。

　書き手は当然、「ビートルズ」を知っています。一方、読み手が 知っているかどうかは、厳密にはわかりません。しかし「ビートル ズ」は非常に有名なので、「読み手も知っている」と強く推測され ます（そう思われない方は、→p.232を参照）。こういうときは、会話 の（1）と同じく、「あの」をつけることができるのです。

　それでは、もう一つの用法を見てみましょう。それは明らかに読 み手が知らない対象や出来事をア系で指して、書き手の「思い入れ を伝える」用法です。まずは会話で確認します。

（4）大和「昨日、駅前にレストランを見つけて入ったんだ。 それにしても、あのレストラン、本当においしか った！」
　　　 京子「いいなあ。私も行きたかった〜」

　（4）では、（2）と同じく、聞き手（京子さん）は指示対象（レス トラン）を知りません。したがって、ア系の「あの」は、本当は使 えないはずなのですが、（4）は自然な文章です。これは話し手の「思 い入れ」と関わりがあります。このように話し手が「思い入れ」を 伝えたいときには、聞き手が指示対象を知らなくても、例外的にア 系を用いることができます。一方、（2）でア系の指示詞が使えない のは、この文が「思い入れ」を伝えたいわけではないからです。

　この用法は、もちろん文章においても有効です。次の（5）は、 満塁ホームランを打ったときの「感触」を客観的な筆致で淡々と述 べている文章です。

BEFORE

（5）私は小学生のとき、野球部に入っていた。あまり上手で
はなかったが、一度だけ満塁ホームランを打ったことがある。
バットの芯でボールを捉えたときの感触は、今でも忘れられな
い。

しかし、次のように「あの」をくわえると、満塁ホームランを打
ったことへの「私」の「思い入れ」が伝わってきます。

AFTER!

（5）私は小学生のとき、野球部に入っていた。あまり上手で
はなかったが、一度だけ満塁ホームランを打ったことがある。
バットの芯でボールを捉えたときのあの感触は、今でも忘れら
れない。

（5）における「あの感触」は、「私」の個人的な体験ですから、
読み手が知るはずもありません。しかし「あの」は自然です。

まとめ

 ア系の指示詞を使うと読み手も知っている（と強く推測される）
有名な指示対象を指して、「共感を喚起」することができます。

 読み手が知らない対象や出来事でも、書き手の「思い入れ」
が強い場合は、ア系の指示詞で「思い入れ」を伝えることが
できます。

4. 読み手の注意を惹く倒置の使い方

「文」という表現方法では、情報という要素を一つずつ順番に出していきます。基本とされる語順はだいたい決まっていますが、それをわざと変え、読み手に注目させることもあります。ここでは、特定の情報を後ろに持ってくる「倒置」について考えます。

チェックポイント

① 「倒置」は、どのように「感慨」を伝えるのですか？

② 「倒置」は、どのように「サスペンス感」を抱かせるのですか？

③ 日常的な「倒置」を書き言葉で使うことはありますか？

　文を作るときに「いつ→だれが→どこで→なにを→どうした」という順番で書きましょう、といったことを聞いたことがあると思います。このような語順の文は、とても自然に感じられます。

　（1）昨日、私は学校でサッカーを練習した。

　それでは、この文の各要素を、わざと最後に移してみます。

　（1-1）私は学校でサッカーを練習した、昨日。
　（1-2）昨日、学校でサッカーを練習した、私は。
　（1-3）昨日、私はサッカーを練習した、学校で。
　（1-4）昨日、私は学校で練習した、サッカーを。

　これが倒置文です。いかがでしょうか。（1）に比べて、なんだか不自然になってしまいました。文が不自然になるなら、倒置なんて

要らないのでは？　と思われるかもしれません。しかし、そんなことはありません。

　（1-1）〜（1-4）が不自然なのは、「倒置をする動機がないから」です。十分な動機があれば、倒置は大きな表現効果を発揮します。以下、そのような場合を見ていきましょう。

　（2）私は小学生のとき、野球部に入っていた。あまり上手ではなかったのだが、たった一度だけ満塁ホームランを打ったことがある。私は今でもバットの芯でボールを捉えたときのあの感触を覚えている。

　（2）は、ア系の指示詞（→p.256）で紹介した文章をアレンジしたものです。この第3文を倒置文にしてみます。

　（2-1）私は今でも覚えている、バットの芯でボールを捉えたときのあの感触を。

　こうすると、読み手の注意は「バットの芯でボールを捉えたときのあの感触」に、特に強く向けられることでしょう。その結果、読み手も「あの感触」を「自分の手」で追体験できるかのようです。
　それでは、なぜ倒置には、このような表現効果があるのでしょうか。それは先にも述べたように、基本の語順ではないからです。次のようなたとえ話で考えてみましょう。
　夜、あなたは自分の部屋に帰ってきました。部屋の中は、いつもと同じ風景です。パソコン、カレンダー、机、椅子、壁にかかった絵…、などなど、いつもと同じ配置です。そのときあなたは、何にも特に注意を向けないことでしょう。
　ところが、あなたの留守中に（家族の）誰かが部屋に入ってきて

机の向きを少し変えてしまった、とします。そうすると、部屋に帰ってきたあなたは、見慣れた部屋の「どこかがいつもと違う」と気づき、やがて「机」に注意を向けることになるでしょう。

　倒置文も同じことです。見慣れた基本の語順をわざと乱して、その変化させた箇所、つまり倒置した要素に、読者の注意を向けさせる。これが倒置文のカラクリだといえます。

　ところで倒置のパターンは、（2-1）のほかにも考えられます。

　　（2-2）私はバットの芯でボールを捉えたときのあの感触を覚えている、今でも。
　　（2-3）今でもバットの芯でボールを捉えたときのあの感触を覚えている、私は。

　例文（2-2）は例えば「ずっと前の出来事だけど<u>今でも</u>覚えているのだ」という感慨を、（2-3）は例えば「あの頃のチームメイトはみな、野球の思い出を忘れてしまったかもしれないけど、<u>私は</u>覚えているのだ」という感慨を、それぞれ伝えるのに適しています。

　また、次のような倒置は、いかがでしょうか。

　　（2-4）私は今でもあの感触を覚えている、バットの芯でボールを捉えたときの…。

　例文（2-4）を「あの感触を覚えている」まで読み進めた読者には、いったい「何の感触」のことを言っているだろう？　という疑問が湧きます。それは、その直後に「バットの芯でボールを捉えたときの…」と種明かしされるまでの、ほんのコンマ何秒かの短い時間ではありますが、読者にサスペンス感を抱かせるには十分です。

　このように倒置には、重要な情報をわざと後回しにして、読者に

サスペンス感を抱かせる、遊び心いっぱいの用法もあるのです。

　最後に、もう一つ、身近な倒置の例を見ておきましょう。

　　(3) 何だ、これは。（これは何だ）
　　(4) 紅茶、レモンで。（レモンの紅茶）

　後ろの（　）内が、日本語として基本の語順です。しかし目の前
に突然、わけのわからないものが出現したら、つい「何だ、これは」
と言ってしまいます。また喫茶店で注文するときは、ほとんどの人
が「紅茶、レモンで」と言うことでしょう。これは、話し手が思い
ついた順序で話しているからです。

　これらも倒置ですが、あまりに自然すぎて、倒置であることに気
づかないぐらいです。こうした自然な表現は、硬い書き言葉では使
われませんが、エッセイやブログのタイトルで使ったり、自然な会
話やセリフを導入したりするときには目を引きますので有効です。

まとめ

 「倒置」を使うと、倒置された要素に、読み手の注意を特に
強く向けさせることができます。

 「倒置」を使うと、重要な情報をわざと後回しにすることに
よって、読者にサスペンス感を抱かせることができます。

 日常的な会話で用いられる身近な「倒置」表現は、くだけた
書き言葉で人目を引くのに有効です。

5.　余韻を生む省略の使い方

　「文」において「何を表現するか」ということは、とても重要な問題です。このことを逆に言うと、「何を表現しないか」も、とても重要だということになります。何かを表現しないことを「省略」といいます。それでは、なぜ省略を行うのでしょうか。ここでは省略の表現効果について考えます。

チェックポイント

①「省略」は、どのように「切迫した雰囲気」を伝えるのですか？
②「省略」は、どのように「表現のあたり」をやわらげるのですか？

　日本語の勉強を始めて日が浅い留学生は、よく次のような文章を書きます。

BEFORE

　（1）はじめまして。私はマイケルと申します。私は25歳です。私はイギリスから来ました。私の趣味は音楽鑑賞です。どうぞよろしくお願いいたします。

　いかがでしょうか。「私は／私の」が多すぎて、くどく感じられますよね。日本語の母語話者なら、次のように直すでしょう。

AFTER!

　（1）はじめまして、私はマイケルと申します。25歳です。イギリスから来ました。趣味は音楽鑑賞です。どうぞよろしくお願いいたします。

　つまり、日本語では第1文（私はマイケルと申します）で「私は」

と書けば、その効力は文脈の転換がない限り何文も続きます。したがって、第2文以降の「私は／私の」は省略可能です。というより、省略しないと、くどくなってしまいます。このような主語の省略は、文脈から復元可能であれば省略するというのが原則です。

　しかし、そうではない省略もあります。次の例を見てください。

　（2）先日、川沿いの遊歩道を散歩していたら、大きな蛇が柵に絡まっていた。こんな都会に、こんな大きな蛇がいるとは、本当に驚いた。

　（2）では、自身の感情を「本当に驚いた」と文章化しています。しかし、自身の感情を文章化できるということは、それだけ心の余裕がある、ということでもあります。つまり、驚きが度を越していたのなら、言葉も出ないはず。そうした切迫した雰囲気を表現するために、省略が適しているのです。

　（2）先日、川沿いの遊歩道を散歩していたら、大きな蛇が柵に絡まっていた。こんな都会に、こんな大きな蛇がいるとは…。

　いかがでしょうか。「本当に驚いた」を省略することで、「言葉も出ないほど驚いた」という、切迫した雰囲気が伝わってきます。さらに言えば、省略された部分は読み手が想像しなければならず、文章の余韻が強まるという効果もあって、一石二鳥です。

　もちろん、（2）のどちらが表現としてよいか、という問題ではありません。淡々として客観的な筆致がふさわしいときは省略なしを、緊張感あふれる描写がふさわしいときは省略を選ぶ、というように使い分けられるのが理想です。

　ほかにも喜怒哀楽などの感情を表す文で、省略は有効です。ビジ

ネス文書には使いにくいのですが、SNS等では効果的でしょう。「…」を使うと、省略があることが明確になります。

（3）昨年度の卒業生から、メールが届いた。わざわざ近況を
　　知らせてくれるとは……
（4）彼は仕事に情熱を持っていないようだ。こんな酷い書類
　　を提出してくるなんて……

　もう一つ、省略の重要な役割を見てみましょう。例えば、目上の人がメールを送ってくれたのですが、そこに添付されているべきファイルが添付されていませんでした。このとき、例文（5）のように返信するのは、角が立つおそれがあります。

BEFORE

（5）部長、先ほどのメール、ファイルが添付されていなかっ
　　たようです。再度ご確認ください。

　目下あるいは対等の立場の人なら、これでも問題なさそうですが、目上の人に対しては、「ご確認ください」という指示を与えるような表現は、人間関係の上で、難しいかもしれません。社外の初対面の人へのビジネスメールであれば、「恐れ入りますが、再度ご確認をお願いできないでしょうか」と丁寧にする方法もありそうですが、社内の上司ではやや堅苦しく感じられます。そこで省略の出番です。

AFTER!

（5）部長、先ほどのメール、ファイルが添付されていなかっ
　　たようなのですが…

　ビジネスチャットであれば、これで十分でしょう。この文章を読んだ部長は、何をすべきか、すぐわかります（もちろん「送信した

266

メールの再確認」ですね）し、指示しているという色も薄れます。

　言われなくてもわかることをわざわざ指摘されると、やはりあまり気分はよくないでしょう。部屋を片付けようと思っていたときに「片付けなさい」と言われると面白くないのと同じ心理です。したがって、親しい上司や、社外の付き合いの長い相手に対しては、省略によって表現のあたりをやわらげる必要があるのです。

　また、相手が目上でなくても、言いにくいことを省略して、それを察してもらいたい、というケースもあります。

　　（6）明日の引っ越し、少し人手が足りないんですが…
　　（7）仕事中、お電話をいただいても、出られませんので…

　例文（6）（7）の「…」の部分は、どのような言葉が省略されたのか、それぞれ想像してみてください。内容がだいたい想像できるぐらいの省略が、適度な省略です。

まとめ

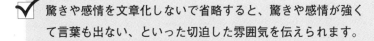

☑　驚きや感情を文章化しないで省略すると、驚きや感情が強くて言葉も出ない、といった切迫した雰囲気を伝えられます。

☑　言いにくいことを省略すると、省略した内容を相手に察してもらい、表現のあたりをやわらげられます。

1. 論理的な接続詞の使い方

　接続詞を使うと、それだけで論理的な文章が書けたような気持ちになることがあります。しかし、実はそれこそが、接続詞を使うときの落とし穴です。ここでは、論理的な接続詞の使い方について考えます。

チェックポイント

① 論理の飛躍が起きないようにするためには、どうすればよいですか？

② 論理的な文章に見せるためには、どのような接続詞を使えばよいですか？

　論理的な文章を書くためには、接続詞の前後で論理の飛躍が起きていないか注意することが必要です。それでは、そもそも論理の飛躍はどのようにして起こるのでしょうか。

BEFORE

（1）あと2時間でレポートの締め切りだ。だから、私は寝ることにした。

　（1）を読んで、「なんで！？」と思った読者の方は多いのではないでしょうか。（1）では前提となる情報、例えば「まだ一文字もレポートを書いていないこと」や「締め切りに寛容な先生であること」が抜けてしまっています。読み手の側で想像することもできますが、真相は結局書き手にしかわかりません。

　このように、書き手の中にある暗黙の前提が論理の飛躍を起こし、それを無理やり接続詞でつなぐことによって、非論理的な文章にな

ってしまうのです。

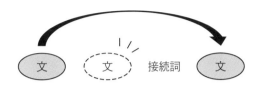

AFTER!

（1）あと2時間でレポートの締め切りだ。まだ一文字も書け
ていないが、締め切りをすぎても受け取ってくれる先生だし、
今日はもう眠い。だから、私は寝ることにした。

論理の飛躍が起きないようにするためには、次の3点が重要です。

　Ⓐその文章を初めて読む読み手の気持ちになって見直すこと
　Ⓑほかの人に読んでもらうこと
　Ⓒ接続詞がどの文とどの文をつないでいるかを意識すること

　まず、書いた後に、自分が初めてその文章を読む読み手の立場に
立って見直すことが重要です（Ⓐ）。
　また、暗黙の前提に自分自身で気づくのは難しいこともあるでし
ょう。できればほかの人にも読んでもらい、論理の飛躍が起きてい
ないかアドバイスをもらうことをお勧めします（Ⓑ）。
　そして、応用編のコツとして、接続詞がどの文とどの文を結びつ
けているかを意識することも重要です（Ⓒ）。例えば、次の例文で
接続詞「また」を使うとしたら、どこに入れますか？

BEFORE

（2）最近増えているプチ贅沢の代表例として、お取り寄せギ
フトがある。全国各地の名産物を自宅で楽しむことができ、実

269

際に現地に行くよりも金銭的に安くすむ点が大きな魅力だ。コンビニオリジナルのコーヒーやスイーツ、おつまみもプチ贅沢品として人気がある。高級専門店ほど高価なものではないが、いつもよりもワンランク上の美味しさを身近に味わえる点が消費者の心をつかんだのだろう。

　(2) では、プチ贅沢の例として、1文目で「お取り寄せギフト」、3文目で「コンビニオリジナルのコーヒーやスイーツ、おつまみ」の二つがあげられ、それぞれ後ろの文で人気を集める理由が説明されています。このような場合、二つの事柄の中間に接続詞「また」を使うことで、離れた位置にある二つの文（AFTERの下線部）が並列関係にあることを読み手に示すことができます。また、接続詞がどの文とどの文を結びつけているかを意識することで、論理の飛躍に気づくきっかけにもなるのです。

AFTER!

　(2) 最近増えているプチ贅沢の代表例として、お取り寄せギフトがある。全国各地の名産物を自宅で楽しむことができ、実際に現地に行くよりも金銭的に安くすむ点が大きな魅力だ。また、コンビニオリジナルのコーヒーやスイーツ、おつまみもプチ贅沢品として人気がある。高級専門店ほど高価なものではないが、いつもよりもワンランク上の美味しさを身近に味わえる点が消費者の心をつかんだのだろう。

　最後に、接続詞の種類について考えてみたいと思います。
　せっかく論理の飛躍に気をつけても、論理的に見えない接続詞を使ってしまったら台無しです。大学での論文・レポートや、ビジネス文書など、論理性を求められる文章では、「だから」や「でも」のような書き手の感情が前面に出る話し言葉の接続詞ではなく、「し

たがって」や「しかし」のような書き言葉の接続詞を使うようにしましょう。書き言葉の接続詞と話し言葉の接続詞の違いについては、3.3.3「文体に合った接続表現の選び方」（→*p.172*）で詳しく紹介されています。

論理

書き言葉の接続詞
（したがって、しかし等）

論理	感情

話し言葉の接続詞
（だから、でも等）

まとめ

 論理の飛躍が起きないようにするためには、Ⓐその文章を初めて読む読み手の気持ちになって見直すこと、Ⓑほかの人に読んでもらうこと、Ⓒ接続詞がどの文とどの文を結びつけているかを意識することが重要です。

 論理的な文章に見せるためには、「だから」「でも」のように、書き手の感情が前面に出る話し言葉の接続詞を使わないようにしましょう。

2.　不要な接続詞の間引き方

　文章を書くときに、接続詞を使いすぎていませんか？　不要な接続詞をうまく省略できると、メリハリのある読みやすい文章になります。ここでは、不要な接続詞の間引き方について考えます。

チェックポイント

① 不要な接続詞とは、どのような接続詞ですか？
② 使いすぎに注意が必要なのは、どのような接続詞ですか？

　接続詞は使いすぎに注意が必要です。3〜4文に一つを目安に接続詞を使うと、ちょうどいいバランスになります。そもそもなぜ接続詞を使いすぎてはいけないのでしょうか。

　一つは、接続詞が使われるたびに前後の文脈の関係が強調されてしまい、読んだときの「うるささ」につながるためです。

　もう一つの理由は、重要な文で使われている接続詞が目立たなくなってしまうからです。接続詞の中には、「しかし」や「そこで」のように、後ろに書き手の主張が来やすい重要な接続詞があります。そのような接続詞を目立たせるためにも、不要な接続詞は省略する必要があります。

　例えば、次の例文ではほぼ全ての文に接続詞が使われています。

BEFORE

　（1）ペットは予想外の病気やケガをする。そのため、餌代だけでなく、病院にかかる治療費も必要になる。つまり、ペットの飼育は、人間の子育てと同じだ。しかし、それを知らずに飼い始める人も多く、注意喚起が必要である。

（1）から、不要な接続詞を省略してみましょう。

接続詞を省略するときは、前後の文脈の意味的な隔たりが小さいものを省略するとうまくいくことが多いです。例えば、前の文脈から順当に予想できる内容が続く、「そのため」のような順接の接続詞、「つまり」のような言い換えの接続詞、「また」のような並列の接続詞です。これらの接続詞は、ほかの表現に置き換えることもできます。

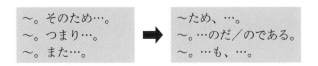

~。そのため…。
~。つまり…。
~。また…。
　　　➡
~ため、…。
~。…のだ／のである。
~。…も、…。

AFTER!

（1）ペットは予想外の病気やケガをするため、餌代だけでなく、病院にかかる治療費も必要になる。ペットの飼育は、人間の子育てと同じなのだ。しかし、それを知らずに飼い始める人も多く、注意喚起が必要である。

なかには、つい使いすぎてしまい、文章の流れを悪くしてしまう接続詞もあります。「また」「そして」「しかし」が代表的です。

BEFORE

（2）私は、学生のうちに海外旅行を経験したほうがよいと思う。また、そのように考える理由が三つある。

（2）は、不要な箇所で「また」を使用している例です。話し言葉の接続詞「で」や「それから」で会話をつなぐように、「また」でつい文と文をつないでしまうことがよくあります。しかし、「また」は本来、前後が並列関係にあることを伝えるために使われる接続詞です。（2）の主張と理由のように、並列関係にないものを「また」でつないでしまった場合は、推敲（すいこう）の段階で省略するようにしましょう。

273

（2）私は、学生のうちに海外旅行を経験したほうがよいと思う。そのように考える理由が三つある。

次の（3）の「そして」も、「また」と同様、次の文に進むためだけに使いがちな接続詞です。

BEFORE

（3）アルバイトでは、仕入れの担当をしている。そして、売上の計算や在庫の確認を行っている。そして、将来は、この経験を活かせる仕事につきたいと考えている。

「そして」を繰り返し使うと、小さい子が書いた作文のような幼稚な文章に見えてしまいます。短い文が連続している場合は、文と文を合わせて1文で表現し、「そして」がなくても文が自然につながっている場合は、「そして」を省略するようにしましょう。

AFTER!

（3）アルバイトでは、仕入れの担当として、売上の計算や在庫の確認を行っている。将来は、この経験を活かせる仕事につきたいと考えている。

最後に、逆接の接続詞「しかし」も使いすぎに注意が必要です。

BEFORE

（4）大学では、レポートや論文を書くためのアカデミック・ライティングの授業が増えてきた。しかし、企業に就職した後、ビジネス文書の書き方を一から教わることは少ない。しかし、高度な文章スキルが必要なのは、ビジネス文書も同じである。

論文やレポートでは、自分の主張を述べる際に「しかし」がよく使用されます。もちろん、「しかし」を使うこと自体は問題ありま

274

せん。しかし、何文も続けて出てくると、予想に反する展開が繰り返され、読みにくい文章になってしまいます。

「しかし」を減らしたいときは、対比の接続詞「一方」で置き換えることによって解消されることがあります。もし置き換えだけでうまくいかない場合は、文章の流れ自体を見直してみましょう。

AFTER!

（4）大学では、レポートや論文を書くためのアカデミック・ライティングの授業が増えてきた。一方、企業に就職した後、ビジネス文書の書き方を一から教わることは少ない。しかし、高度な文章スキルが必要なのは、ビジネス文書も同じである。

まとめ

 不要な接続詞とは、前後の文脈の意味的な隔たりが小さく、他の表現（助詞や文末表現）で置き換えられるものです。接続詞は3〜4文に一つを目安に使うようにしましょう。

 特に使いすぎに注意が必要な接続詞は、「また」「そして」「しかし」です。

3.　展開を強調する接続詞の使い方

　「だが、しかし」のように、文の先頭で接続詞を二つ連続して使う、接続詞の二重使用を見たことはありませんか？　この方法は、文章の展開を強調したり、複雑な論理展開を整理して示すことができますが、使い方を失敗すると読み手を困らせてしまうことがあります。ここでは、接続詞の二重使用について考えます。

チェックポイント

① 接続詞の二重使用が効果的なのは、どのような場合ですか？
② 接続詞の二重使用で注意すべき点は何ですか？
③ 文中の「接続助詞＋接続詞」の使用で注意すべき点は何ですか？

　接続詞の二重使用は、以下の三つの場合の使用が効果的です。

　　Ⓐ文と文の関係を強調したい場合
　　Ⓑ複数の解釈を同時に表現したい場合
　　Ⓒ入れ子型構造を表現したい場合

　それぞれ例文をあげて見てみましょう。（1）は、前後の逆接の関係を強調するために、似た意味の接続詞を二つ連続して使用した例です（上記Ⓐ）。（2）は、逆接の関係と対比の関係を同時に表現するために、異なる意味の接続詞を二つ連続して使用した例（上記Ⓑ）、（3）は、「しかし」から始まる文の中に「だからあれほど気を抜くなと言ったんだ」という小さな文が含まれている入れ子型構造の例（上記Ⓒ）です。

276

（1）私はこの調子でいけば当然上位でゴールできるだろうと思っていた。だが、しかし、気を抜いている間に、周囲のライバルたちが一気に追い越してきたのだ。

（2）私はこの調子でいけば当然上位でゴールできるだろうと思っていた。しかし、一方で、気を抜くとライバルたちの巻き返しに合うかもしれないという弱気な気持ちもあった。

（3）私はこの調子でいけば当然上位でゴールできるだろうと思っていた。しかし、だからあれほど気を抜くなと言ったんだと再三言われていることを思い出し、気合を入れ直した。

接続詞の二重使用では、注意すべき点が二つあります。一つ目は、強調が不要な場所でむやみに使わないということです。

BEFORE

（4）一人暮らしをすれば料理の腕が上がると思っていた。だが、しかし、実際は仕事で疲れて帰ってくるので自炊する気力はまったく起きない。そして、また、コンビニに行けば一人分のお惣菜が充実していて、自炊する必要もない。

（4）では、「だが、しかし」と「そして、また」の2か所で二重使用がなされています。しかし、似た接続詞を二つ重ねるほどインパクトのある展開ではなく、接続詞が文章から浮いてしまっています。このような場合は、接続詞を一つに削る（4-1）か、二重使用の後に続く文をインパクトの強い書き方にする（4-2）とよいでしょう。

AFTER!

（4-1）一人暮らしをすれば料理の腕が上がると思っていた。しかし、実際は仕事で疲れて帰ってくるので自炊する気力はまったく起きない。また、コンビニに行けば一人分のお惣菜が充実していて、自炊する必要もない。

（4-2）一人暮らしをすれば料理の腕が上がると思っていた。だが、しかし、現実はそんなに甘くなかった。仕事で疲れて帰ってくるので自炊する気力はまったく起きない。また、コンビニに行けば一人分のお惣菜が充実していて、自炊する必要もない。

　もう一つの注意点は、複数の解釈を表しているのか、入れ子型構造なのかを明確に示すということです。複数の解釈を表したい場合は、二つ目の接続詞の後に読点（、）を打ちましょう。入れ子型構造を表したい場合は、読点を打たないことがポイントです。

BEFORE

（5）本を買っても読まないまま積読(つんどく)になることが多い。しかし、だから、本を買うのは無駄だとは思わない。

　（5）を読んで、「だから」が何をつないでいるのかわからず戸惑った方もいるのではないでしょうか。接続詞の後ろに読点を打つと、たいてい前の文と後ろの文が結びつくと考えるため、「…積読になってしまうことが多いから、本を買うことが無駄だとは思わない」と理解し、混乱してしまいます。「だから」の後ろの読点をなくし、「だから本を買うことは無駄だ」を小さなまとまりとして示すことで、理解が容易になります。

AFTER!

（5）本を買っても読まないまま積読(つんどく)になることが多い。しかし、だから本を買うのは無駄だとは思わない。

　二重使用と似たもので、文の途中で接続助詞と接続詞を並べて使う方法もあります。１文の中で何度も使ってしまうと、冗長でわかりにくい文になるため、使いすぎには注意しましょう。

278

BEFORE

（6）メールとSNSはメッセージをやりとりするという点では似ているが、しかし、スピード感の面でまったく異なっていて、また、始めから終わりまで完成した文章を送るかどうかという点でも異なるが、それでもやはり、相手がどう受け取るかを考える必要があるという点ではよく似ていると思う。

AFTER!

（6）メールとSNSはメッセージをやりとりするという点では似ているが、しかし、スピード感の面でまったく異なっている。また、始めから終わりまで完成した文章を送るかどうかという点でも異なる。それでもやはり、相手がどう受け取るかを考える必要があるという点ではよく似ていると思う。

まとめ

☑ 接続詞の二重使用が効果的なのは、Ⓐ文と文の関係を強調したい場合、Ⓑ複数の解釈を同時に表現したい場合、Ⓒ入れ子型構造を表現したい場合です。

☑ 接続詞の二重使用は、強調が不要な箇所で使わないようにしましょう。また、接続詞の後の読点に気をつけましょう。

☑ 「接続助詞＋接続詞」は１文に一つ以内に抑えましょう。

4. 文章に埋もれない接続詞の使い方

　接続詞は、文章の展開の方向性を決める重要なマーカーです。しかし、せっかく使った接続詞が目立たない、あるいは読みにくい表記で書かれていたら文章に埋もれてしまいます。接続詞を目立たせるにはどうすればよいか、接続詞の見やすさについて考えます。

チェックポイント

① 接続詞を目立たせたいとき、どうすればよいですか？
② 接続詞は漢字と平仮名、どちらで書いたらよいですか？

　少しジャンルは異なりますが、歌詞や、テレビ番組のテロップで、接続詞が展開の強調に使われているのを見たことはありませんか？

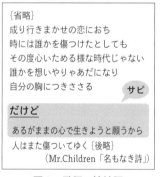

図1　歌詞の接続詞

図2　番組のテロップの接続詞

　文章の展開にメリハリをつけると効果的なのは、文章も同じです。例えば、次のブログの例を見てみましょう。

（1）今日はいよいよライブ当日。

朝から快晴です。

天気はいいし、準備万端でライブを迎えられるぞと意気
込んでいましたが、突然の豪雨！

これを、接続詞を使って展開を強調すると、どうなるでしょうか。

（1）今日はいよいよライブ当日。

朝から快晴です。

天気はいいし、準備万端でライブを迎えられるぞと意気
込んでいました。

しかし！　突然の豪雨！

　上記のようなSNSやブログの文章では、文章のテンポや、書き
手の感情の表現が非常に重要になります。このようなジャンルの文
章では、接続詞で展開を強調する方法が効果的です。

　それでは、展開を強調するために接続詞を目立たせたいときの方
法を考えてみましょう。

　まず一つは、接続詞を独立させて使う方法です。最初の歌詞や番
組のテロップ、（1）を見返してみると、どれも「ところが！」のよ
うに接続詞1語で文が終わっていたり、「だけど」のように見た目
の面で後ろの文脈と切り離されていたりします（ちなみに歌うとき
も「だけど」の後ろに間があります）。この方法は、プレゼンテーシ
ョンで使用するスライドにも応用することができます。

```
しかし、
  問題点① ×××××××××
  問題点② ×××××××××
```

図3　スライドの接続詞

　接続詞を目立たせるためのもう一つの方法は、接続詞を段落の先頭で使用し、接続詞の後ろに読点を打つ方法です。これは、ビジネス文書や論文・レポートのような長い文章に活用できます。

BEFORE

　（2）近年、コンビニ業界では独自のスイーツの開発に力を入れ、新しい商品が次々と販売されている。その中には、消費者の人気を集めてヒット商品になるものもあれば、まったく注目されずに消えていく商品もある。そこでこれまで販売されたコンビニ業界オリジナルのスイーツを対象に、販売数の多い商品と少ない商品を調査した。その結果を以下に報告する。

　ビジネス文書で重要な接続詞の一つが、課題や現状に対する対処を述べる「そこで」という接続詞です。上記の（2）では、目立たせたいはずの「そこで」が、文章の中に埋もれてしまっています。これでは、忙しいビジネスマンが要点に絞って読みたいときに、探すのに苦労してしまいます。

　そこで、重要な接続詞の位置で改行し、接続詞の後ろに読点を打ってみましょう。こうすることで、接続詞を目立たせることができます。

AFTER!

　（2）　近年、コンビニ業界では独自のスイーツの開発に力を入れ、新しい商品が次々と販売されている。その中には、消費者の人

282

気を集めてヒット商品になるものもあれば、まったく注目されずに消えていく商品もある。

　そこで、これまで販売されたコンビニ業界オリジナルのスイーツを対象に、販売数の多い商品と少ない商品を調査した。その結果を以下に報告する。

　ここまで接続詞を目立たせる方法について見てきましたが、せっかく接続詞を目立たせても、接続詞そのものの表記が見づらかったり、読みづらかったりしたら台無しです。接続詞を使うときは、次のようなルールで漢字と平仮名を使い分けることをお勧めします。位置や表記を意識して、展開を強調する接続詞が目立つように工夫してみましょう。

二字漢語を含む接続詞 ➡	漢字 【例】一方、第一に
それ以外の接続詞 ➡	平仮名 【例】また（×又）、すなわち（×即ち）

図4　接続詞の表記の工夫

 まとめ

 接続詞を目立たせたいときは、接続詞を独立させて使う方法や、段落の先頭で使用し、接続詞の後ろに読点を打つ方法が有効です。

二字漢語を含む接続詞は漢字で、その他の接続詞は平仮名で書くと見やすく読みやすい表記になります。

5.　目上の相手に対する接続詞の使い方

　ビジネス場面では、上司など目上の相手とのメールのやりとりが多く発生します。そんなとき無意識に、「上から目線」に思われやすい接続詞を使っていませんか？　ここでは、目上の相手に対する接続詞の使い方について考えます。

チェックポイント

(1) 目上の相手の主導権を奪わないようにするために、どのような接続詞を使えばよいですか？

(2) 目上の相手のメンツをつぶさないようにするために、どのような接続詞を使えばよいですか？

　「上から目線」に思われやすい接続詞には、2種類あります。一つは、話の主導権を握ってしまうタイプの接続詞、もう一つは、相手のメンツをつぶしてしまうタイプの接続詞です。

　まず、話の主導権を握ってしまうタイプの接続詞から見てみましょう。次のメールが部下から届いたら、どのように感じますか？

BEFORE

（1）先ほどは、ご多忙の中お時間をとってくださり、ありがとうございました。

　さて、ご依頼していた書類ですが、いかがでしょうか。

（2）会議の資料を作成いたしました。まず、中身の確認からお願いします。その後に、承認印をいただいてもよろしいでしょうか。

（1）では、上司に対するお礼を述べる文から始まっていますが、

その余韻に浸る間もなく、「さて」で話が明確に切り替えられています。「さて」や「ところで」のような話題転換の接続詞を使用すると、話の流れをコントロールしているニュアンスが強くなり、読み手に不快な思いをさせるおそれがあります。

目上の相手に対して新しい話題に移りたい場合は、無理に接続詞は使用せず、「〜の件ですが」「〜については」のような表現で話題を提示するといいでしょう。話題の数が多い場合は、「①ご依頼していた書類の件」のように、箇条書きにする方法も有効です。

（1）先ほどは、ご多忙の中お時間をとってくださり、ありがとうございました。

ご依頼していた書類についてですが、いかがでしょうか。

（2）の「まず」も、相手の動作に対して使うと話の主導権を握ってしまうタイプの接続詞です。特に、「お願いします」のような依頼の表現と「まず」が組み合わさると、依頼を超えて指示のニュアンスが強くなります。部下から突然、仕事の順序を指示されたら、戸惑ったり、場合によっては不快に思うこともあるのではないでしょうか。

目上の相手に対して順序を伝えたい場合は、接続詞を使わずに伝える方法がお勧めです。

（2）会議の資料を作成いたしました。中身を御確認いただき、承認印をいただいてもよろしいでしょうか。

次に、「上から目線」になりやすい接続詞のもう一つのタイプ、相手のメンツをつぶしてしまうタイプの接続詞について見ていきましょう。次のようなメールが部下から届いたら、どのように感じる

でしょうか。

BEFORE

（3）いただいたメールの件ですが、要するに、私が書類を作成するということでよろしいでしょうか。

（4）部長のご意見に私も賛成です。ただし、予算の配分については一部検討が必要な部分があると思います。

（3）は、受け取ったメールの内容について、自分の理解が正しいかどうかを確認する文面です。しかし、「要するに」が使用されることで、ただ確認するだけでなく、相手の話の要点がわかりにくかったという気持ちまで相手に伝わってしまいます。目上の上司の立場からすると、自分の説明がわかりにくかったことを反省するきっかけになる以上に、自分のメンツをつぶされたという気持ちで受け取ってしまう可能性があります。

相手の意図を確認したい場合も、（1）や（2）と同様、接続詞を無理に使用しない方法が有効です。

AFTER!

（3）いただいたメールの件ですが、私が書類を作成するということでよろしいでしょうか。

また、（4）は、部長の意見に基本的には賛成する一方で、部分的に修正が必要だと主張している文面です。例外や条件を後から付け足すときに「ただし」は便利な接続詞ですが、目上の相手に対して使うと、相手を部分的に否定するニュアンスが強くなり、相手のメンツをつぶしてしまうおそれがあります。

このように、後から例外や条件を付け加えたい場合は、「ただし」ではなく「ただ」で否定のニュアンスを抑えたり、「賛成ですが、」と前置きの接続助詞「が」で文をつなぐ方法が有効です。

（4-1）部長のご意見に私も賛成です。ただ、予算の配分については一部検討が必要な部分があると思います。

（4-2）部長のご意見に私も賛成ですが、予算の配分については一部検討が必要な部分があると思います。

なお、ここまで「目上の相手」として「上司」を想定してお話してきました。しかし、ビジネス場面の「目上の相手」は、上司のような立場上の上下関係だけではありません。相手に謝罪する場面や、相手に依頼する場面のように、場面によって上下関係が生まれることもあるでしょう。そのような場合も、「上から目線」の接続詞に注意すると、相手との良好な関係を保ちながらコミュニケーションをとることができます。ぜひ試してみてください。

まとめ

 目上の相手の主導権を奪わないようにするために、新しい話題に移るときの「さて」「ところで」、相手の動作の順序を伝えるときの「まず」を使わないようにしましょう。

 目上の相手のメンツをつぶさないようにするために、相手の意図を確認するときの「要するに」、例外や条件を付け加えるときの「ただし」を使わないようにしましょう。

5.3. 段落の作り方

1. 読みにくさを改善する見出しのつけ方

　報告書や大学のレポートなど、長い文章を書く際に、本文だけを
ぎっしりと詰め込んで書いてしまうと、読みにくく感じられます。
そうした読みにくさを改善するのが見出しです。ここでは、効果的
な見出しの使い方について考えます。

チェックポイント

① 見出しが後ろに続く段落の内容を端的にまとめていますか？
② 同じ階層の見出しのレベルがそろっていますか？

　本文だけがベタで長く続く文章は読みにくいものです。何につい
て書かれた文章か、どこで話題が区切れるのかといった情報が視覚
的に示されていないためです。次の（1）を見てみましょう。

BEFORE

　（1）ビタミンは健康を維持するために必要な栄養素で、ほか
　の栄養素が体内で働くための手助けをしています。ビタミンは、
　油脂に溶ける脂溶性ビタミンと、水に溶ける水溶性ビタミンの
　二つに大別されます。脂溶性のビタミンは、肝臓や脂肪組織に
　蓄えられるもので、ビタミンA・D・E・Kなどがあります。
　水溶性のビタミンは、ビタミンB群とCですが、尿から排泄され、
　脂溶性ビタミンよりも早く体外に排出される傾向があります。

　（1）は、長い文章が工夫もなく、だらだらと書かれています。読
み手が内容を理解する手がかりがなく、すべての文を読むことを強
いられ、負担が大きくなります。そこで、見出しを使うことを考え
ます。見出しは、後ろに続く段落の話題を端的にまとめたキーワー

ドで、タイトルのような存在です。見出しがあれば、読み手は本文を読む前に、あらかじめ話題を理解してから読み進められ、読み手の負担を軽くすることができます。

AFTER!

（1）ビタミンの種類

　ビタミンは健康を維持するために必要な栄養素で、ほかの栄養素が体内で働くための手助けをしています。ビタミンは、油脂に溶ける脂溶性ビタミンと、水に溶ける水溶性ビタミンの二つに大別されます。脂溶性のビタミンは、肝臓や脂肪組織に蓄えられるもので、ビタミンA・D・E・Kなどがあります。水溶性のビタミンは、ビタミンB群とCですが、尿から排泄され、脂溶性ビタミンよりも早く体外に排出される傾向があります。

　見出しは、文章の中に複数書かれることもあります。その際には、文章の階層関係がわかるように、同じ階層の見出しのレベルをそろえる必要があります。次の（2）を見てみましょう。

BEFORE

（2）

　1．ビタミンの種類

　ビタミンは健康を維持するために必要な栄養素で、ほかの栄養素が体内で働くための手助けをしています。油脂に溶ける脂溶性ビタミンと、水に溶ける水溶性ビタミンの二つに大別されます。

　1.1　油脂に溶ける脂溶性のビタミン

　脂溶性のビタミンは、肝臓や脂肪組織に蓄えられるもので、ビタミンA・D・E・Kなどがあります。

　1.2　水溶性のビタミンは体外に排出される

水溶性のビタミンは、ビタミンB群とCですが、尿から排泄され、脂溶性ビタミンよりも早く体外に排出される傾向があります。

（2）には、1.という見出しの中に、1.1と1.2という階層の異なる見出しが書かれています。階層を分けることで、話題のサイズを整理して見せることができますが、（2）では、見出しに統一感がないため、段落同士の関係が把握しにくくなっています。1.1と1.2は並列関係にあるため、見出しでも、それがわかるように示す必要があります。

並列関係を示すために、まず、見出しの語句の品詞をそろえる必要があります。1.1は名詞の体言止め、1.2は動詞の用言止めで、品詞がそろっていません。また、脂溶性のビタミンが「油脂に溶ける」という説明と、水溶性のビタミンが「体外に排出される」という説明は、観点がそろっていません。何に溶けるのかという観点と、体内に残りやすいかどうかという観点をそれぞれそろえると、以下のような見出しが立てられます。

$\begin{cases} 1.1 & 油に溶ける脂溶性ビタミン \\ 1.2 & 水に溶ける水溶性ビタミン \end{cases}$

$\begin{cases} 1.1 & 肝臓や脂肪組織に蓄えられる脂溶性ビタミン \\ 1.2 & 体外に排出される水溶性ビタミン \end{cases}$

段落の内容に合わせて、どの観点で見出しをつければよいかを検討する必要があります。（2）は、ビタミンの機能や性質というより、種類について述べている文章であるため、タイトルも「脂溶性のビタミン」「水溶性のビタミン」という名称の提示が簡潔でわかりやすいでしょう。

(2)

1. ビタミンの種類

　ビタミンは健康を維持するために必要な栄養素で、ほかの栄養素が体内で働くための手助けをしています。油脂に溶ける脂溶性ビタミンと、水に溶ける水溶性ビタミンの二つに大別されます。

　1.1　脂溶性のビタミン

　　脂溶性のビタミンは、肝臓や脂肪組織に蓄えられるもので、ビタミンA・D・E・Kなどがあります。

　1.2　水溶性のビタミン

　　水溶性のビタミンは、ビタミンB群とCですが、尿から排泄され、脂溶性ビタミンよりも早く体外に排出される傾向があります。

まとめ

✓ 次に続く段落の内容を見出しで端的にまとめ、内容の予告をして読みやすくしましょう。

✓ 同じ階層の見出しが並列の関係になるようにしましょう。

第5章　文章　3 段落の作り方

2.　複雑な内容を整理する列挙の方法

　長い文章で具体的な例をわかりやすく示す際に有効なのが列挙です。抽象的な概念を述べた後に、「例えばA・B・Cのような例があります」と具体例をあげれば、読み手は概念をイメージしやすくなります。ここでは、列挙のルールについて考えます。

チェックポイント

① 列挙と羅列の違いは何でしょうか？
② 何と何が列挙されているか、語句の関係が明示できていますか？
③ 列挙されている節の関係が正しく示せていますか？

　列挙とは、具体例などを並べあげることだと述べましたが、ただ闇雲に並べればよいというわけではありません。次の例文を見てみましょう。

BEFORE

　（1）19世紀後半には、近代日本の礎となる多くのできごとが起こった。
　・1872年　学制公布
　・1871年　廃藩置県
　・1871年　郵便制度開始
　・1889年　大日本帝国憲法発布
　・1872年　太陽暦の採用

　（1）には、「近代日本の礎となる多くのできごと」の例として、五つの例があげられています。しかし、並べられた順番に何の法則もないため、「列挙」ではなく、「羅列」になってしまっています。

列挙も羅列も並べあげることですが、列挙には並べる際の法則が存在します。列挙の法則とは、その時々に、書き手によって決められるものです。何のために列挙するのかを考え、読み手がイメージしやすいように並べることが大切です。

（1）では、「19世紀後半」という時期に「できごとが起こった」とあるので、年代の古い順に並べるという法則を用いたほうが、読み手は時系列に沿って理解しやすくなるでしょう。

AFTER!

（1）19世紀後半には、近代日本の礎となる多くのできごとが起こった。

・1871年　廃藩置県
・1871年　郵便制度開始
・1872年　学制公布
・1872年　太陽暦の採用
・1889年　大日本帝国憲法発布

語句を列挙する際には、（1）のように箇条書きで並べることもありますが、次の（2）のように、文の中に並べられることもあります。（2）では、語句同士の関係が並列になっているでしょうか。

BEFORE

（2）ミネラルは、体の構成成分でもあり、細胞が正常に機能するためにも不可欠な栄養素です。蛋白質や脂質、炭水化物・ビタミンと並び五大栄養素の一つでもあります。

（2）はミネラルについて説明している文章です。2文目に「蛋白質や脂質、炭水化物・ビタミン」と語句の列挙がありますが、それぞれの語句を結んでいるのが「や」「、」「・」と統一されていないため、何と何が列挙されているのか理解しにくく感じられます。「五

大栄養素」とあるので、ここでは五つが等質の関係に見えるように、同じ法則で並べる必要があります。並べる語句をつなぐ並列助詞の「や」、読点「、」、中点「・」の使用をどれか一つに統一すると、法則が明確になります。

AFTER!

（2-1）ミネラルは、体の構成成分でもあり、細胞が正常に機能するためにも不可欠な栄養素です。蛋白質や脂質や炭水化物やビタミンと並び五大栄養素の一つでもあります。

ただし、並列助詞の「や」は、（2-1）のように三つ以上並列すると、読みにくいので、三つ以上並べる場合には、読点か中点でつなぐとよいでしょう。

AFTER!

（2-2）ミネラルは、体の構成成分でもあり、細胞が正常に機能するためにも不可欠な栄養素です。蛋白質・脂質・炭水化物・ビタミンと並び五大栄養素の一つでもあります。

なお、長い修飾語のついた語句を並べる場合には、中点を使うと何をつないでいるかわかりにくくなるため、注意が必要です。（→1.1.3「気持ちを伝える多様な記号の使い方」*p.28*参照）。

列挙の対象となるのは、語句以外にも、文内の節や、文自体の場合もあります。次の（3）は、節の並列の例です。

BEFORE

（3）テーマパークに行って写真を撮ってアイスクリームを食べて映画を見た。

（3）には、「行く」「撮る」「食べる」「見る」という四つの動詞が列挙されています。すべて接続助詞の「て」で結ばれているため、

四つが並列の節であるように見えます。しかし、写真を撮ったのと
アイスクリームを食べたのはテーマパークの中で、映画を見たのは、
テーマパークのそとにある施設の中だった場合、四つの動詞を同じ
接続助詞の「て」で結んでしまうと、四つの出来事が同質の関係に
見えるため、読み手に誤解を与えてしまいます。

　そこで、「映画を見た」ことだけは時間差があることを示すために、
「てから」など別の接続助詞で結ぶと、並列関係が正確に伝わります。

　（3）テーマパークに行って写真を撮ってアイスクリームを食
　べてから映画を見た。

まとめ

 列挙する際は、法則に従って並べましょう。

 文中で語句を列挙する際は、列挙されている語句の関係がわ
かるよう、並列助詞・読点・中点など、同一のもので結びま
しょう。

 節を列挙する際、等質の節は同じ接続助詞で結ぶなど、節同
士の関係がわかるように結びましょう。

3.　まとまりのよい中心文の置き方

　結論を決めず、思いつくままに文章を書き連ねてしまうと、何が言いたいのかが伝わりにくくなります。そこで重要なのが、段落における中心文（トピック・センテンス）の存在です。ここでは、中心文を段落のどこに書けばよいかについて考えます。

チェックポイント

①　中心文を段落のどこに置けば、まとまりがよくなるでしょうか？

　ここまで見てきた見出しと列挙は、文章を箇条書きのようにして読みやすくする方法です。一方、文を連ねて長く続けていく文章では、段落という区切りが読みやすさを保障しています。段落構成を考える場合に大切なのが中心文です。

　中心文は、その段落を通して書き手が伝えたいことを表した文で、読み手は中心文で書き手の意図を理解します（→5.4.2「アウトラインに沿った中心文の膨らませ方」p.312参照）。そのため、中心文がなかったり、わかりにくかったりすると、段落全体の意図が不明瞭になります。では、中心文は段落のどこに置けばよいでしょうか。

　次の（1）は、楽器の種類を説明する文章です。金管楽器と木管楽器の例をあげて、音の出し方の違いを説明しています。

BEFORE

　（1）トランペット、ホルン、トロンボーン、ユーフォニウム、チューバは、金管楽器と呼ばれます。マウスピースを使用し、唇の振動によって音を出す楽器です。クラリネット、サックス、オーボエ、フルート、ピッコロは、木管楽器と呼ばれます。唇

を振動させずに音を出す楽器です。木管楽器の中でリードを使うものは、リード楽器とも呼ばれます。

この段落の中心文を段落のはじめとおわりに置くと、それぞれどうなるでしょうか。

次の（1-1）の1文目は、概要を表す文です。はじめに段落の要旨を述べてから、後ろで例をあげながら細かく説明すると、段落の内容がわかりやすくなります。

（1-1）管楽器には、金管と木管の2種類があります。トランペット、ホルン、トロンボーン、ユーフォニウム、チューバは、金管楽器と呼ばれます。マウスピースを使用し、唇の振動によって音を出す楽器です。クラリネット、サックス、オーボエ、フルート、ピッコロは、木管楽器と呼ばれます。唇を振動させずに音を出す楽器です。木管楽器の中でリードを使うものは、リード楽器とも呼ばれます。

中心文を段落のおわりに置くと、次の（1-2）のようになります。先に具体的な例を示してから、最後に取りまとめています。

（1-2）トランペット、ホルン、トロンボーン、ユーフォニウム、チューバは、金管楽器と呼ばれます。マウスピースを使用し、唇の振動によって音を出す楽器です。クラリネット、サックス、オーボエ、フルート、ピッコロは、木管楽器と呼ばれます。唇を振動させずに音を出す楽器です。木管楽器の中でリードを使うものは、リード楽器とも呼ばれます。このように、管楽器には、金管と木管の2種類があります。

次の（1-3）は、中心文を段落のはじめとおわりの2か所に置いた例です。管楽器の種類は2種類であることを繰り返してまとめています。

（1-3）管楽器には、金管と木管の2種類があります。トランペット、ホルン、トロンボーン、ユーフォニウム、チューバは、金管楽器と呼ばれます。マウスピースを使用し、唇の振動によって音を出す楽器です。クラリネット、サックス、オーボエ、フルート、ピッコロは、木管楽器と呼ばれます。唇を振動させずに音を出す楽器です。木管楽器の中でリードを使うものは、リード楽器とも呼ばれます。このように、管楽器は金属製か木製かではなく、音を出す仕組みによって2種類に分けられています。

中心文を置く位置に決まりはありませんが、以下の3種の構造が多く用いられます。

中心文の位置	段落の構造
段落のはじめ	はじめに結論や概要を書いてから、後ろで根拠や例をあげて説明する。
段落のおわり	根拠や例を先に出して説明してから、おわりに結論や概要を書く。
段落のはじめとおわり	はじめに結論や概要を書き、なかで説明し、おわりに結論や概要を繰り返す。

以上のように、中心文の存在で、読み手は何のために書かれた段落かを端的に理解できます。しかし、段落を構成するのは中心文だけではありません。中心文を支える支持文（サポーティング・セン

テンス）の存在も重要です。（→支持文の定義は、5.4.2「アウトライン
に沿った中心文の膨らませ方」p.312参照）

　段落を構成する際には、段落内のすべての文が中心文を説明する
支持文になるように書きましょう。中心文と関係のない文が段落内
に含まれないよう、注意が必要です。

まとめ

✓ 中心文の位置に決まりはなく、段落のはじめ、おわり、はじ
　めとおわりのいずれかに多く置かれます。

4. 電子媒体で見やすい段落の作り方

　従来の紙媒体の段落は、話題のまとまりごとに改行して文章を区切り、冒頭を1字下げして書いていました。しかし、ディスプレイやタブレット、スマホ等で見る電子媒体の場合、異なる段落の見せ方をしたほうが読みやすくなります。ここでは、電子媒体にふさわしい段落を考えます。

チェックポイント

①　話題のまとまりが視覚的に示されていますか？
②　媒体の特性に合った段落サイズで書かれていますか？

　まず、メールの段落について次の（1）で考えます。

BEFORE

（1）

【件名】	日程調整の件

Z株式会社　佐藤様

　いつもお世話になっております。A株式会社の青木と申します。来月の懇談会の日程について、次からご都合のよい日をご検討いただけないでしょうか。①7/13 14-15時、②7/14 15-16時、③7/15 16-17時。また、ご出席なさる方の人数、およびお名前を漢字とフリガナでお知らせいただけませんか。大変お忙しいところ恐れ入りますが、6月30日までにご回答いただきたく、何卒よろしくお願いいたします。

A株式会社　青木

このメールは、少し読みづらいと感じるのではないでしょうか。その理由は、本文に区切りがないからです。人は文章を話のまとまりごとに理解しますから、話のまとまりを視覚的に相手に伝えることが大切になります。特に、情報量の多い現代は、相手が効率的に情報を処理できるようにメールを書く必要があります。

　では、メールをどのように区切れば、見やすくなるでしょうか。ポイントは次の四つです。

Ⓐ段落冒頭の1字下げはせずに、1行空けを使うことです。メールでは、空白行がもったいなくはなく、むしろ、空白を活かして読みやすさを提供できます。

Ⓑ文の右端の改行の区切りです。メールでは、1文すべてを1行に書くより、文の途中の意味の切れ目で改行したほうが読みやすくなります。文の途中の意味の切れ目は、読点の後や助詞の後などです。語の途中で改行してしまうと、読みにくくなるので避けましょう。

Ⓒ伝えたい話題数を予告文で示し、話題ごとに番号を付すことです。依頼事項の数や注目してもらいたい要点の数が予め示してあれば、読み手は段落がいくつあるのかわかり、順を追って理解することができます。

Ⓓメールのタイトルの工夫です。受信トレイが多くのメールに埋もれがちな現代人にとって、そのメールの内容を表す見出しを具体的に書くことは、読みやすさへの第一歩につながります。「重要」「至急」「緊急」という言葉をタイトルにつけるよりも、タイトル自体を具体化させたほうが、読み手の印象に残るでしょう。

以下は、上記の4点をふまえて修正したものです。

AFTER!

(1)

【件名】 懇談会の日程調整の件（A株式会社）

Z株式会社　佐藤様

いつもお世話になっております。
A株式会社の青木と申します。

来月の懇談会について、2点ご相談があります。

1. 下記からご都合のよい日をご検討いただけませんか。
　　①7/13 14-15時
　　②7/14 15-16時
　　③7/15 16-17時

2. ご出席なさる方の人数、およびお名前を
　　漢字とフリガナでお知らせいただけませんか。

大変お忙しいところ恐れ入りますが、6月30日までに
ご回答いただきたく、何卒よろしくお願いいたします。

A株式会社　青木

　ビジネス場面では、要点をA3用紙1枚にわかりやすくまとめて、プレゼンテーションすることが求められることもあります。その際にも、上記の視覚的な段落の見せ方が役に立ちます。次の（2）を見てみましょう。

（2）

（議題名）**旅費精算システム導入の中間報告**

2019年11月20日に起案した首題のシステム導入について中間報告をする。本プロジェクトは、クラウドシステムを使うことにより旅費精算の効率化を目指す。

従来の旅費精算プロセスは、手作業が多く、社員の知識不足や教育不足によるポカミスも多く、社内規程や運用が複雑であるという課題がある。そこで、新システム導入により、申請者目線で、起票時間、精算時間短縮を実現する。また、チェック項目とチェック方法を決めることにより、担当者による業務品質のバラツキを減らす。さらに、業務プロセス全体で効率化を図る。

具体的には、個人の旅費精算範囲を旅費精算と飲食関係のみに減らし、それ以外は請求書払いへの変更を検討するなど、シンプルな規程による運用を目指す。形式的なチェックはシステムで行う。また、監査部門による事後チェックも検討し、経理部の承認なしでも申請者の上長承認のみで支払いの実行が行われるようにする。

システム導入後3か月程度は新しい業務フロー定着までに多少の混乱が起きる可能性があるため、マニュアルを作成し、説明会を実施して、業者のサポート体制を整える。システムの導入は、20年11月1日からと21年5月1日からの2段階に分けて実施する。

（2）は、タイトル以外の見出しがなく、文字が詰まっているため、圧迫感があります。そこで、次のように、段落を視覚的に見せる工夫をしてみます。

(2)

（議題名）旅費精算システム導入の中間報告

背景

2019年11月20日に起案した首題のシステム導入について中間報告をする。

本プロジェクトは、クラウドシステムを使うことにより旅費精算の効率化を目指す。

現状

旅費精算プロセスの課題は大きく三つある。

①手作業が多い。

②社員の知識不足、教育不足によるポカミスが多い。

③社内規程、運用が複雑である。

目指す姿

①申請者目線で、起票時間、精算時間短縮を実現する。

②チェック項目とチェック方法を決めることにより、
　担当者による業務品質のバラツキを減らす。

③業務プロセス全体で効率化を図る。

業務フロー見直し

①シンプルな規程による運用

②個人の旅費精算範囲の減少
　→ 旅費と飲食関係に限定。それ以外は請求書払いへ変更を検討。

③形式的なチェックはシステムで実施

④システムでチェックできないもののみを社員が目でチェック
　→ 監査部門による事後チェック導入を検討。
　　申請者の上長承認で支払いの実行（経理部の承認不要）。

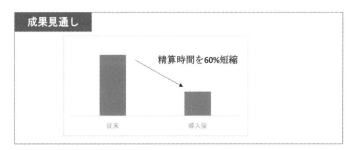

今後の課題

システム導入後3か月程度は新しい業務フロー定着までに多少の
混乱が起きる可能性がある。
→ マニュアル作成、説明会実施及び業者のサポート体制で
　 対応予定。

実施スケジュール

システム導入を2段階に分けて実施
　　1段階　20年11月1日〜運用開始
　　2段階　21年 5月1日〜電子帳簿保存法の適用開始

　まず、項目ごとに罫線で囲み、それに見出しをつければ、大きな
段落のまとまりが示せます。また、罫線の中はできる限り簡潔にし、
空白行や番号を用いて小さい段落を区切っていけば、流れを追って
読むことができます。さらに、文章だけでなく、グラフや図表を含
めることでも、段落内の情報を整理して示すことができます。

　最後に、ビジネスチャットの読みやすさを（3）を元に考えます。

（3）

> 佐藤　16:30
> 先日は、ありがとうございました。鎌倉のお酒・食事はとても美味しくて、大変魅力的に感じました。みなさまのお人柄に触れることができ、とても有意義なひと時でした。2年間の長いプロジェクトになりますが、是非ともシステムが無事に稼働できるよう、全力で取り組んで参ります。引き続きどうぞよろしくお願いいたします。

> 青木　17:10
> こちらこそお世話になりました。
> これから一緒にがんばりましょう。

　上のチャットの文章はやや重たく感じられるのではないでしょうか。そもそもチャットツールの利点は、会話のように気軽にメッセージのやり取りができることです。しかし、（3）では、一つのふきだしにすべての文章が続けて書かれているため、読み手は視覚的に話の区切りを認識できず、読みにくく感じるでしょう。

　メールの段落のように、チャットでも一つのふきだしの中に空白行を入れることで、話題を区切ったり強調したりできます。

　しかし、チャットのもつリアルタイム性をさらに活かすならば、話題ごとにふきだしを分けて用件を伝える工夫ができます。メールの段落では、空白行によって話のまとまりを示しましたが、チャットでは、ふきだしが段落の役割を果たすのです。

　書き手が一区切りだと思う箇所でメッセージを送れば、読み手は一つの話題にだけ返信すればよくなり、負担が軽くなります。

(3)

佐藤　16:30
先日の鎌倉では、ありがとうございました。
みなさまのお人柄に触れることができ、
とても有意義なひと時でした。

青木　16:37
こちらこそお世話になりました。
これから一緒にがんばりましょう。

佐藤　16:45
２年間と長いプロジェクトですが、
引き続きよろしくお願いいたします。

青木　16:59

まとめ

✓ メールやプレゼン資料を作成する際には、話題のまとまりが
　視覚的にわかるような工夫をしましょう。
　Ⓐ段落冒頭は１字下げせず空白行で段落を区切りましょう。
　Ⓑ長い文は、意味の区切りで改行しましょう。
　Ⓒ話題数を予告文で示し、段落ごとに番号をつけましょう。
　Ⓓタイトルは、具体的に書いて印象づけましょう。

✓ チャットでは、ふきだしが段落の代わりになります。礼儀を
　ふまえつつ、簡潔に表現しましょう。

1. 文章構成を決める アウトラインの立て方

　あるテーマが与えられたら、何を書くのかをまず考え、テーマに合ったストーリーを作らなければなりません。そのストーリーをアウトラインと呼びます。ここでは、アウトラインの作り方のポイントについて考えます。

チェックポイント

① アウトラインとは何ですか？

② アウトラインを考えるとき、何に気をつけますか？

③ アウトラインを立てた後でも工夫ができますか？

　アウトラインは文章の設計図です。設計図に沿って文章がうまく書けると、文章の説得力は増します。学校で、「法律がなぜ必要であるか」というテーマが与えられたとし、アウトラインを作ってみましょう。法律に詳しくない人でも最初に浮かぶのは憲法、民法、刑法です。

　そこで、まずはこの三つを調べ、アウトラインの作成のヒントを得ることから始めます。例えば、日本国憲法を調べてみると、国のあり方を定めた基本的なルールで、「国民主権」「平和主義」「基本的人権の尊重」の三原則を柱としていることがわかります。また、民法を調べてみると、個人間の利害が食い違い、争いが起きたときにそれを解決するルールであることがわかります。さらに、刑法を調べてみると、社会の安全を守るために犯罪や刑罰を定めたルールであることがわかります。

　では、ここまで調べた内容をどのように使っていけばよいでしょ

うか。テーマは「法律がなぜ必要であるか」であるため、法律が必要な理由を考えなければなりません。その理由を探るには、調べた内容の共通点や相違点を考えるのが効果的です。

　まず、共通点から考えます。多くの法律を調べてわかることは、どの法律も究極的には一人一人の権利を守っているということです。すなわち、「誰も自分の権利を安易に侵害してはいけません。半面、自分も他人の権利を安易に侵害してはいけません」これが、法律が必要である理由です。法律は社会の秩序を守るためのルールですが、民主主義社会にあっては、国民一人一人の権利を守るために社会の秩序の安定が求められているのです。

　では、相違点はどうでしょうか。憲法は国民の権利を国家が保障するためのルール、すなわち、国家権力の市民生活に不当な介入をしないために国家が守るべきルールです。一方、民法も刑法も市民が守るべきルールです。民法は市民間の利害の対立が起きたとき、それを解決するルールですが、当事者が納得できるのであれば法的な解決ではなく話し合いによる解決も可能で、刑罰もありません。刑法は社会秩序を維持するための個人が守るべきルールです。個人の暴力的な行為を伴いますので、違反に対しては国家権力による刑罰を伴います。こうした三つの法律の背景には、一部の権力者、特権階級、犯罪者などが不当に利益を得ないようにすることがあります。一部の人だけが得をすることがないよう、社会の公正性を保つために法律というルールが存在しているのです。

　このように、調べた内容の共通点や相違点を考えることで、文章の中心内容となる二つの理由が得られました。この二つの理由から以下のアウトラインを作ることができます。もちろん、それ以外にもさらに別の理由を考えることが可能です。理由をいくつ書くべきなのかは、文章の長さによって調整するとよいでしょう。

【アウトライン①】

> はじめに：法律は必要である
>
> ↓
>
> 理由１：市民一人一人の権利を守れるよう、互いの権利を侵害したりさせたりしないため
>
> ↓
>
> 理由２：一部の人だけが得をすることがないよう、社会の公正性を保つため
>
> ↓
>
> おわりに：互いの権利を守り、社会の公正性を保つため、法律が必要である

　これが「法律がなぜ必要であるか」という文章の設計図です。アウトラインは四つの文からなり、それぞれの文は、文章の四つの段落を支える中心的な内容となります。各段落の中心文（トピック・センテンス）となる文です。

　次に大事なのは各中心文のつながりです。ただ理由を羅列するだけでは、わかりやすい文章になりません。なめらかに文章を展開させるために、実際に文章を執筆する前に、各中心文のつながりを考える必要があります。その場合、各中心文の間に入る一文を書くと効果的です。その一文が入るだけで、中心文から構成される各段落のつながりが明確になります。

【アウトライン②】

> はじめに：法律は必要である
> 　　　　　↓　　「なぜ法律が必要なのか」
> 理由1：市民一人一人の権利を守れるよう、互いの権利を
> 　　　　侵害したりさせたりしないため
> 　　　　　↓
> 理由2：一部の人だけが得をすることがないよう、社会の
> 　　　　公正性を保つため
> 　　　　　↓　　「以上の内容をまとめる」
> おわりに：互いの権利を守り、社会の公正性を保つため、
> 　　　　　法律が必要である

　これを下敷きに文章を書けば、論理的に破綻を来すことがなくなり、説得力のあるものになるはずです。

まとめ

アウトラインは文章の設計図です。設計図に従って文章を書くと、文章構成が一貫し、論理性が高まります。

アウトラインを考えるとき、共通点と相違点の観点から調べた内容を整理すると、整理がつきやすくなります。

アウトラインを立てた後、中心文をつなぐ文を入れると、文脈がなめらかになります。

2. アウトラインに沿った中心文の膨らませ方

アウトラインができたら、それに沿って文章を書いていくことになります。しかし、短いアウトラインをどのように長い文章にしていけばよいのでしょうか。ここでは、アウトラインの中にある中心文を膨らませて、長い文章にしていく方法について考えます。

チェックポイント 🖊

① アウトラインに沿って、どのように中心文を膨らませますか？
② 中心文の膨らませ方は一通りですか？

中心文（トピック・センテンス）はアウトラインを考えたときに出てくる文で、各段落の中心的な内容となります。実際に文章を書くときは、この中心文に支持文（サポーティング・センテンス）を付加して段落を作っていきます。支持文は中心文を説明し、膨らませていく文です。

では、5.4.1「文章構成を決めるアウトラインの立て方」(→p.308)で見たアウトラインを膨らませ、四つの段落を作ってみましょう。

> はじめに：法律は必要である
>
> 　　　　↓　　　「なぜ法律が必要なのか」
>
> 理由1：市民一人一人の権利を守れるよう、互いの権利を
> 　侵害したりさせたりしないため
>
> 　　　　↓
>
> 理由2：一部の人だけが得をすることがないよう、社会の
> 　公正性を保つため
>
> 　　　　↓　　　「以上の内容をまとめる」
>
> おわりに：互いの権利を守り、社会の公正性を保つため、
> 　法律が必要である

　中心文を膨らませる際に、まず考えなければならないのは中心文を段落の冒頭に置くか、段落の末尾に置くかです。レポートや論文の文体において、段落の途中に中心文を置くことは少なく、一般に冒頭か末尾に置きます。

　中心文を段落の冒頭に置く場合、根拠や具体例は後ろにくることが多くなります。根拠を述べる際に接続詞「なぜなら」、具体例を述べる際に接続詞「例えば」などがよく使われます。

　一方、段落の末尾に置く場合は、よりバリエーションのある文章の展開方法になります。もちろん根拠や具体例を前提として先に述べることも多いのですが、それ以外に反対の意見を述べてから自分自身の意見を述べるという展開方法も用いられます。

　では、実際にこの二つの方法を実践してみましょう。まず、第一段落から考えます。

　【中心文1】法律は必要である。

第一段落の場合、次の段落にどうつながっていくのか、それを予告することが大事です。このため、段落の末尾に中心文を置くことが多くなります。その前には、現状や常識など、導入となる前置きの内容を書きます。また、次の段落とのつながりをなめらかにするために「なぜ法律が必要なのか」という一文を最後に添えるとよいでしょう。次のようになります。

【段落１_例①】法律は目に見えるものではないが、法律のない国はなく、どの国でも人々は法律に従って生活している。普段は意識することはないが、私たちの生活は法律に守られている。その意味で、法律が要らないと主張する人はまず存在せず、法律は必要なものである。では、なぜ法律が必要なのだろうか。

　現状や常識のような前置きの内容を省略し、「法律は必要である」から始め、より簡潔に述べることもできます。簡潔ではありますが、唐突感が生じがちですので、テーマや文章の内容によって判断すべきでしょう。

【段落１_例②】私たちの生活にとって法律は必要なものである。では、なぜ法律が必要なのだろうか。

　次に、第二段落の作り方を考えます。

【中心文２】市民一人一人の権利を守れるよう、互いの権利を侵害したりさせたりしないためである。

　第二段落の場合、中心文を段落の冒頭にも、段落の末尾にも置けます。冒頭に置く場合は、第一段落とのつながりを考慮し、「第一」

や「まず」のような言葉を入れるとよいでしょう。

　【段落2_例①】法律が必要な第一の理由は、市民一人一人の権利を守れるよう、互いの権利を侵害したりさせたりしないためである。憲法・民法・刑法を考えてみると、どの法律も一人一人の権利を守っている点で共通している。誰も自分の権利を安易に侵害することは許されないし、半面、自分も他人の権利を安易に侵害することはできない。

　一方、中心文を段落の末尾に置く場合は、第二段落のそれまでの展開、後に続く第三段落への展開、両方の展開を考慮しなければなりません。その意味でやや高度であると言えるでしょう。

　【段落2_例②】憲法・民法・刑法を考えてみると、どの法律も一人一人の権利を守っている点で共通していることがわかる。誰も自分の権利を安易に侵害することは許されないし、半面、自分も他人の権利を安易に侵害することはできない。つまり、法律が必要な理由の一つは、市民一人一人の権利を守れるよう、互いの権利を侵害したりさせたりしないためなのである。

　さらに第三段落の中心文をどのように膨らませていけるでしょうか。

　【中心文3】一部の人だけが得をすることがないよう、社会の公正性を保つためである。

　第三段落の書き方は第二段落の影響を受けます。もし第二段落で中心文を段落の冒頭に置いたのであれば、第三段落も同じようにし

たほうが文章の統一性を保つことができます。

【段落3_例①】法律が必要なもう一つの理由は、一部の人だけが得をすることがないよう、社会の公正性を保つためである。憲法は、国家権力の市民生活に不当な介入をしないために国家が守るべきルールであり、一部の権力者だけが不当に力を得ないためのものである。一方、民法は市民間の利害の対立が起きたとき、それを解決するルールであり、財産関係や家族関係で一部の力のある者が不当に利益を得ないよう、利害を調整するものである。また、刑法は社会秩序を維持するために個人が守るべきルールであり、一部の者が暴力的な行為で周囲に危害を加えて不当な利益を得ないよう、罰則によって取りしまるものである。

　一方、第二段落で中心文が段落の末尾に置かれていれば、第三段落も同じように中心文を段落の末尾に置くとバランスがよくなるでしょう。前の段落との関係を意識しながら、段落の導入を考えるところがやや難しい点です。ここでは、共通点と相違点を意識し、「一方」という接続詞を入れて、次のようにしてみました。

【段落3_例②】一方、憲法、民法、刑法にはそれぞれの特徴がある。憲法は、国家権力の市民生活に不当な介入をしないために国家が守るべきルールであり、一部の権力者だけが不当に力を得ないためのものである。また、民法は市民間の利害の対立が起きたとき、それを解決するルールであり、財産関係や家族関係で一部の力のある者が不当に利益を得ないよう、利害を調整するものである。さらに、刑法は社会秩序を維持するために個人が守るべきルールであり、一部の者が暴力的な行為で周囲

316

に危害を加えて不当な利益を得ないよう、罰則によって取りしまるものである。しかし、そのいずれにおいても、一部の人だけが得をすることがないよう、社会の公正性を保つために存在している点では共通しているといえる。

最後に、全体のまとめに相当する第四段落についても考えてみましょう。

【中心文4】互いの権利を守り、社会の公正性を保つため、法律が必要である。

最後の段落では、それまでの三つの段落の内容をふまえながら、二つの理由をまとめて示すことになります。その際に、二つの理由を1文に収めて、段落の冒頭に置き、その後に続く形で補足の内容を書くとよいでしょう。また、文脈の展開をなめらかにするとして間に入れることを推奨した「以上の内容をまとめる」という言葉も忘れずに入れておきましょう。

【段落4_例①】以上の内容をまとめると、互いの権利を守るため、また、社会の公正性を保つため、法律が必要であることがわかる。もし法律がなければ、自分の利益のために他者の権利を侵害することが頻発し、一部の人だけが権力や暴力によって不当な利益を得る、不公正な社会になってしまうおそれがある。

なお、文章の長さによっては、補足の内容を書かないこともあります。以下の通りです。

【段落4_例②】以上論じてきたことまとめると、互いの権利を

守るため、また、社会の公正性を保つため、法律が必要なのである。

　このように、中心文を段落の冒頭に置くか、段落の末尾に置くかによって、文章構成が異なってきます。前者の、段落の冒頭に置く例は次の節で詳しく説明することにして、後者の、段落の末尾に置く方法でまとめたものが以下の例になります。

【文章例】
　私たちの生活にとって法律は必要なものである。では、なぜ法律が必要なのだろうか。
　憲法・民法・刑法を考えてみると、どの法律も一人一人の権利を守っている点で共通していることがわかる。誰も自分の権利を安易に侵害することは許されないし、半面、自分も他人の権利を安易に侵害することはできない。つまり、法律が必要な理由の一つは、市民一人一人の権利を守れるよう、互いの権利を侵害したりさせたりしないためなのである。
　一方、憲法、民法、刑法にはそれぞれの特徴がある。憲法は、国家権力の市民生活に不当な介入をしないために国家が守るべきルールであり、一部の権力者だけが不当に力を得ないためのものである。また、民法は市民間の利害の対立が起きたとき、それを解決するルールであり、財産関係や家族関係で一部の力のある者が不当に利益を得ないよう、利害を調整するものである。さらに、刑法は社会秩序を維持するために個人が守るべきルールであり、一部の者が暴力的な行為で周囲に危害を加えて不当な利益を得ないよう、罰則によって取りしまるものである。しかし、そのいずれにおいても、一部の人だけが得をすることがないよう、社会の公正性を保つために存在している点では共

通していると言える。

　以上論じてきたことまとめると、互いの権利を守るため、また、社会の公正性を保つため、法律が必要なのである。

まとめ

 アウトラインに沿って、前提、説明、具体例、根拠などを加えていくことで中心文を膨らませ、一つのまとまった段落を作りましょう。

 中心文は、段落の冒頭に置くか、段落の末尾に置くかで印象が異なります。どちらがより読み手に伝わるかを考え、使い分けましょう。

3. 結論文を生かした要点の示し方

　中心文をもとにアウトラインを立て、中心文を膨らませて段落を作る。それで、文章の基本構成は完成です。しかし、文章の説得力を上げるために、もう一工夫できないでしょうか。ここでは、結論文を生かした強固な段落構成について考えます。

チェックポイント

(1) 中心文があれば段落構成は十分説得的ですか？
(2) 段落でメッセージを効果的に伝えるためにはどうすればよいですか？

　中心文をもとにアウトラインを立て、アウトラインに沿って中心文を膨らませながら段落を作っていくという書き方をパラグラフライティングといいます。パラグラフライティングにおけるパラグラフ（段落）は、中心文（トピック・センテンス）と支持文（サポーティング・センテンス）からなります。

　しかし、そこに結論文（コンクルーディング・センテンス）を入れると段落構造がさらに引き締まります。「中心文」は、厳密には、段落の冒頭で段落全体の話題を示す「主題文」と、段落の末尾で段落のまとめを表す「結論文」に分かれますが、結論文を「第二の中心文」と考え、冒頭と末尾の二つの中心文で支持文を挟むサンドイッチ構造の段落が、読み手にもっとも読みやすいと考えればよいでしょう。

結論文なしの段落構造

> 主題文（中心文）。
> 支持文①。
> 支持文②。
> ……

結論文ありの段落構造

> 主題文（第一の中心文）。
> 支持文①。
> 支持文②。
> ……
> 結論文（第二の中心文）。

　そのことを実例で確かめてみましょう。まずは、5.4.2「アウトラインに沿った中心文の膨らませ方」で説明しきれなかった結論文のないタイプの文章を示します。下線部が主題文です。

BEFORE

【文章例】

　法律は目に見えるものではないが、法律のない国はなく、どの国でも人々は法律に従って生活している。普段は意識することはないが、私たちの生活は法律に守られている。その意味で、法律が要らないと主張する人はまず存在せず、法律は必要なものである。では、なぜ法律が必要なのだろうか。

　法律が必要な第一の理由は、市民一人一人の権利を守れるよう、互いの権利を侵害したりさせたりしないためである。憲法・民法・刑法を考えてみると、どの法律も一人一人の権利を守っ

ている点で共通している。誰も自分の権利を安易に侵害することは許されないし、半面、自分も他人の権利を安易に侵害することはできない。

　法律が必要なもう一つの理由は、一部の人だけが得をすることがないよう、社会の公正性を保つためである。憲法は、国家権力の市民生活に不当な介入をしないために国家が守るべきルールであり、一部の権力者だけが不当に力を得ないためのものである。一方、民法は市民間の利害の対立が起きたとき、それを解決するルールであり、財産関係や家族関係で一部の力のある者が不当に利益を得ないよう、利害を調整するものである。また、刑法は社会秩序を維持するために個人が守るべきルールであり、一部の者が暴力的な行為で周囲に危害を加えて不当な利益を得ないよう、罰則によって取りしまるものである。

　以上の内容をまとめると、互いの権利を守るため、また、社会の公正性を保つため、法律が必要であることがわかる。もし法律がなければ、自分の利益のために他者の権利を侵害することが頻発し、一部の人だけが権力や暴力によって不当な利益を得る、不公正な社会になってしまうおそれがある。

　冒頭の第一段落を除き、主題文は各段落の先頭にきています。その結果、各段落の先頭に、その段落で語られる内容の要約が示されており、文章の内容を追いやすくなっています。これが、段落冒頭型主題文の長所です。半面、段落の末尾に段落全体の内容をまとめる文がないため、書きっぱなしで次の段落に移っていくような印象があります。これが、段落冒頭型主題文の短所になります。

　こうした短所を補うためには、各段落の末尾に、その段落の内容をまとめ、主張を表す文である結論文を入れることです。冒頭の主題文と末尾の結論文で間の支持文をサンドイッチにすることで、段

落のまとまりが明確になり、書き手のメッセージがくっきりと読み手に伝わるようになります。実際に、確かめてみましょう。

AFTER!

【第二段落】

　法律が必要な第一の理由は、市民一人一人の権利を守れるよう、互いの権利を侵害したりさせたりしないためである。憲法・民法・刑法を考えてみると、どの法律も一人一人の権利を守っている点で共通している。誰も自分の権利を安易に侵害することは許されないし、半面、自分も他人の権利を安易に侵害することはできない。こうした法律の枠の中で市民一人一人は、周囲の人に迷惑をかけない限り、自分らしく自由に生きることが可能になる。

　下線で示した結論文を段落の末尾に加えてみました。冒頭の中心文では市民の権利を守るということしか示されておらず、なぜ市民の権利を守らなければならないのか、その理由がないと説得力が落ちてしまいます。それを、結論文で補っています。つまり、一人一人が自分らしく自由に生きるために互いの権利を守ることが大事だと主張したわけです。

AFTER!

【第三段落】

　法律が必要なもう一つの理由は、一部の人だけが得をすることがないよう、社会の公正性を保つためである。憲法は、国家権力の市民生活に不当な介入をしないために国家が守るべきルールであり、一部の権力者だけが不当に力を得ないためのものである。一方、民法は市民間の利害の対立が起きたとき、それを解決するルールであり、財産関係や家族関係で一部の力のある者が不当に利益を得ないよう、利害を調整するものである。

また、刑法は社会秩序を維持するために個人が守るべきルールであり、一部の者が暴力的な行為で周囲に危害を加えて不当な利益を得ないよう、罰則によって取りしまるものである。<u>憲法、民法、刑法のいずれにおいても、一部の人だけが不当に利益を得ないよう、社会の公正性を保つために存在していると考えられる。</u>

　ここでも、下線で示した結論文を段落の末尾に加えています。末尾の結論文の内容は、冒頭の主題文の内容とほとんど変わりがありません。情報としては何も新しくはないのですが、「憲法、民法、刑法のいずれにおいても」を入れたのがキモになります。これを入れることで、抽象的な内容が示された中心文と、「憲法」「民法」「刑法」というバラバラな内容が示された支持文がつながり、段落全体としての一体感が生まれるようになるのです。

【第四段落】
　以上の内容をまとめると、互いの権利を守るため、また、社会の公正性を保つため、法律が必要であることがわかる。もし法律がなければ、自分の利益のために他者の権利を侵害することが頻発し、一部の人だけが権力や暴力によって不当な利益を得る、不公正な社会になってしまうおそれがある。<u>民主主義は市民の自由を守る考え方であり、私たちは民主主義制度のもとで初めて、自分たちのことを自分たち自身で決め、自由に生きられるようになる。</u><u>すなわち、民主主義を実現するために、法律が必要なのである。</u>

　ここでは段落の末尾に２文加えています。最後の１文が結論文であり、この文が加わることで、「互いの権利を守るため、また、社

会の公正性を保つため」と「民主主義を実現するため」が同義だということが示されます。また、その直前の文で、「民主主義は市民の自由を守る考え方」だというテーゼが示されます。この2文が加わることで、この文章で語られた内容に別の面から光が当たり、そのメッセージがさらに深まったような印象はないでしょうか。

この段落の結論文は、この文章全体の結論文でもあります。文章というのは最後の文が決定的に重要です。一通り文章を読み終えた人の読後感を決定するからです。全体の内容をまとめた文を最後に配することも重要ですが、その文に重層的なメッセージがこもっていると、読み手の読後感により強い影響を残します。段落も文章も言いっぱなしにするのではなく、最後にまとめて見せることが重要です。

最後に、ここまで説明してきたパラグラフライティングの最終形の文章を確認して終えることにしましょう。

【文章例】

法律は目に見えるものではないが、法律のない国はなく、どの国でも人々は法律に従って生活している。普段は意識することはないが、私たちの生活は法律に守られている。その意味で、法律が要らないと主張する人はまず存在せず、法律は必要なものである。では、なぜ法律が必要なのだろうか。

法律が必要な第一の理由は、市民一人一人の権利を守れるよう、互いの権利を侵害したりさせたりしないためである。憲法・民法・刑法を考えてみると、どの法律も一人一人の権利を守っている点で共通している。誰も自分の権利を安易に侵害することは許されないし、半面、自分も他人の権利を安易に侵害することはできない。こうした法律の

枠の中で市民一人一人は、周囲の人に迷惑をかけない限り、自分らしく自由に生きることが可能になる。

　法律が必要なもう一つの理由は、一部の人だけが得をすることがないよう、社会の公正性を保つためである。憲法は、国家権力の市民生活に不当な介入をしないために国家が守るべきルールであり、一部の権力者だけが不当に力を得ないためのものである。一方、民法は市民間の利害の対立が起きたとき、それを解決するルールであり、財産関係や家族関係で一部の力のある者が不当に利益を得ないよう、利害を調整するものである。また、刑法は社会秩序を維持するために個人が守るべきルールであり、一部の者が暴力的な行為で周囲に危害を加えて不当な利益を得ないよう、罰則によって取りしまるものである。憲法、民法、刑法のいずれにおいても、一部の人だけが不当に利益を得ないよう、社会の公正性を保つために存在していると考えられる。

　以上の内容をまとめると、互いの権利を守るため、また、社会の公正性を保つため、法律が必要であることがわかる。もし法律がなければ、自分の利益のために他者の権利を侵害することが頻発し、一部の人だけが権力や暴力によって不当な利益を得る、不公正な社会になってしまうおそれがある。民主主義は市民の自由を守る考え方であり、私たちは民主主義制度のもとで初めて、自分たちのことを自分たち自身で決め、自由に生きられるようになる。すなわち、民主主義を実現するために、法律が必要なのである。

まとめ

 中心文を先頭にのみ置く段落構成は読みやすくはありますが、段落の終わりが不明瞭で、まとまりに欠くきらいがあります。

 段落でメッセージを効果的に伝えるには、段落の終わりに結論文を置き、その段落を通じて伝えたいことを明確化することが重要です。

第 **6** 章

修辞

1. 気持ちが伝わる比喩の作り方

　私たちはメールやSNS、Twitter等で何かを書くときに「比喩」を使うことが意外にあります。ここでは自分らしい効果的な比喩の使い方について考えます。

チェックポイント

① 手垢のついた慣用表現を使っていませんか？

② ありきたりの比喩表現を使っていませんか？

　手垢のついた慣用表現とは、よく使われる決まり文句でありながら、実態の伴わない表現のことです。「背筋が凍るような」「鳥肌が立った」といって、本当に背筋が凍り、鳥肌が立っていますか。ありきたりの表現では、書き手が伝えたいこと、強調したいことが十分には伝わりません。例えば、次の文について考えてみましょう。

BEFORE

　（1）○○氏の謝罪会見を見たが、<u>奥歯にものが挟まったような</u>言い方で、私にはこれが謝罪とは思えなかった。

　（1）の「奥歯にものが挟まったような」は「はっきりと言いたいことが言えないような」という意味の慣用句で、意味は伝わっていますが、実は曖昧なところが残っています。それは書き手が「言いたいことが言えない」理由をどのように考えているか、という点です。もし、「『私は悪いことをしたとは思っていない』ということが言えない」という場合、（1-1）のような比喩にできます。

　また、ほかにも「本当に悪いと思っているが、私がはっきり謝ることで迷惑をかける人が出てくる、だから、はっきりと謝れない」

という場合は（1-2）のような表現も考えられます。

（1-1）○○氏の謝罪会見を見たが、心の中では悪いと思っていないのに無理に謝らされた子どものような言い方で、私にはこれが謝罪とは思えなかった。

（1-2）○○氏の謝罪会見を見たが、本当のことを話したくても事実をぼかして報告するしかない中間管理職のような言い方で、私にはこれが謝罪とは思えなかった。

（1-1）も（1-2）もけっして格好のよい表現ではないのですが、自分の頭で考えた言葉である分、伝える力で手垢のついた「慣用表現」にまさります。「慣用表現」で細かい部分を伝えられないと思ったら、どこが曖昧なのかを考えてみましょう。そこから「自分だけの手作りの比喩」が生まれます。

次に、「慣用表現」ではないが「ありきたりの比喩表現」であるがゆえに、読み手の好奇心を効果的に喚起することができない場合について見ていきましょう。

問題：次の６つの文を比較して、どれが「ありきたりの比喩表現」かを考えてみましょう。

（2）○○氏は器が大きい。まるで大木のような人だ。

（3）○○氏は器が大きい。まるで富士山のような人だ。

（4）○○氏は器が大きい。まるで太陽のような人だ。

（5）○○氏は器が大きい。まるで鐘のような人だ。

（6）○○氏は器が大きい。まるで家庭菜園のような人だ。

（7）○○氏は器が大きい。まるでネジのような人だ。

何を基準に「ありきたりの比喩表現」かを考えればよいのかわか

らない、という人もいるかもしれません。その場合、言葉遊びの「なぞかけ」のように考えてみるとよいでしょう。「謎かけ」は「AとかけてBと解く、その心は？」という形式でAとBの共通点を探すなぞなぞ遊びの一種ですが、共通点が簡単にわかってしまうと考える楽しみがなくなり、面白味がなくなってしまいます。

　(2) の「大木」は、「器が大きい、とかけて、大木と解く、その心は？」→「どちらも大きい」となって、そもそもなぞかけにすらなっていません。(3) の「富士山」、(4) の「太陽」では「みんなに恵みを与えてくれる」という共通点が考えられますが、これは簡単に思い浮かべることができるでしょう。このように簡単に共通点がわかってしまい、考える楽しみがなくなるようなものは「ありきたりの比喩」といえます。

　一方で (5) の「鐘」や (6) の「家庭菜園」はどうでしょうか？「鐘」は「大きなもの」のカテゴリーに入るかもしれませんが、「みんなに恵みを与えるもの」となると結びつきは薄い感じがします。「家庭菜園」は「みんなに恵みを与えるもの」に入るとしても、「大きなもの」というイメージとはやや遠い気がします。(7) の「ネジ」は大きくもなく、恵みというイメージは微妙と感じる人もいるでしょう。このようにカテゴリー間に距離があるからこそ、「そこにどんな関係があるのか？」という謎かけが生まれ、何か意味が込められているのでは、と好奇心を喚起する比喩表現になり得ます。

　実は (5) の「鐘のような人」は西郷隆盛を評した言葉として有名なもので、「小さく叩けば小さく鳴り、大きく叩けば大きく鳴るような人」、つまり「小さな人物や小事に対してはそれに合わせて小さく、大きな人物や大事に対してはそれに対して大きく応える」という比喩です。(6) の「家庭菜園」は畑としては小さいものかもしれませんが、その小さい面積から一つの家庭の食卓をまかなうのに十分な野菜を届けてくれます。また、そこには、家族が食べたい

と願う野菜なら、どんな種類の野菜を植えても怒られることはありません。そして、(7) の「ネジ」はどうでしょうか？　例えば、「目立つことなく、しかし、自分の役割をしっかり果たしている」といった解釈もできますし、ボルトとナットのように小さいけれども、大きなものをがっちり固定する力をもつという解釈も可能でしょう。

このように、(2) ～ (4) のような「ありきたりな比喩表現」では読み手の解釈が制限され、読み手の好奇心をそそる比喩表現にはなりません。一方、(5) ～ (7) では喩えるものと喩えられるもののカテゴリー間にほどよい距離があり、読み手がいろいろな解釈ができる自由度を与えることで読み手の関心を惹くことができます。

ただ、注意点として、カテゴリー間の距離が遠すぎたり、共通点を探すことがあまりにも難しすぎたりした場合、「この比喩で何を伝えたいのかわからない」となってしまうこともあります。「比喩」は、わかりにくいことを読み手がわかりやすく理解できるために使われる表現技法です。比喩を作る際は、まず何を伝えたいのかを意識するようにしましょう。

まとめ

 「慣用表現」を使う際、もっと細かい点を伝えたいと思ったら、その「慣用表現」のどこに曖昧さがあるかを考え、そこから「自分だけの手作りの比喩」を導いてみましょう。

 読み手の関心を惹く比喩表現を作りたい場合、カテゴリー間の距離を遠ざけ、読み手に謎かけをする気持ちで比喩表現を考えてみましょう。

2.　効果的に伝える表現のぼかし方

　表現をぼかすことは、表現を曖昧（あいまい）にすることになります。このため、「ぼかした表現」は、正確に表現していない不適切な表現というネガティブな印象を持たれるかもしれません。しかし、「ぼかした表現」の中には比喩表現として効果を発揮するものがあります。ここでは「ぼかした表現」の比喩としての効果について考えます。

チェックポイント

① 「ぼかした表現」は読み手の理解をどのように変えますか？
② 「ぼかした表現」で伝わりにくくするメリットはありますか？

　まず、「ぼかした表現」であり、かつ比喩でもある有名な例を見ながら、（1）と（2）を比較して、違いを考えてみましょう。

　（1）雪が降ってきた。／白いものが降ってきた。
　（2）母に白髪が増えてきた。／母の頭に白いものが増えてきた。

　「雪」を「雪」、「白髪」を「白髪」と言えば間違いなく相手に通じますが、それをあえてぼかしているのはそこに何かしらの表現意図や思いがあるからだといえます。例えば、雪の美しさや幻想的な雰囲気を込めたい、母が年を取っていくことへの思いも込めて伝えたい、などです。「白いもの」は「雪」や「白髪」の上位カテゴリーですが、読み手は「白いもの」とはなんだろうかと一瞬考えることになります。その結果、「雪」か、「白髪」かという答えを自分の頭の中で出すわけですが、そうした思考過程を経ることで、読み込みが深まる効果があります。このように上位カテゴリーを使うこと

で主観的な思いを込めることもできます。

　ぼかす表現には上位カテゴリーを使う以外にも、ある素材で作られたものをその素材だけで表現するパターンもあります。（3）と（4）を比較して、どのような主観的な思いがあるか考えてみましょう。

　　（3）この町はコンクリートでできた建物であふれていた。
　　（4）この町はコンクリートであふれていた。

　（3）が客観的な光景を表現しているのに比べ、（4）ではコンクリートといった素材が前面に出ることによって、冷たさや硬さ、そこから温もりのなさや拒絶感への思いを表現できているのではないでしょうか。また、「コンクリートであふれていた」という表現は、本当にすべてコンクリートだけで造られて自然物が一切ないSF世界の風景を思い浮かばせるかもしれません。素材で建物を表す例として「昔の日本の家は木と紙で作られていた」という表現がありますが、客観的には板や木の柱、障子で作られた家のことを指しながら、おとぎ話の世界にあるようなツリーハウスや折り紙で作られた家のようなイメージを読み手に与えることもできます。ぼかさなくても表現できるものをあえてぼかすことによって、何かしらの表現意図や書き手が伝えたい思いを加えることができるのです。

　比喩というと、違うカテゴリーのもの同士を対比させたものというのが一般的な理解ですが、「ぼかした表現」で、かつ比喩であるものは同じカテゴリーの中での上位と下位の差を利用しているという特徴があります。違うカテゴリー同士の対比は「直喩」や「隠喩」と呼ばれる「喩え」ですが、同じカテゴリーの中での上位下位の対比は「提喩」と呼ばれる「例え」になります。「この町は冷たく硬い建物であふれていた」を「この町は氷であふれていた」という比喩で表現した場合、「氷」と「建物」は違うカテゴリーにある

ので「隠喩」という「喩え」です。一方、「この町はコンクリートであふれていた」ではコンクリートは建物の素材の一つであることから「提喩」という「例え」、つまり、コンクリートでできた建物には鉄やコンクリート、ガラス等様々な素材があり、その中の一つ、ということです。また、町中に氷で造られた建物があふれているということは一般的にありえないことです。しかし、コンクリートでできた建物がたくさんある、ということを「コンクリートがたくさんある」と表現することは嘘や偽りの文にはなりません。

　ここまでの例は比較的文学的な表現である印象を持たれたかもしれませんが、ビジネス文書などでもしばしば現れます。

　（5）本日の会議、体調不良のため、欠席させていただきます。
　（6）一身上の都合で退職させてください。

　（5）「体調不良」というのは、「頭痛」「腹痛」「下痢」「風邪」など、いろいろ考えられますし、そのように症状を書くこともできます。しかし、そのような具体的な症状をストレートに伝えるのは、相手に不快感を与えるため避けるのが普通です。

　（6）「一身上の都合」も、あえて書かないことが普通です。「結婚」「介護」「転職」「鬱」など、退職の具体的な理由はありますが、プライベートなことには触れないのが大人の社会です。ライバル他社への転職は書きにくいですし、人間関係が理由でも、「立つ鳥跡を濁さず」であえて書かないこともあります。

　こうした「ぼかした表現」は理解を深めるためでなく、内容をあえて伝わりにくくするために行うものです。言葉は何でもストレートに伝えたほうがよいとは限りません。相手に不快感を与えるおそれのある場合は、ぼかしたほうがよいことはあるのです。ぼかすことと嘘をつくことは異なり、ぼかすことは社会的マナーの一つです。

336

さらに「ぼかした表現」には議論を深める効果もあります。次の文にはどのような主張が込められているでしょうか。

（7）生き物は生き物を食べなければ生きられない存在である。

「菜食主義」についての議論で、反論として（7）の表現を使うとき、「植物も生き物の一つであり、植物を食べることも否定するのでしょうか？」という主張が込められています。「動物は動物を食べて生きている」とは言わず、「生き物」とぼかしたほうが効果的に主張できると考え、使っているのです。

しかし、これには注意が必要です。「生き物は生き物を食べなければ生きられない存在である」からこそ、できる限り殺生は慎まなければならないといった逆の主張もできます。ぼかすことによって複数の読み方ができ、どの読み方をするかは読む人がどのような思いで読むかによって決まってきます。同じように、「国」とは何か、「日本人」とは何か、そうした多義性をもつ曖昧な語は議論を誘発し、定義をめぐって議論を深化させる効果を持っていると考えられます。

 まとめ

 「ぼかした表現」は、読み手に遠回りの理解を要求するので、理解を深め、イメージを豊かにする働きがあります。

「ぼかした表現」は意味を伝わりにくくする結果、不快感を下げたり、議論を深めたりする効果があります。

3.　効率的に伝える、ほどよい省略の仕方

「文は短く、簡潔に」とはよく言われることですが、短くしすぎ、省略しすぎることによって省略前と後で意味が違ってくる場合があります。省略された表現の中には「換喩」と呼ばれる比喩表現と見なされるものがあり、ここではその「換喩」という視点から、どんな場合に「省略しすぎる」のかを考えます。

チェックポイント ✎

① 自分が書いた文が省略しすぎだといわれたことはありますか？
② 省略しすぎた文を適切な文に直すとき、どんな工夫が必要ですか？

　文字数が限られたTwitterをはじめ、SNS、レポートやメールにおいても長すぎる文は読み手に負担をかけ、読む前から敬遠されることから「短く、簡潔に」を心がけましょう、とよくいわれます。一方で、短くしすぎ、省略しすぎて誤解を生んでしまう例もあります。

BEFORE

　　(1) 今朝の通勤途中、集団登校の小学生と鉢合わせたが、自転車で本当に怖い思いをした。もう少し考えてほしい。

　(1) を読んでみて、どう思いましたか？　まず、「誰が、何をして、どう危なかったか」がわかりませんし、「もう少し考えてほしい」というのも誰に考えてほしいのかわかりません。次のように修正することで、状況がよく理解できるようになります。

AFTER!

　　(1-1) 今朝の通勤途中、集団登校の小学生と鉢合わせたが、急に子どもたちの前を横切った自転車があり、見ていて本当に

怖い思いをした。もう少し考えてほしい。

（1-2）今朝の通勤途中、集団登校の小学生と鉢合わせたが、<u>私の自転車に急に幅寄せしてきた車</u>があり、小学生にぶつかりそうで本当に怖い思いをした。もう少し考えてほしい。

（1-3）今朝の通勤途中、集団登校の小学生と鉢合わせたが、<u>私の自転車に全然気づかない小学生の集団</u>にぶつかりそうで本当に怖い思いをした。もう少し考えてほしい。

（1-1）は他者が運転していた自転車で、書き手はおそらく徒歩、（1-2）と（1-3）は書き手は自転車を運転しており、危ない行為をしたのは（1-2）は車を運転していた誰か、（1-3）は小学生と考えられます。

TwitterやSNS、ブログで短く、そのときの感情を投稿することが一般的になりました。「嬉しい・楽しい・好き」などのポジティブな感情はあまり問題にはなりませんが、「怒り・嫌悪感」などのネガティブな感情を表現するときに誤解を招く表現があると予想以上の批判やペナルティを受けることもあります。（1-1）や（1-2）のつもりで書いたものの、（1-3）のように解釈され、集団登校の小学生への配慮を欠いた自転車の運転者が責められるおそれもあります。文章を公開する前に、書いた内容を一度読み直してみて、「自転車」だけでは省略しすぎていることに気づくべきでしょう。

実は「乗り物とその乗り手」、「持ち物とその所有者」、「製品や作品とその作成者」、「場所とそこの組織やメンバー」という関係は、その結び付きが強いために表現が省略される傾向にあります。

BEFORE

（2）<u>白バイ</u>に捕まった。

（3）歩道を行く<u>ベビーカー</u>にはみんなで配慮しましょう。

（4）私は本当に<u>ゴッホ</u>が好きだ。

（5）<u>永田町</u>では普通の市民感覚が通用しない。

これらの表現は違うカテゴリーにあるもの同士を結び付ける表現であり、「換喩」と呼ばれる比喩表現の一つと見なされています。そして、これらは現実的な結び付きが強いために「省略されているかどうかさえ気づきにくい」ものといえます。それぞれ省略されている要素を復元すると、次のようになります。

（2）白バイのお巡りさんに捕まった。

（3）赤ちゃんをベビーカーに乗せて歩道を歩く親にはみんなで配慮しましょう。

（4）私は本当にゴッホの描いた油絵が好きだ。

（5）永田町の国会議員の間では普通の市民感覚が通用しない。

　「製品・作品とその作成者」のケースとして次のような文があったとします。ここにはどのような省略があるでしょうか？

（6）太宰治は小学生には早いと思う。私だったらおすすめしない。

　「太宰治」だけでは彼の書いた作品のことか、その作品の中でもどの作品か、または彼の実生活の話か、彼の考え方なのかがわからず、多くの要素が省略されています。

（6-1）太宰治の心中の話は小学生には早いと思う。

（6-2）太宰治の『人間失格』は小学生には早いと思う。

（6-3）太宰治の『走れメロス』は小学生には早いと思う。

　書き手がいいたかったことが（6-1）と（6-2）であったとしても、（6）のように省略しすぎたことによって（6-3）の『走れメロス』

は小学生には早い、という解釈も許してしまいます。そして書き手が『走れメロス』はぜひ小学生に読んでほしいと考えていたとするなら、これは省略によって誤解が起きてしまった例になります。

また、過度な省略は偏見（バイアス）を招くことがあります。例えば、「場所とそこの組織やメンバー」で、ある特定の地域とそこに住んでいる人たちを結び付けて「（地名）は保守的だ」、「（地名）は政府批判ばかりしている」のように、そこに住む様々な人たちを一括りに断言してしまうことは、結果的に相手を傷つけたり、要らぬトラブルを起こしたりすることにもなりかねません。

（7-1）ああ、もう、男は本当に話が長い。
（7-2）ああ、もう、私の周りの男は本当に話が長い。

（7-1）も省略しすぎです。過度な省略は誤解を生じさせることがあり、さらに偏見（バイアス）が含まれている可能性があります。そうしたことをいつも意識して文章を書くようにしていきましょう。

まとめ

✓ 過度な省略はないか、そこから誤解が生まれる可能性はないか、意識して書いたものを確認しましょう。

✓ 「物と所有者」、「作品と作成者」、「場所とそこの組織やメンバー」など、結び付きの強いもの同士は省略しすぎている場合でも気づきにくい傾向があり、偏見（バイアス）も過度な省略を作り出しがちです。そうした点に注意して、文章を確認しましょう。

4.　比喩を使った感情の鮮明な伝え方

　私たちの感情にはいわゆる「喜怒哀楽」だけではなく、「恐怖・不安」や「親愛・友好」、「驚き・緊張感」、「安心感・寛ぎ」など、様々なものがあります。こうした感情はどう表現すれば、読み手に鮮明に伝えられるでしょうか。ここでは、「音楽を聞いたときに起きる感情」を例に、比喩を用いた感情表現について考えます。

チェックポイント

① 音楽を聞いたときの気持ちを、どんな感覚表現で表せますか？
② 音楽を聞いたときの気持ちを、感覚表現以外で表す方法はありますか？

　みなさんは、どんなときによく音楽を聞くでしょうか。朝、通学や通勤中でしょうか。あるいは、ジョギングをするとき、気持ちを奮い立たせたいとき、休みの日にリラックスしたいときでしょうか。そして、パーティー、イベント、ドライブなどでBGMを選ぶとき、「この音楽をかけたい、聞いてもらいたい」と思ったことはないでしょうか。そうした気持ちの根底には、この音楽を聞いているときの感情を共有したい、わかってもらいたい、という思いがあるといえます。例えば、次の文を見てみましょう。

BEFORE

　　（1）出勤時にこの曲を聞くと、わくわくして元気が出てくる。
　　（2）部屋でこの曲を流すと、リラックスできて疲れが取れていく。

　確かに、わくわくする気持ち、リラックスした気持ちは表現でき

342

ています。しかし、これだけでは普通の表現で、読み手にあまり気持ちが伝わりません。そこで、少し工夫を加えてみましょう。

（1）出勤時にこの曲を聞くと、トランポリンに乗って弾むような感じになって、元気が出てくる。
（2）部屋でこの曲を流すと、マシュマロの上を寝転がっているみたいな感じで、疲れが取れていく。

　これらは地面や床への触感・触覚を使って感情を表しています。触感には、暖かい触感、硬い触感、柔らかい触感、ざらざらした触感、弾力性のある触感、など様々なものがありますが、これらを使ってメロディーや音質、リズムを表現することができます。例えば、温かいメロディー、硬い音、柔らかい音、ざらざらした音質、弾力のあるリズムなど、その曲を聞く前でもこれらの表現で何となくイメージすることができるのではないでしょうか。

　触覚はいわゆる人間の五感の一つで、残り四つは味覚、嗅覚、視覚、聴覚です。比喩を使ってありきたりでない表現を作り出すコツは、こうした五感のうち、複数の感覚にまたがるように表現することです。そうした表現のことを「共感覚表現」といいます。感情表現には五感を使った表現やオノマトペを使ったものが多いと言われています（→6.2.「オノマトペの使い方」p.346～参照）。メロディー、音質、リズム等は聴覚に関するものですが、聴覚で感じたものを表現する際、それ以外の触覚、味覚、嗅覚、視覚を使うことがかなり自由にできます。自分なりの感情表現を作ってみようと思ったなら、まず、音楽（聴覚で感じるもの）を聞いたときの感情をほかの四つの感覚を使って表現してみてください。そうやっていろいろな組み合わせを試したりする中で、すとんと腑に落ちる自分なりの感情表現を見つけられるかもしれません。

（3）今回の新曲、最高。本場カレーの辛口で刺すようなメロディーにたくさんの音がスパイスのように見事に調和している。おすすめだから是非聞いてみて！

（4）この曲って、雨が降る前の匂いがするっていうか、不思議な感じになるんだよね。

（5）この曲、透明に澄みきった音で統一されていて勉強中のBGMにぴったり。

（3）は味覚、（4）は嗅覚、（5）は視覚を使って音楽を聞いたときの感情を表していますが、どうでしょうか？「一体、どんな音楽なんだろう？」、「聞いてみたら自分も同じように感じるのかな？」と好奇心がわいたり、本当に聞いてみたい気持ちになったりしませんか。こうした様々な工夫をすることによってみなさん自身の言語表現も豊かになりますし、それを受け取って興味を持った人たちには今まで知らなかった音楽に出会えるきっかけにもなります。今まで「これ、すごくいいから聞いてみて」で終わっていたなら、これを機会に自分なりの感情表現に挑戦してみましょう。

ここまでは五感に基づいた感情表現でしたが、次の文のような感情表現もあります。

（6）仕事に疲れたなーって思うときはよくこの曲をかける。人通りの少ない郊外の町の駅前を歩いているみたいな、自分のペースで歩いていいんだって気持ちになれるから好きだ。

（6）では「安心感」や「寛ぎ」などの感情を表すために、「郊外の町の駅前を歩く」というエピソードを使っています。ここでは「エピソード」という言葉を「過去の経験の記憶」として使いますが、子どもの頃の経験や、忘れられない出来事、ふとした瞬間に思い浮

かぶ光景など、みなさんもいくつか持っているのではないでしょうか。「過去の経験の記憶」というエピソードを使った感情表現では「なつかしさ」や、古いアルバムを見ているような「さみしさ」「物悲しさ」のニュアンスが含まれることが多いかもしれません。

　感情には「嬉しさ」「楽しさ」「親愛」「寛ぎ」等といったポジティブなものだけでなく、「悲しさ」「さみしさ」といったネガティブなものもあり、悲しい音楽、さみしさを感じさせる音楽が好きだという人も少なくありません。誰かと音楽を一緒に聞くということは、感情を共有するためだと考えることができます。そして、ポジティブな感情を共有したいということだけではなく、「悲しさ」「さみしさ」といったものも分かち合いたい、という思いはみなさんの中にもあるのではないでしょうか。「誰かに何かを伝えたい、うまく伝えたい、でもそのためにはどういった工夫をすればいい?」と悩んだなら、好きな音楽を五感やエピソードを使って伝えることから始めてみてはどうでしょうか。

まとめ

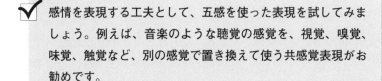

感情を表現する工夫として、五感を使った表現を試してみましょう。例えば、音楽のような聴覚の感覚を、視覚、嗅覚、味覚、触覚など、別の感覚で置き換えて使う共感覚表現がお勧めです。

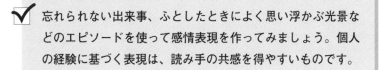

忘れられない出来事、ふとしたときによく思い浮かぶ光景などのエピソードを使って感情表現を作ってみましょう。個人の経験に基づく表現は、読み手の共感を得やすいものです。

1. 五感でリアルに伝える オノマトペの使い方

　バラエティー番組で、ご当地グルメをゲストが食べるシーンを見たことがあるでしょう。おいしいものを食べたとき、「おいしい」という形容詞しか発せられないゲストは視聴者をがっかりさせます。一方、香りや食感を隅々まで具体的に表現できるゲストもいます。その差はどこから来るのでしょうか。そうした具体的な表現を細かく観察すると、オノマトペ、すなわち擬音語・擬態語が活躍していることに気づきます。ここでは、オノマトペの効果的な使い方について考えます。

チェックポイント ✎

① 感覚の表現に、ありきたりの形容詞を使っていませんか？
② 形容詞を避ける代わりに、どのような表現が可能ですか？
③ おいしいものの描写にオノマトペを使うコツは何ですか？

　味覚を心地よく刺激する食べ物を「おいしい」、スポーツ選手のスーパープレイを「すごい」というような形容詞しか言えないようでは、表現力が豊かとはいえません。ありきたりの形容詞は、「おいしい」「すごい」という気持ちまでは伝えますが、何がどう「おいしい」のか、何がどう「すごい」のかという事実を、言葉だけで相手に伝えることはできません。

　活き活きとした描写の一つの特徴は、五感を刺激することです。食事は、視覚・聴覚・嗅覚・味覚・触覚の五感のうち、味覚を刺激しますが、視覚・聴覚・嗅覚・触覚もおいしさと無縁ではありません。そのことを次の文例で確認してみましょう。

　（1）カウンター席に通された私たちはわくわくしてエビの到着を待ちます。お皿に入って登場した車海老は、きらきらつやつや。それを熟練の大将が目の前で揚げていきます。ごま油の香ばしい香りが漂う中、ジューッという音とともに投入されたエビは、シュワシュワという音から、次第にパチパチという弾けるような軽い音に。早速、揚げたてをいただくと、衣はサクサク、中はプリプリ。あっさりとした淡泊な車海老特有の旨味が口一杯に広がります。

　「わくわく」は五感ではありませんが、気持ちを表すオノマトペです。五感のオノマトペとしては、「きらきら」「つやつや」という視覚のオノマトペ、「ジューッ」「シュワシュワ」「パチパチ」という聴覚のオノマトペ、「サクサク」「プリプリ」という触覚のオノマトペ、「あっさり」という味覚のオノマトペが続きます。嗅覚のオノマトペはありませんが、「香ばしい」が嗅覚の表現です。

　オノマトペを駆使して食事の過程を丁寧に描写すると、料理のおいしさが事実として伝わります。これは「おいしい」という形容詞だけではできない芸当です。コツは、五感にわたるように幅広い感覚を使うこと。これだけでおいしさが表現できます。

　コツがわかったところで、早速実践してみましょう。例えば、次の例文を見てみましょう。

BEFORE

　（2）新しくできたあの店のドーナツはとてもおいしいよ。

　自分が最近見つけた新装開店のお店の目玉商品のドーナツをほかの人に紹介するときに、「おいしい」のひとことだけでは、そのおいしさが伝わりません。それに、情報も不足しています。ドーナツはどこでも売っているものですし、特別にまずいものも少なく、あ

まり外れもありません。そのようなドーナツを買いに行かせるには、もっとリアルな描写が必要でしょう。どのような香りや食感のドーナツなのか、どのようにおいしいのか、様々な角度から描写することが求められます。

AFTER!

（2）新しくできたあのお店のドーナツ。こんがりきつね色の見た目が食欲をそそり、トレーに取るとシナモンの香りがほんのり立ち上る。そして、口に入れた瞬間、優しい甘みがふわっと口の中で広がり、しっとりもっちもちの食感が心地よくてたまらない。本当に癖になるおいしさだよ。

この修正例は、視覚、嗅覚、味覚、触覚を活用しています。視覚の支援に「こんがり」、嗅覚の支援に「ほんのり」、味覚の支援に「ふわっと」、触覚の支援に「しっとり」「もっちもち」を使っています。食べる前の準備段階は視覚・嗅覚で食欲を刺激し、食べた主観の感動を味覚・触覚で表現しています。

次の例を見てみましょう。

BEFORE

（3）冬の寒い日に親しい仲間で囲むお鍋は最高です。お肉や野菜などの具材が入った鍋を、強火で煮込んでいきます。ふたを取ると、白い湯気が部屋中に広がり、みんなで食べていくうちに、冷えた体も心も温まります。

事実は語られていますが、感覚に訴えてきません。悪い文ではないと思うのですが、どことなく物足りず、冬の鍋の宣伝企画担当者としては失格です。あまりにも説明的で、気持ちがこもっていない感じがするからです。

改善するには、なぜ冬のお鍋が最高なのかを、感覚的にうまく伝

えなければなりません。そこで、オノマトペの出番です。

AFTER!

（3）冬の寒い日に親しい仲間で囲むお鍋は最高です。お肉や野菜などの具材がたっぷり入った鍋を、強火でぐつぐつ煮込んでいきます。ふたを取ると、白い湯気が部屋中にふわっと広がり、みんなでハフハフ食べていくうちに、冷えた体も心もポカポカ温まります。

オノマトペが入った途端に、感覚的な親近感が湧いてきます。寒い冬に家族や友人と鍋を囲んでいる情景が思い浮かんでくるとしたら、それはオノマトペの力です。

まとめ

 グルメの描写では、「おいしい」という形容詞だけでは伝わりません。何がどう「おいしい」のかがわからないからです。

 「おいしい」という形容詞を避ける代わりに、「おいしい」という感覚に至るプロセスを具体的に描写しましょう。

 感覚に至るプロセスの描写に欠かせないのがオノマトペです。オノマトペを使用する場合、例えば、おいしさを表現したいからといって、味覚ばかりに依存せず、視覚、聴覚、嗅覚、触覚といった五感をフル動員して表現するようにすると、感覚が総合的に伝わります。

2. 印象が一変するオノマトペの 組み合わせ方

　オノマトペが豊富で使い方が特徴的な媒体といえば、ファッション誌です。ファッション誌は、男女の外見上の魅力を伝える表現であふれています。そこにはいったいどのような表現が使われているのでしょうか。ここでは、既存のオノマトペを、新鮮味を帯びたオノマトペへ変身させる、ファッション誌流の方法について考えます。

チェックポイント

① 表現に既存のオノマトペばかり使っていませんか？

② オノマトペはどのように一手間加えれば、表現に新鮮味を出すことができますか？

③ オノマトペの表記は、擬音語が片仮名、擬態語が平仮名というルールに従うことが必要ですか？

　ファッション誌でオノマトペが使われている例を見てみましょう。

BEFORE

　（1）スキニーにふんわりとしたトップで、ゆるゆるとぴったりの組み合わせの細見えシルエットに。
　（2）カジュアルだけど、女っぽい足首をちらりと見せるスリムパンツと、ゆるゆるしてかわいいポンチョが最高なコーデ。
　（3）全身コーデはガーリーで、ふわふわ・もこもことしたファーにほっこりする。

　これでも十分魅力的には見えます。ファッション誌やショッピングサイトに使われていても違和感はありませんし、アレンジすれば

フリマアプリなどでも使えそうです。しかし、残念ながら冗長で、切れ味が悪く見えます。長い割には平凡であり、伝わるインパクトに乏しい印象があるのです。そこで、考えたいのは既存のオノマトペに対する一手間の工夫です。ファッション誌のオノマトペには、特有の語形があります。これを使うと、人目を引く表現を作り出すことができます。

AFTER!

（1）スキニーにふんわりトップで、ゆるピタの細見えシルエットに。

AFTER（1）では二つの工夫が見られます。一つ目は、「オノマトペ＋名詞」でファッションの専門語を作る工夫です。もともとの「ふんわりとしたトップ」を「ふんわりトップ」と短く表現することで、切れ味を増しています。

そのほかにも、「だぼだぼしたパンツ」を「だぼだぼパンツ」や「だぼパン」のように表現できます。このようにオノマトペと名詞を組み合わせ、間の言葉を削除して短くしたり、さらには、語形自体を削り込んで短縮形にしたりする工夫をすることで、それ自体を短くて目につきやすい表現にするわけです。言葉を組み合わせたり長さを調節したりすることで新しい言葉を生み出し、文章にリズム感を与えることができます。

二つ目の工夫は、「ゆるピタ」です。こちらは二つのオノマトペの組み合わせです。しかも、単なる組み合わせではなく、短くした形動詞の組み合わせであるところがポイントです。「ゆるゆる」は平仮名で、「ピタッと」は片仮名にし、それを組み合わせたことで、より視覚的に目につきやすい表現になっています。

本来は、擬音語は片仮名で、擬態語は平仮名で表記されるのが基本です。擬音語が片仮名で書かれるのは意味よりも音を重視して、

耳で聞いた音をそのまま写し取る場合、片仮名という表記と合うからです。一方、擬態語はそうした音的な性格がありませんので、平仮名で表記されるのが普通です。ただし、擬態語でも表記として目立たせたい場合、片仮名にする手法がしばしば用いられます。「どきどき」よりも「ドキドキ」のほうが心臓の鼓動が伝わりそうな感覚があります。同じように、擬態語の「ピタッと」が本当にズレのない感覚を表すときにあえて片仮名を用いてみせています。

　続いて、（2）の表現も見てみましょう。

AFTER!

（2）カジュアルだけど、女っぽい足首をチラ見せのスリムパンツと、ゆるかわいいポンチョが最高なコーデ。

　上記の例では、「ちらりと見せる」は「チラ見せ」に修正されています。今度は「オノマトペ+動詞」の組み合わせです。「チラ見せ」はファッション誌に限らず、日常生活でもよく見かけます。「ポイ捨て」なども似たような例です。ただ、ファッション誌の世界は、こうした組み合わせのルールを拡大して使う傾向があり、単調な文章のリズムに変化を加えるのに効果を発揮します。ここでも、「ちら見せ」が「チラ見せ」と片仮名になっている点に注目してください。そのほうが文中で視認性が高まります。

　また、「ゆるゆるしてかわいい」の部分を「ゆるかわいい」としている点にも注意が必要です。今度は、「オノマトペ+形容詞」のパターンです。これは、全体で新しい形容詞になっています。もちろん、「ゆるい」+「かわいい」という形容詞の組み合わせと捉えることも可能で、「きもかわいい」などもその仲間です。「ゆるかわ」「きもかわ」などの略語もよく用いられます。こうした語群は10代・20代がよく使う言葉で、やや俗語的な印象もありますが、「ゆるくてかわいいポンチョ」を「ゆるかわいいポンチョ」とするように、

新しい組み合わせを作り出すことでおしゃれ感を出せるので、若い世代向けをターゲットにする場合に重宝する表現群です。

AFTER!

　（3）全身コーデはガーリーで、ふわもこファーにほっこり。

　AFTER（3）は、「ふわふわ・もこもこしたファー」を「ふわもこファー」とした点に注目です。二つのオノマトペを組み合わせる工夫と、オノマトペと名詞を組み合わせる工夫を一度に実現しています。さらに、文末の「ほっこりする」は「する」が削除されて、「ほっこり」に変えられています。ファッション誌をはじめとする生活雑誌では、「体言止め」のみならず、「オノマトペ止め」の文がしばしば見られます。こうした文末は、言い切り文末特有の押しつけがましさを避けることができ、文章に緩急をつける際に一役買っています。よく使われる「〜にぴったり」という表現のように、目立たせることもできる文末です。

まとめ

 ファッションの描写では、既存のオノマトペに一手間加えて表現に新鮮味を出しましょう。

 オノマトペの一手間は、複数の語を組み合わせること、略語のように短くすることで実現できます。

 見た目に変化をつけ、視認性を高めるために、平仮名表記の中にあえて片仮名を交ぜるのも有効です。

3. ビジネス場面で有効な オノマトペの使い方

　オノマトペは子どもっぽい感じがするため、ビジネスの公的な場など、フォーマルな文書ではほとんど使いません。しかし、オノマトペは本当にビジネス場面では使われないのでしょうか。ここでは、ビジネス文書におけるオノマトペの有効な使い方について考えます。

チェックポイント

① ビジネス文書に使うオノマトペはどのようなものですか？

② ビジネス文書でオノマトペを使うと、どのような効果がありますか？

　ビジネス文書ではオノマトペは使われない印象がありますが、個人的なビジネス・メールやビジネス・チャットのやりとり、広告のような顧客に訴えかける文書はもちろん、多少くだけたビジネス文書の中にもオノマトペは要所で顔を出します。発注者は、オノマトペを使うことによって文章の硬さをやわらげたり、受注者に信頼感や親近感を与えたりしているように見受けられます。

　ただし、料理やファッションといったジャンルのオノマトペとは使われる目的も種類も異なります。料理やファッションのオノマトペは五感に訴えかけるものが中心で、描写を目的として使われますが、ビジネス場面のオノマトペは業務を行う人の行為に用いられます。

　業務の行為は大きくは二つに分かれます。一つは業務姿勢のオノマトペ、もう一つは業務遂行のオノマトペです。業務姿勢のオノマトペは、「しっかり」「きちんと」などが典型です。例えば、業務を指示するメールの中に次のような文があったとします。

BEFORE

（1）マニュアルを見ながら、読者が知りたい、読者のためになる情報を調べてご執筆ください。

これで十分に意図は伝わりますが、高い質の仕事をやってもらいたい場合はもう一押しほしい気がします。

AFTER!

（1）マニュアルを見ながら、読者が知りたい、読者のためになる情報をしっかり調べてご執筆ください。

「しっかり」が入るだけで伝わる力が増します。「きちんと」「きっちり」でもよいでしょう。もちろん、こうした表現は話し言葉的ですので、感覚的なオノマトペを避けるのであれば、「十分に」「丁寧に」「細かく」「詳しく」なども考えられます。

また、こうした表現は相手の行動にばかり使われるわけではありません。自分の仕事の信頼性を高めるのにも使えます。

BEFORE

（2）弊社のサービスにご満足いただけるよう、事後のメンテナンスも含めて対応させていただきます。

しかし、これだけでは読み手の信頼感を十分には勝ち取れないかもしれません。ここでもオノマトペがほしいところです。

AFTER!

（2）弊社のサービスにご満足いただけるよう、事後のメンテナンスも含めてきっちり対応させていただきます。

「きっちり」の代わりに「きちんと」「しっかり」でもかまいません。中途半端でない誠実な対応を示すオノマトペが一つあるだけで印象が変わります。

業務姿勢のオノマトペには、ほかに「はっきり」「すっきり」などがあります。「はっきり」は「明確に」という意味で、「指示ははっきりお伝えください」のように使います。「すっきり」は問題を片付けるときに使うオノマトペです。ビジネスは釈然としない状況を嫌うので、「トラブルはすっきり解決しました」のように使います。

　一方、業務遂行のオノマトペは、「すらすら」「どんどん」のような精力的な業務遂行を表すオノマトペ、「じっくり」「こつこつ」のような着実な業務遂行を表すオノマトペに分かれます。

　精力的な業務遂行のオノマトペは文の勢いを増すのに使います。

BEFORE

（3）ご都合に合わせてお仕事を進めていただけます。お時間に余裕のある方は、たくさん書いて、たくさん稼いでください。

　この文は丁寧な文ではありますが、より積極的に読み手に働きかけるには、オノマトペを使って次のように表すことが可能です。

AFTER!

（3）ご都合に合わせてお仕事を進めていただけます。お時間がたっぷりある方は、どんどん書いて、がっちり稼いでください。

　「たっぷり」「どんどん」「がっちり」というオノマトペを使って読み手に感覚的に働きかけることで、やや俗っぽくはなりますが、前向きな気持ちが伝わります。こうしたオノマトペは動詞との組み合わせで決まります。「書く」という動詞には「すらすら」「どんどん」、「働く」という動詞には「ばりばり」「がんがん」、「稼ぐ」という動詞には「がっちり」「がっつり」、「応募する」という動詞には「どしどし」の相性がよさそうです。

　また、着実な業務遂行を表すオノマトペも、ビジネス文書に使うことが可能です。次の文を見てください。

（4）慌てる必要はありません。大事なプロジェクトですので、
準備に取り組み、作業を進めて、大きな成果を上げてください。

一目で内容がわかる文ですが、読み手に対する訴えかけの弱さを
感じますので、オノマトペを入れて、訴えかけを強めてみます。

AFTER!

（4）慌てる必要はありません。大事なプロジェクトですので、
<u>じっくりと</u>準備に取り組み、<u>こつこつと</u>作業を進めて、大きな
成果を上げてください。

「じっくりと」「こつこつと」があることで、急がば回れの着実さ
が読み手に伝わります。「真面目に」「真剣に」「丁寧に」「集中して」
などと表現してもよいのかもしれませんが、そうした言葉はどうし
ても説明的になってしまいます。「じっくりと」「こつこつと」のよ
うな感覚的な表現のほうが読み手にストレートに伝わります。

まとめ

☑ ビジネス文書で使うオノマトペは、「しっかり」「きちんと」
のような業務姿勢のオノマトペ、「すらすら」「どんどん」の
ような精力的な業務遂行のオノマトペ、「じっくり」「こつこ
つ」のような着実な業務遂行のオノマトペに分かれます。

☑ ビジネス文書でオノマトペを使うと、ビジネスの行為をどの
ように遂行すべきか、相手に具体的に、感覚的に伝わります。

第6章　修辞　2 オノマトペの使い方

357

4. 感覚の壁を破る創造的な
　　オノマトペの作り方

　ある対象を描写するとき、ありがちな慣用表現をやめて、本来の感覚と異なる感覚の表現を使うと、意外性が生まれます。「本来の感覚と異なる感覚の表現」は共感覚表現と呼ばれます。しかし、共感覚表現とはどのような表現なのでしょうか。ここでは、共感覚表現の使い方について考えます。

チェックポイント

① 共感覚表現とはどのような表現ですか？
② 共感覚表現を使うと、どのような効果が得られますか？

　まず、「共感覚表現」という概念から説明します。共感覚表現は、視覚・聴覚・嗅覚・味覚・触覚という五感において、複数の感覚にまたがって使用される表現のことです。オノマトペを例にとると、例えば「ふんわり」は、一般的には触感を形容するときに使われる言葉として理解されます。「ふんわりとしたクッション」がその例であり、「ふんわり」は手で触って、あるいは腰を下ろしてその膨らみが皮膚を通して伝わってくる感覚です。しかし、「ふんわりとした色合い」はどうでしょうか。「色合い」は視覚的な表現で、触感ではありません。しかし、触感としての「ふんわり」はこの表現の中にも生きています。「ふんわりとした色合い」は何色であると明言できるようなはっきりした色ではなく、柔らかな中間色を想起させます。「ふんわりとした色合い」の「ふんわり」は、触感の域を超えて「色合い」という視覚情報を描写する言葉として使われています。このように複数の感覚にまたがる表現が共感覚表現です。

共感覚表現でよく知られている仮説に「一方向性の仮説」があります。簡単に言うと、共感覚表現は、あまり細かく分化していない接触感覚（触覚・味覚・嗅覚）から、かなり細かく分化している遠隔感覚（視覚・聴覚）に向かって作られるという仮説です。例えば、味覚の描写に最も多用される「甘い」は、「甘い声」のように、聴覚の描写に使っても不自然ではありません。「甘い色のビー玉」のように、視覚の描写を共起することもあります。これに対し、もともと視覚の描写に使われる「明るい」は、「明るい手触り」「明るい味」「明るい香り」のように使うことは難しいでしょう。これが、一方向性の仮説の意味するところです。図1に簡単にまとめます。

図1　一方向性の仮説

触覚・味覚・嗅覚　　OK→　視覚・聴覚
　　　　　　　　←NG

　しかし、実例を眺めると、一方向性の仮説に反する表現もたくさん存在することがわかります。例えば、「鋭い」というのは尖った刃物をイメージする視覚的な表現ですが、「鋭い感触」「鋭い味」「鋭い香り」などは言えそうですし、五感を超えた「鋭い勘」や「鋭い頭」などにも使えます。また、「淡い」というのは薄いパステル系の色をイメージさせる視覚的な表現ですが、「淡い感触」「淡い味」などはやはりいえそうで、「淡い恋」「淡い期待」などとも使えます。このように、一方向性の仮説には限界がありますが、それでも多くの表現はこの仮説に従いますので参考にはなります。

　実際の文例で共感覚表現を実感してみましょう。

BEFORE

　（1）お正月、実家に帰らず、何日も一人で部屋に閉じこもっていた。夜になると、蛍光灯の青白い光にさらされて、寂しさがより一層濃くなるような気がしてならなかった。

お正月は一家団らんの楽しいときのはずです。ところが、何らかの理由で一人で部屋に閉じこもるような状況を想像すると、寂しい気持ちになります。蛍光灯の光の「青白い」は単なる視覚情報です。蛍光灯の光の青白さに深読みをすることも可能ですが、当たり前といえば当たり前の表現であり、物足りない感じもします。もし、色の描写だけでなく、寂しさの裏付けを重ねて見せられる表現があれば、より共感してもらえる文章になるでしょう。そこで考えたいのが共感覚表現です。いうまでもない視覚情報の「青白い」をやめ、寂しさの裏付けになる、ほかの感覚にまたがる表現を考えてみます。

AFTER!

　（1）お正月、実家に帰らず、何日も一人で部屋に閉じこもっていた。夜になると、蛍光灯のひんやりとした光にさらされて、寂しさがより一層濃くなるような気がしてならなかった。

　まず、どの感覚に訴えればよいのかを考えなければなりません。想像力を働かせましょう。太陽の下で感じる温かさに反して、蛍光灯の下で感じるのはきっと冷たさだろうと想像できます。「ひんやり」はその意味を表すオノマトペです。光さえ冷えていて、一人でいるその部屋の寂しい雰囲気が読み取れます。

　また、この「ひんやり」はもともと触覚を描写するオノマトペであり、視覚の描写に転用した例となります。この、意味拡張の一方向性の仮説に合っているので、安心して使うことができます。

BEFORE

　（2）最近話題のピリ辛料理を食べてみたんだけど、一口入れると、辛みが口の中を刺激して面白かった。

　（2）は辛みが起こす口の中での感触を述べる文です。「辛みが口の中を刺激する」はあまりにも平凡な表現で、しかも、どのような

刺激なのかも読んでわかりません。それに、辛さが口を刺激するのが当たり前で、なぜ「面白かった」という感想につながるかも不明です。ここでいう面白い辛みを、口の中で弾け続けるような辛みだと仮定するなら、どのような表現を使えばよいでしょうか。

AFTER!

（2）最近話題のピリ辛料理を食べてみたんだけど、一口入れると、辛みが口の中でぴょんぴょんして面白かった。

修正案では、「口の中を刺激して」を「ぴょんぴょんして」としました。「ぴょんぴょん」は身軽に繰り返し飛び跳ねるさまを形容するオノマトペです。視覚、あるいは飛び跳ねるときの音、つまり聴覚の描写域に属する表現で、ここでは、食感という一種の味覚の描写に使われています。一方性の仮説に合わないのですが、その辛い食べ物を食べて、口の中で何か飛び跳ね続けるような感覚になっているということの描写に適しているので、よしとしましょう。

さらに、「ぴょんぴょん」は響きからして、軽やかに楽しく飛び跳ねるイメージを連想させます。楽しさも含まれている点で、後ろの「面白い」という表現の伝えようとするイメージにも合います。

まとめ

✓ 共感覚表現とはもとの感覚から外れ、複数の感覚にまたがって使われる創造性の高い表現です。

✓ 共感覚表現は、表現の感覚の壁を越えて作り出された創造性の高いイメージ豊かな表現です。しかし、一方性の仮説に反する共感覚表現は無理な表現になりがちなので、確認が必要です。

1. 怒らせずに笑わせるユーモアの考え方

コミュニケーションを円滑にするうえでユーモアは有効な手段だといわれます。しかし、表現の方法を誤ると自分がユーモアだと思って表現したことが、誤読されたり、ユーモアだと理解されなかったりすることがあります。方法を間違えると、相手を怒らせかねません。ここでは、ユーモアのある表現について考えます。

チェックポイント

①　ユーモアのある表現に、誤読の余地はありませんか？

②　ユーモアを交えたコミュニケーションで用件を明確に述べていますか？

③　ユーモアということがわかりやすく伝わりますか？

実際に相手と対面して話したり、人前で口頭で表現したりする場合、言葉以外に自分の身振り手振り、また顔の表情や言い方、ニュアンスなども含めて、より正確に、自分は今ユーモアをもって表現した、ということを伝えることができます。しかし、文章となると、それらの非言語的なコミュニケーションは取れませんので、より正確に、ユーモアをもって表現したということを伝えなければいけません。

例えば、メールで「納期がすぎております。早急にお約束のデータをいただかなければなりません。明日までにデータを提出できますか？」と聞かれたとします。相手との関係は、この場合仕事だけの付き合いとしておきましょう。しかしあなたは提出できそうもありません。そんなとき、ユーモアを効かせて少しでも和ませようと以下のような返事をしたとします。

つかみ重視／親しみやすさ重視　ビジネスメール向き／ＳＮＳ・チャット向き

BEFORE

（明日までに提出できるか問われて、できないという返事）

（1）はい。1分間に1万字タイピングすれば提出できると思います。

（2）はい。明日の29時30分頃提出します。

（3）はい。今からドラマを見て、9時間くらい寝てから取りかかりますが、明後日の朝までにはなんとか。

文章だけでは相手がユーモアを言っているのかどうかわからない人がほとんどです。あなたのことを深く知っている場合は別として、基本的に相手は聞かれたことに誠実に回答すると思っているので、言われたことを真に受けます。

（1）の場合は、どういうこと理解できない人もいると思います。「1分間に1万字…この人そんなにタイピング早いのかな…。1分間ではなく1時間の間違いかな、それとも1万字ではなく1文字とタイピングしようとしたのではないか」と真剣に受け止める人もいるでしょう。

（2）の場合は、「おや？　1日って24時間だよな…。9時半とか、21時30分とかの間違いだろうか。もしかして間に合わずに明後日の朝まで、と言いにくいから29時にしたのだろうか。いや、だとしたら30分って妙に具体的だな…、どういうことだ」と考え込んでしまう人もいるはずです。

（3）の場合は、怒る人もいるかもしれません。「おいおい、遊んでるじゃないか、こっちは納期すぎてるんだぞ、催促の手間までかけているというのに、この人は仕事をなんだと思っているのだ」と受け取られ、仕事を失いかねません。仕事モードの日本人は特にユーモアを解せません。

文章でユーモアを伝えるのはリスクが高い行為ではありますが、相手にいやな感じを与えることなく、しかも誤読しなくてもすむほ

第6章　修辞　3　ユーモアの示し方

363

ど読解に負担をかけなければ、場合によっては効果を発揮する可能性もあります。そのときに必要なのは「これはユーモアですよ」という意図を、もっとわかりやすく伝えることです。

AFTER!

（1）申し訳ないです、間に合わないと思います。ですが、もし自分が1分間に1万字タイピングする能力を身につければ提出できるかもしれませんが、その能力を得るのに5年くらいかかると思われます。

（2）すみません、ご迷惑をおかけしますが明日には間に合いません。~~明日の29時30分頃~~明後日の早朝5時半頃に提出します。

（3）ごめんなさい、明日には提出できないです。今からドラマを見て、予約したディナーを食べに行き、9時間くらい寝てから明日映画を観に行ったあとに取りかかるので1週間後くらいになりますが、今から取りかかれば明後日の朝までには提出できると思います。

　最初に、（1）から（3）すべての場合において、間に合わないことを明言し、誤読を防いだほうがよいと思います。「自分が間違った読み方をしたのだろうか、それとも相手のタイピングミスだろうか」といった、読み手に余計な負担をかけないためです。ただでさえ相手は期限をすぎてなお催促をしてきているので、怒っていい状況がそろっています。ここは「できない」とまず正直に言ってから、わかりやすくユーモアを織り交ぜるのがよいでしょう。

　（1）は仮の話をして、さらにその能力を身につけるのに5年という具体的な数字を出すことで「無理」とすぐわかるようにしています。（2）は、「~~明日の29時30分頃~~」と修正の痕跡をしっかり見せることで、「それ明日中って言わないね」とすぐわかるようになっています。（3）は具体的にどうだらけるかという要素を強調すること

でふざけている姿勢を伝えています。「1週間後ではなくて、明後日か、良かった」と思ってくれる人はいませんが、あらゆる誘惑を断ち切って臨んでいる姿勢は伝わるかもしれません。

とはいえ、ここまで読んでわかる通り、仕事のメールではあまりふざけないほうがよいです。

ただ、仕事以外での文章では、これらの方法は有効です。まずは実際に笑えるかどうかは別として、「相手を楽しませようとしている姿勢」「もてなそうとした気持ち」を伝えること、これが文章でのユーモアには必須です。

まとめ

 ユーモアは読み手に読解の負担をかけるため、誤読の余地がないようにしましょう。

 口頭表現よりもわかりやすく強調することで、ユーモアであることを伝えましょう。

 仕事上での文章のやりとりの中で、ユーモアにはリスクもつきものであることを理解しましょう。

2.　笑いを引き出す付加情報の加え方

　これまで本書で試みられてきたことは、自分の表現しようとしていることをより正確に、そして効果的に伝える技術とは何かを記述することでした。そして章ごとに、何らかの法則や表現のヒントがありました。一方で、おかしみを感じさせる表現は、それらの法則を、ハッキリとわかる形で逆に利用することで生まれます。ここでは、文章表現のルールの逆用法を考えます。

チェックポイント

① だれが読んでも同じ解釈になりそうな文を書けていますか？
② 可能性が低い解釈を採用できていますか？
③ ユーモアであることがわかる表現になっていますか？

BEFORE

（1）母の頭に白いものが増えてきた。

（2）アンケートを集計した結果、町長リコールを求める人が多いことがわかった。

（3）部長に頼まれた仕事を先にやるよう課長が言った。

（4）私は将来、世界規模の音楽フェスを開きたいと考えています。その理由は、様々な人達と交流がもてるからです。

（5）出勤時にこの曲を聞くと、トランポリンに乗って弾むような感じになって、元気が出てくる。

　これらの文の後に、何らかの情報を付け足しておかしみを感じさせる文にしてみましょう。どの文も一度はこの本で見かけたものだと思います。

（1）母の頭に白いものが増えてきた。よく見るとそれは増殖し続けるエノキタケだった。

（2）アンケートを集計した結果、町長リコールを求める人が多いことがわかった。ご飯を食べたい人はもっと多いことがわかった。

（3）部長に頼まれた仕事を先にやるよう課長が言ったと係長が聞いたのを室長は無視した。

（4）私は将来、世界規模の音楽フェスを開きたいと考えています。その理由は、様々な人達と交流がもてるからです。様々な人達と交流がもてるなら、音楽フェスでなくて出会い系サイトでも構いません。

（5）出勤時にこの曲を聞くと、トランポリンに乗って弾むような感じになって、元気が出てくる。ただし、聞きすぎると、トランポリンで飛びすぎた感じになって、酔って気持ち悪くなる。あと私はトランポリンに乗ったことがない。そもそもトランポリンは「乗る」ものなのだろうか。

　まず（1）は比喩を使うことで「白髪」と直接言わない表現として出てきましたが、直接言わないがゆえに比喩はミスリードにも使用できます。「白髪なんだな……」と思わせてから、その予測を裏切るような事実が展開されるとおかしみが生まれます。

　次に（2）は町長リコールの話題のアンケートで、かなり真面目な内容のアンケートだということが予想されます。ですが、その予想を 覆 すような、聞く必要もないこと、または当たり前のことを聞いていたとしたら、どんなアンケートだったのだろうと想像してしまいます。言及されていないことを逆手にとったものです。

　続いて（3）はわかりにくい文章を、よりわかりにくく強調したものです。述部を際限なく続けられる日本語の特性を活かしてみた

ものです。

　そして（4）は交流が「目的」で、音楽フェスが「手段」である
ならば、別の手段もあっていいのではないか、という因果関係の隙
をついたものです。「屁理屈」の部類に入るものです。

　最後の（5）は、「喩えるもの」と「喩えられるもの」の共通点を
強化してイメージを具体的に伝える比喩の余白を利用したものです。
「君は太陽のようだ」というと、まぶしい、元気がもらえる、など
ポジティブな意味にとれますが、別の、可能性の低い解釈として「と
てもじゃないが直視できない」「近づけない」「丸い」とネガティブ
に解釈することも可能です。優れた比喩は解釈を一方向的に限定す
るので、それを逆手に取ります。トランポリンも飛び方によっては
酔うでしょう。それをキッカケにトランポリンにまで思考を巡らせ、
本来の音楽の話題からそれていきました。従来であれば、話題がそ
れるのはやってはいけない表現とされていますが、しっかりとユー
モアの姿勢が示されていれば理解されるでしょう。

　このように、文の後ろに何かを付け足すだけでも、それまでの文
の意味はガラリと表情を変え、時におかしみを感じさせるような文
になります。

　漫然と文章を書いていては、わかりにくい文章になります。それ
をわかりやすく、明確に伝える技術がありました。そして明確にな
り、文意や表現意図が絞られたからこそ、それをひっくり返すこと
でおかしみが生まれます。つまり、これまで学んだ文章の技術のう
えに、おかしみは生まれやすいのです。「この文は、だれが読んで
も同じ解釈になるような工夫がされているな」と思ったらチャンス
です。何かを付け足して、別の解釈ができるようにすると、読み手
は予測を覆されておかしみを感じる可能性があります。ただし、そ
の際にしっかりとこれはユーモアを表現しているものだという姿勢
が明確に伝わるよう、表現を過剰に演出してください。

（1-2）母の頭に白いものが増えてきた。父の頭の青いものは減った。姉の肩に赤いものが乗っている。

　このように、修正のアプローチも一つではありません。これまではダメな例とされていたものも、見方を変えればユーモアのヒントになります。ぜひ自分でも考えてみてください。伝わったときの喜びはひとしおです。

まとめ

 まずはこれまで学んだ文章の技術を使い、解釈がぶれない文章を書きましょう。

 どんなに優れた文章でも完全無欠の解釈は存在しません。文に情報を付け足して、可能性の低いほうの解釈を採用しましょう。

 ユーモアの表現姿勢であることが明確に伝わるよう、表現を過剰に演出しましょう。

3.　笑いを引き出す新たな視点の示し方

　読む人を楽しませる工夫は、起こった出来事、伝えたい出来事にユーモアを添えてどう印象的に伝えるかにかかっています。ユーモアの添え方として、視点を変える方法が有効です。しかし、視点はどのように変えたらよいのでしょうか。ここでは、読み手が読んで楽しめる視点の切り替え方について考えます。

チェックポイント

① 自分の感情や主観が先走った文章になっていませんか？
② 出来事だけの記述になっていませんか？
③ 視点がずっと同じになってはいませんか？

　実際に自分が体験したことで、面白かったと思うものを書いてみたとします。みなさんも書き出してみてください。言葉遊びや想像上のことではなく、まずは自分が面白いと思ったことを、そのまま読み手にも追体験してもらえるように書く練習です。「このあいだ、面白いことがあったんだけど、聞いて」という前置きがある話はたいがい面白くありません。それは前置きをしてしまうことで聞き手が「面白い話」として聞く準備をするからです。あなたが実際に体験したことは、あなたがエスパーでない限り「これから面白いことが起こるぞ」と思って体験したことではありません。そこで、読み手にも同様の条件で「体験」してもらうように書くことが肝心です。

BEFORE

（1）カレー屋でカレーを食べていたら、インド人っぽい人が入ってきて、本場には敵わないよと思っておもわず笑ってしまった。

（2）コンビニでシーチキンの缶詰を買ってこようとして、間違って似た形の猫缶を買ってきてしまった。

（3）いまだに自分は若いと思っていたけど、枕からおじさんのにおいがするようになって、自分はすでに完成度の高いおじさんであると自覚した。

　例えば、こういう文を書いたとします。これでも充分「書いた人が面白いと感じた」ということは読み手にも伝わります。しかし、読んだ人も面白いと感じたかどうかはわかりません。まず、「事実」と「自分の感情」は別にして記述したほうがよいです。例えば、（1）では、「カレー屋にインド人っぽい人が入ってきた」ことは事実ですが「本場には敵わないよと思って思わず笑ってしまった」のは書き手の感情です。もし、読む人に自分と同様の新鮮さで面白さを発見してもらいたいのであれば、感情は押しつけないほうがよいでしょう。読む人が感じることだからです。

　（2）は、失敗談としては面白いです。ただ、「シーチキンの缶詰を買ってこようとして」とか、「似た形」のというのは書き手の主観です。主観をゼロにする必要はないのですが、主観は「決めつけすぎだろ」と言われるくらい強調するか、ここぞという場所で使う以外はできるだけ控えるか、いずれかにしたほうが効果的です。

　（3）は「完成度の高いおじさん」という表現も面白いですが、やはり「思っていたけど」のくだりなどが無駄です。

　まず、第一段階としてこの種の感情や主観を排除すると、こうなります。

AFTER!

（1-1）カレー屋でカレーを食べていたらインド人っぽい人が入ってきた。

（2-1）コンビニで猫缶を買ってきてしまった。

371

（3-1）枕からおじさんのにおいがするようになった。

　自分が体験したことだけを記述しましたが、これではまだ不十分です。ここに感情ではなくて、視点を変えた「事実」らしいことを加えてみます。例えば、視点を広げる、意外な結果にする、因果関係をひっくり返す、などです。これらの作業を加えるだけで、ストレートに感情を述べるよりも、より主観的で感情的な面白い文になります。

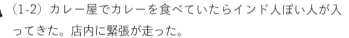

AFTER!

（1-2）カレー屋でカレーを食べていたらインド人ぽい人が入ってきた。店内に緊張が走った。
（2-2）コンビニで猫缶を買ってきたら、箸がついてきた。
（3-2）枕からおじさんのにおいがするようになった。枕は年を取るようだ。

　これまでの文章はすべて書き手の視点で書かれていましたが、再修正後の文では視点を変えています。
　（1-2）では、自分が感じたことよりも、厨房にいる人や店内のほかのお客さんも息をのむほどの緊張、という形で視点を広げました。やや大げさですが、強調表現といってもいいでしょう。「緊張が走る」というような硬い表現を取り入れることで文章ならではのおかしさもあります。「視点を広げる」ことで得られるものです。
　（2-2）は単なる自分の失敗談が、店員側の失敗にも受け取れるような要素をプラスすることで、意外な出来事を「意外な結果」にスライドさせています。店員は失敗したのではなく、自分のことを見た目で「猫缶を食べる人」だと思ったのかもしれません。文は線的に読まれることを前提としているので、文の前半の「原因」と後半の「結果」の間に隔たりがあると面白くなる場合があります。

（3-2）は年を取ったのは自分ではなく枕だと思い込むような表現をすることで、自分の年齢を受け止めきれていない表現者の感情を雄弁に語っています。自分が年をとったから加齢臭がするのではなく、枕が年を取ったから匂うのだ、という「因果関係のひっくり返し」があるわけです。

　文章に限らず、話においてもいまひとつ自分が感じた面白さを伝えきれていないなと思う人は、まず無駄を削り、それから視点を切り替え、簡潔に伝えることを心がけましょう。

　ここでの修正方法が二段階にわたったように、一気に面白くしようとするのではなく、最初は二段階くらい手を入れてみてもよいかもしれません。

まとめ

「出来事」と「感情」「主観」は分けて書きましょう。

「視点を広げる」「意外な結果に演出する」「因果関係をひっくり返す」をヒントに文を加工してみましょう。

いきなり面白くしようとせず、段階をおって工夫しましょう。

4.　手段にとらわれない異次元の発想の示し方

　ユーモアだけではなく、視点を変えたり表現を工夫したりすることで読み手にインパクトを与える文章というものがあります。一つのテーマで大勢の人が書いたりする種類の文章（レポートや、SNSなど）では特に、当たり前のことを言っても印象に残りません。では、インパクトのある文章にはどのような発想があるのかを考えます。

チェックポイント

① ほかの人と同じようなアプローチを採用していませんか？

② 大事なのは目的であり、完成度の高い手段ではないことを忘れていませんか？

③ 出来事やあらすじの紹介、再現に重きを置いていませんか？

　自分が食べておいしいと思ったものを文章に残すとします。割とよくある例として、味を想像しながら次の四つの文章を考えたとします。

BEFORE

（1）透き通るようなスープは塩味が効いていてさっぱりした飲み口です。具もシンプルに味を楽しめるものばかり。

（2）上品なスープはさっぱりしているものの、旨味が怒濤の如く攻め入ってくる。

（3）具のタケノコは糖度７度で、もはや果物といった感じ。これがスープの味を邪魔しない調和をもたらしている。

（4）とにかく美味しいスープです。１日３回飲めます。

　どれも味の再現性に重きを置いていて、味を想像しやすいところ

は優れています。(4) は、(1) 〜 (3) とは異なり、主観的に書くことで想像の余地を残していますが、「この書き手が美味しいと感じた」という情報以上は入っていません。普段の文章ならこれでよいのですが、多くの人が同じようなアプローチをしている状況では、参考にはなってもインパクトは残せません。自分で書いている文章に、何らかの「型」のようなものを感じて行き詰っているのかもしれません。そういう方には、発想そのものを変えてみることをお勧めします。ここでは、再現性に重きを置くことや、とにかく思い入れだけを書くという方法以外の文章を考えてみるとよいです。

もし、目的が「読んだ人に食べたいと思ってもらいたい」であれば、多くの人がやりがちな、味について言及するという発想を変えてみるのが有効でしょう。

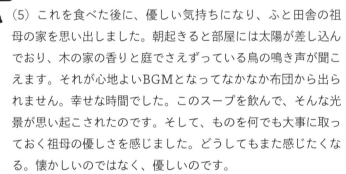

AFTER!

（5）これを食べた後に、優しい気持ちになり、ふと田舎の祖母の家を思い出しました。朝起きると部屋には太陽が差し込んでおり、木の家の香りと庭でさえずっている鳥の鳴き声が聞こえます。それが心地よいBGMとなってなかなか布団から出られません。幸せな時間でした。このスープを飲んで、そんな光景が思い起こされたのです。そして、ものを何でも大事に取っておく祖母の優しさを感じました。どうしてもまた感じたくなる。懐かしいのではなく、優しいのです。

例えば「食べる前」と「食べた後」で自分がどう変化したのかという発想に変更し、「優しい気持ちにな」ったと表現します。そしてその感情に似たものを探します。ここでは「田舎の祖母の家」が出てきますが、話題に関しては多くの人が共感できる体験がよいでしょう。つまり、味を共有できないのであれば、すでに共有しているであろう体験を引用して、「それに似た味」と位置付けることで、

その感覚になりたい、と思ってもらうわけです。味の再現とはだいぶ戦略が異なるレポートですが、文章の目的が「味の再現」ではなく「食べたくなる」文章であれば、これもOKなはずです。目的さえ見誤らなければ、ほかの人が採りそうな方法を踏襲する必要はありません。

　ただし、気をつけなければいけないのは、あくまで「ほかの人が採りそうな方法」を知っている必要があるということです。

AFTER!

　（6）このスープを口にしてまっさきに脳裏をよぎったのは、将棋の棋士、藤井聡太である。どこかで味わった懐かしい味のようでいて、今まで味わったことのない極上の味。シンプルに調理しているように見えて、奥深くに入念な下ごしらえを感じさせる。ごく自然な手を積み重ねているようで、その裏にAIを用いた緻密な準備がある棋風と重なる。もしかしたら今まで口にしたスープの中でも最高のものではないのか。そう思って二口目をすする。その瞬間、仮説が自信となり、三口目には確信へと変わる。こんなスープは今までになかった。これはもう、藤井聡太スープだ。

　この修正例も、別のものに置き換えているという点では（5）と同様で、さらに見立てという点では比喩にも近いかもしれません。ですが、ここでは「自分の得意分野で語る」という手法としておきましょう。例（6）では棋士の藤井聡太さんを引き合いに出しましたが、みなさんの場合は自分の趣味の世界で感じた衝撃を紹介することで、味に受けた衝撃に置き換えていただければよいです。読み手は急に関係ないジャンルについて知識を深めることになります。それだけ、知らない世界を知る喜びに包まれるわけです。何十年も最強であり続けた、キレとコクの羽生スープ、一時代を築いた棋界

の太陽、あつあつ中原永世スープなどもあっていいでしょう。目的は「どんな味なのか知りたい」と思ってもらうことです。得意分野を一つでもお持ちなら、困ったときにはこの方法が常に使えると思っておいてよいです。「まわりくどいのはやめろ」という相手でなければ、インパクトは大きいです。

　「選ばれるもの」というのは、ほかとアプローチが違うものです。このような例はなかなか思いつきにくいものですが、この中から一つだけ選びなさいと言われたら、この手のアプローチが残ることが多々あります。文章は、読み手のためにあります。このことを忘れないようにしましょう。

まとめ

 まず、ほかの人が採用しそうな手段を想像しましょう。

 目的を見失っていなければ、手段は無数にあります。

 自分の得意分野に引き込む、読み手と共有できる経験に置き換える、などの手段を考え、ほかの人がまず採らないアプローチでせまりましょう。

5. 結論に合わせたエピソードの使い回し方

「最近あった面白いことを教えてください」「この1年で最も怒ったことはなんですか」「気になっていることはどんなことですか」などと、聞かれる機会があるでしょう。あるいは自分で何かを書くときに、そういうテーマで設定して、何も思い浮かばずに苦しむことがあると思います。そういうときは、正面からテーマを受け止めず、すでに自分が持っているエピソードをテーマに合わせて加工するとよいでしょう。ここでは、その加工法について考えます。

チェックポイント

(1) 結論や論理的な説明だけで、文章を書いた気になっていませんか？

(2) 文章のテーマから発想していませんか？

(3) 具体例をストックしていますか？

では、「最近気づいたこと」というテーマで考えてみましょう。

BEFORE

(1) 私と母は、ひょっとしたら自分が考えている以上に似ているのかもしれない。というのも、私も母も諦めるのが早すぎるからだ。

(2) いつも降りない駅でフラリと降りるのが好きです。散歩をしながら知らない店や町の雰囲気が味わえるからです。

これらの文章が、説明しているような形式をとっていながら、具体性を伴っていない無内容なものであることは、すでに本書を読んできている人ならおわかりでしょう。結論めいたことを先に述べ、

その理由を説明しているだけで、何を根拠にそう言っているのかがわかりません。まず、何らかのテーマに対しては具体的な話からしたほうが、読み手も追体験でき、結論に共感しやすいです。

AFTER!

（1）私はある部活に入ろうと入部届を握りしめて行ったのに、どういう練習があるのかを聞くうちに、それはきつそうだ、できないと考えて、入部届けを出さずに帰ってきてしまった。

母が最近、履歴書を握りしめ、パートの面接を受けに行ったのだが、仕事内容を聞くうちに、それはできそうにないと思ったそうで、採用を断って帰ってきた。

私と母はひょっとしたら自分が考えている以上に似ているのかもしれない。

（2）先日、帰るのにまだ早かったので、降りたことのない駅で降りてみた。自分の住んでいる駅と二つくらいしか変わらないのに、雑貨屋や立ち飲み屋、チェーン店ではない喫茶店など、味のある店がたくさんあり活気があった。その一方で、いかにも古そうな蕎麦屋やトンカツ屋がいくつも閉店していて、時代の厳しさも感じた。だが、そんなことにお構いなく、街路樹として植わっている銀杏や紅葉が、いつもと同じように葉の色を鮮やかに変え、季節を感じさせてくれる。こういうことに気づけるので、私は散歩が好きです。

下線を引いたところが、結論の根拠となる具体例です。そしてもっとも大事なのは結論や説明ではなく、この具体例です。

では、「最近気づいたこと」ではなく、「最近笑ったこと」「最近悲しかったこと」というテーマで考えてみてください。すぐに具体例が浮かぶでしょうか？

ここで、少し考え方を変えてもらいたいのは、テーマに縛られな

いでほしいということです。実は先ほどのAFTER（1）は、次のどちらのテーマにでも紹介できるエピソードなのです。

AFTER!

▼最近笑ったこと

（1）の下線部 ＋ 私は思った以上に母に似ていて笑いました。

▼最近悲しかったこと

（1）の下線部 ＋ 母の残念な部分を自分も引き継いでいるのだなと思って少し悲しかったです。

　紹介するエピソードは同じでも、導きだす結論を変えるだけでどのようなテーマにも対応できるのです。私たちは、普段の生活ではすべての行動や気づきに、いちいち結論を出していません。ただ具体的な体験の連続です。しかし、ひとたび具体例に結論をつけると、結論の部分しか記憶に残りません。「私と母は似ている」「散歩が好きだ」しか残らないのです。しかし、結論はほぼ「加工」です。具体例から何を導き出すかは自由なのです。

　同様に、AFTERの（2）の例も、どちらにも対応できます。

AFTER!

▼最近笑ったこと

（2）の下線部 ＋ 何があっても元気な草木を見て、少し元気がでた。思わず笑みがもれました。

▼最近悲しかったこと

（2）の下線部 ＋ 世の無常や栄枯盛衰を感じずにはいられなくなり、何だか悲しい気持ちになりました。

　テーマを正面から受け止める必要はありません。自分の具体例の引き出しの中から、テーマに加工できるものを探せばよいのです。これは、普段から具体例のストックをしておかないとできませんの

で、できれば見たこと、気づいたことをこまめにメモしておくとよいでしょう。テーマとエピソードが完全にマッチしていなくても、ほかとの区別は確実にできます。型破りな発想はこういう積み重ねの上に出てきます。

まとめ

テーマを正面から受け止める必要はありません。

結論ではなく、具体的な体験や気づきを読者と共有しましょう。結論は任意で変更可能なものです。

あなたの引き出しにある具体例をテーマに合わせて加工しましょう。

おわりに

　国立国語研究所をご存じでしょうか。東京都立川市、砂川事件で有名な米軍立川基地の跡地、自治大学校と立川地方裁判所に挟まれた国有地に建てられた、国内唯一の日本語の総合的研究機関です。執筆者一覧を見てくださればおわかりのように、その多くが国立国語研究所の関係者です。

　その昔、1960年に国立国語研究所の研究者が集められ、『悪文』（岩淵悦太郎編、日本評論新社）という名著が編まれました。『悪文』はロングセラーとなり、60年以上経った今でも書店で販売され、読み継がれています。しかし、現在では、国立国語研究所は科学的研究に集中し、こうした一般向けの書籍を刊行することがほとんどなくなりました。本書が『悪文』に迫りえたなどと申すことは到底できませんが、それでも、国立国語研究所の有するそうした古き良き伝統を受け継ぐものでありたいと願います。

　一方、『悪文』というタイトルの著名な本にはもう1冊、早稲田大学名誉教授の中村明先生がお出しになった本があります（『悪文―裏返し文章読本―』筑摩書房、1995年）。中村先生は若いころは国立国語研究所の所員として比喩の研究に打ちこまれ、その後、早稲田大学で長く教壇に立たれました。国立国語研究所の関係者以外の執筆者は、そのほとんどが早稲田大学の中村門下生です。本書も中村先生のご縁で、東京堂出版の上田京子さんが編者の石黒に声をかけてくださったところから始まりました。

　つまり、本書は、国立国語研究所と中村明先生の二つの『悪文』を背景に生まれた本ということになります。本書を世に出すきっかけを作ってくださった中村明先生と、本書を世に出すためにご尽力くださった上田京子さんに深く感謝申し上げます。

もし、本書が、二つの『悪文』と異なる背景を持つとしたら、それは手書き文化の喪失でしょう。時代は変わり、文章はキーボードで打つものとなり、表現は変換候補から選んだり、コピペして編集したりするものとなりました。それが私たちの日常です。本書ではそうした現代的な要素をできるだけ取り入れようと試みました。その試みがどこまで成功しているかは読者のご判断に委ねるしかありませんが、そうした点についても心を砕いたことにお気づきいただければさいわいです。

　しかし、どんなに時代が変わっても、文章の基本は変わりません。読み手にわかりやすく、正確に伝わる表現で書くこと、それだけです。しかし、それだけのことが難しいのです。本書を手にしたみなさまが、いつの時代も変わらない文章の基本的なスキルを手に入れてくださることを願いつつ、稿を閉じることにいたします。本書を最後までお読みくださり、ありがとうございました。

2021年9月　執筆者を代表して

石黒 圭

【執筆者名一覧】（五十音順）　　　　　　　　　　　担当項目

青木 優子	（あおき・ゆうこ）	東京福祉大学専任講師	5.3.1～5.3.4執筆
安部 達雄	（あべ・たつお）	一橋大学非常勤講師	6.3.1～6.3.5執筆
新城 直樹	（あらしろ・なおき）	琉球大学専任講師	3.1.4, 6.1.1～6.1.4執筆
井伊 菜穂子	（いい・なほこ）	国立国語研究所プロジェクト非常勤研究員	5.2.1～5.2.5執筆
石黒 圭	（いしぐろ・けい）	国立国語研究所教授	全体の編集、3.2.1～3.2.3執筆
市江 愛	（いちえ・あい）	国立国語研究所プロジェクト非常勤研究員	4.3.1～4.3.5執筆
井上 雄太	（いのうえ・ゆうた）	国立国語研究所プロジェクト非常勤研究員	3.1.1～3.1.3執筆
岩崎 拓也	（いわさき・たくや）	国立国語研究所特任助教	1.1.1～1.1.3執筆
王 慧雋	（おう・けいしゅん）	国立国語研究所プロジェクト非常勤研究員	4.1.1, 4.1.2, 4.1.5, 4.2.3執筆
赫 楊	（かく・よう）	中国・天津外国語大学専任講師	6.2.1～6.2.4執筆
柏野 和佳子	（かしの・わかこ）	国立国語研究所准教授	3.3.1～3.3.5執筆
金井 勇人	（かない・はやと）	埼玉大学教授	5.1.1～5.1.5執筆
高 恩淑	（こう・うんすく）	獨協大学特任准教授	4.1.3, 4.1.4, 4.2.1, 4.2.2, 4.2.4執筆
佐野 彩子	（さの・あやこ）	国立国語研究所プロジェクト非常勤研究員	2.2.1～2.2.5執筆
鈴木 英子	（すずき・ひでこ）	和光大学非常勤講師	2.3.1～2.3.6執筆
田中 啓行	（たなか・ひろゆき）	中央学院大学専任講師	1.2.1～1.2.4執筆
董 芸	（とう・げい）	中国・深圳大学専任講師	5.4.1～5.4.3執筆
本多 由美子	（ほんだ・ゆみこ）	国立国語研究所プロジェクト非常勤研究員	2.1.1～2.1.7執筆

●ラベル索引

各項目に付した「目的ラベル」「ジャンルラベル」を示した。
それぞれのラベルに対応する項目のＮｏ．（目次に記載）を示している。

キーワード索引

●文章作成に関わるキーワードを五十音順で示した。

388

編著者略歴

石黒　圭（いしぐろ・けい）

1969年大阪府高槻市生まれ。国立国語研究所教授・研究情報発信センター長、一橋大学大学院連携教授。一橋大学社会学部卒業、早稲田大学大学院文学研究科修了。博士（文学）。専門は日本語学・日本語教育学。文化庁文化審議会国語分科会委員、光村図書『小学校国語』教科書編集委員。
主著に『よくわかる文章表現の技術（全5巻）』明治書院、『文章は接続詞で決まる』光文社、『論文・レポートの基本』日本実業出版社、『文系研究者になる』研究社ほか多数。

日本語文章チェック事典

2021年11月20日　　初版発行
2022年11月10日　　3版発行

編著者	石黒 圭
発行者	郷田孝之
発行所	**株式会社 東京堂出版**
	〒101-0051　東京都千代田区神田神保町1-17
	電話(03)3233-3741
	http://www.tokyodoshuppan.com/
DTP	有限会社一企画
印刷・製本	中央精版印刷株式会社
ブックデザイン	志岐デザイン事務所 黒田陽子
イラスト	向井勝明

東京堂出版●好評発売中
http://www.tokyodoshuppan.com/

感情表現新辞典

中村明　著

● 近現代作家の作品から、心理を描く二一五〇のキーワードに分類した用例四六〇〇を収録。自分の気持ちにピッタリ合う表現が見つかる。

四六判七五二頁　本体四五〇〇円

類語分類 感覚表現辞典

中村明　著

● 優れた表現にたくさん触れられるよう、文学作品から採集した作家の名表現を感覚別に分類配列。文章表現に役立つポイント解説付。

四六判四〇六頁　本体三六〇〇円

あいまい・ぼんやり語辞典

森山卓郎　著

●「ある意味」「大体 およそ」「ちょっと」など普段なにげなく使う要注意なことば一〇〇語を収録。誤解を招かず、スッキリ伝えるポイントを紹介。

四六判二三八頁　本体二二〇〇円

センスをみがく 文章上達事典 新装版

中村明　著

● 文章を書く基本的な作法から効果を高める表現技術まで、魅力ある文章を書くヒント、実際に役立つ文章作法の五七のエッセンスを凝縮。

四六判三〇四頁　本体一八〇〇円

文章表現のための 辞典活用法

中村明　著

● 文章の発想、アイディア、意味・語感によることばの選び、漢字の使い分けなど、文章の内容をゆたかに、表現力を高めるための辞典活用法。

四六判二七〇頁　本体一八〇〇円

音の表現辞典

中村明　著

● 文学作品から、声や音を表す感覚的にピンとくる象徴的な表現、動作・状態・心情などの感じを音で感覚的・象徴的に伝える表現を紹介。

四六判三一二頁　本体二五〇〇円

においと香りの表現辞典

神宮英夫・熊王康宏　編

●「香り」を良くも悪くも、どう表現するか。さまざまな嗅覚表現を収録。

四六判二五六頁　本体二八〇〇円

「言いたいこと」から引ける 大和ことば辞典

西谷裕子　編

●「たおやか」「ほろよい」など、日本人ならではのことば「和語」を意味別に分類配列。用例、語源、語義、言い換えなどを紹介・解説。

四六判三五二頁　本体二三〇〇円

「言いたいこと」から引ける 敬語辞典

西谷裕子　編

● 普段使う「食べる」「協力する」「読む」「教える」などの言葉から引けて、正しい敬語が身に付く一冊。迷った時にすぐ確認できる。

四六判二六〇頁　本体一八〇〇円

慣用句・ことわざ・四字熟語辞典 新装版

西谷裕子　編

●「言いたいこと」から引ける
● 文章作成・スピーチ・手紙など、ひとこと添えたい時に、伝えたい内容・意味から的確な表現にたどりつける。

四六判四四八頁　本体二四〇〇円

（定価は本体＋税となります）